潘雨廷著作

潘雨廷学术文集

潘雨廷 著

张文江 编

作家出版社

引言

潘雨廷（1925—1991），上海人，当代著名易学家。生前担任华东师范大学古籍研究所教授、中国《周易》研究会副会长、上海道教协会副会长。潘雨廷先生早年就读于上海圣约翰大学教育系，毕业后先后师从周善培、唐文治、熊十力、马一浮、杨践形、薛学潜等先生研究中西学术，专心致志于学问数十载，融会贯通，自成一家。潘雨廷先生毕生研究的重点是宇宙与古今事物的变化，并有志于贯通东西方文化之间的联系，对中华学术中的《周易》和道教，有深入的体验和心得。潘雨廷先生著述丰富，其研究涉及多方面内容，具有极大的启发性。本书由张文江根据潘雨廷夫人金德仪女士保存的遗稿编选而成。

《潘雨廷学术文集》以易学史和道教史为主要线索，尝试描述潘雨廷先生学术的整体轮廓，作为进一步研究其他著作的引导。

目 次

文王数字卦初探

一、论天干地支与数字卦

数字卦的发现，于易学的研究可扩大思路。尤其是易学与象数的关系，当进一步认识其渊源。

于殷墟甲骨文中发现六十干支的排列，但迄今为止，对当时学者的思想文化及其认识水平，学界尚不够重视。试思距今三千余年前，已了解十天干的周期（即十进位制），又了解十二地支的周期（即十二进位制），进而又能结合天干地支二种周期而得六十花甲的周期（即六十进位制），这种抽象思维的认识水平，何可等闲视之。非经一二千年的知识累积，代代遗传，岂会贸然有此六十干支的排列。帝王皆以天干名之，重视之情不言而喻。先观其当时的应用，于十天干作为日的计算，凡十日为旬；甲骨文中有一旬等至六旬，又有小旬当指九日，故三旬约相当于一月。十二地支作为月的计算，凡经十二月约相当于一年。此三旬日为一月、十二月为一年的计算方法起源极早，至少在殷之前，然未必与客观的历法相合。乃须逐日记录以检验之，由是有结合干支以得六十周期的需要，故甲骨文中皆以干支纪日。干支一周六十日，约当二月；六周则约当一年。是否正确，可逐步加以验证。且当时已知至日，故甲骨文中有闰，即有十三月、十四月之称。因于事实上发现朔望月不及三旬，故有小旬。一年则不止六周干支，故已有十三月等闰月。然以六周干支为基本周期用以记录日数，藉此能精确理解一年的历法。故殷人之应用干支纪日，有极高的科学价值。且此干支六周的周期数，迄今尚为全人类通用的圆周分三百六十度。此因巴比伦文化中，亦有六十进位制。今暂不详考其原出何地，以事实论，至迟在殷代，我国已具体应用六十进位制。较巴比伦文化重要的是，我国三千余年来此进位制并未中断而更有发展。当时掌握六十周期与历法关系者属巫史，史以记录过去，巫以推测未来，事实上一人可兼任之。其间三百六十的周期与客观一年约当为 $365\frac{1}{4}$ 日的周期，有 $5\frac{1}{4}$ 日的差异，当时视之为有神秘色彩，唯少数巫史能知之。且经历年的校正，由不正确而逐步趋向正确，此相应于历法的改进。而花甲的周期始终流传于民间，此决非偶然，实与人类的生物钟有关（另详）。至于能知其有 $5\frac{1}{4}$ 日的差异者，于《春秋》时尚认为可贵，《左传·襄公三十年》（前543）记载：

> 二月癸未，晋悼夫人食舆人之城杞者，绛县人或年长矣，无子而往，与于食。有与疑年，使之年。曰："臣小人也，不知纪年。臣生之岁，正月甲子朔，四百有四十五甲子矣，其季于今三之一也。"吏走问诸朝。师旷曰："鲁叔仲惠伯会郤成子于承匡之岁也。是岁也，狄伐鲁，叔孙庄叔于是乎败狄于咸，获长狄侨如及虺也、豹也，而皆以名其子。七十三年矣。"

史赵曰："亥有二首六身，下二如身，是其日数也。"
士文伯曰："然则二万六千六百有六旬也。"赵孟问其
县大夫，则其属也，召之而谢过焉。曰："武不才，
任君之大事，以晋国之多虞，不能由吾子，使吾子辱
在泥涂久矣，武之罪也。敢谢不才。"遂仕之，使助
为政。辞以老，与之田，使为君复陶，以为绛县师，
而废其舆尉。①

　　有此小插曲的记录，可喻当《春秋》时，民间已有能应用
干支纪日与历法纪年间的换算。若为上者如师旷、史赵、士文
伯等皆绝不以为奇，反加以附会以自显其才，然一般下吏实未
知。上推至殷代势必更甚，唯有若干高级巫史知之，所以管理
殷历，是即殷代的"王正月"。以上明干支有助于纪时的作用，
故绝不可小视，能认识时间，实为一切文化的基础，尤其为史
学的基础。由是更可推原六十花甲的基本周期，即天干十与地
支十二，考其形成必提前数千年。
　　凡数用十进制，世界各民族的原始文化基本相同。究其原
因，认为与人体的手指十、足指十有关，乃便于计数。而我国
的象数更与此有关，非但用十进制，尚能分辨手足之左右为二，
二以生阴阳的概念，即二进制；分辨左右手足指各五，五以生五
行的概念，即五进制。阴阳五行的概念，在我国实与十进制同

---

① 　　$400 \times 60 + 20 = 26660$ 日

其季于今三之一
即甲子—癸未凡二十日
$$\frac{26660}{26298} = 72 \text{ 年}$$
362 日

时形成。经几千年的发展，至殷周之际，早已为巫史所应用。凡龟卜用五进制的五行，蓍策用二进制的阴阳，卜筮必宜兼而用之，方能同归于十进制。龟卜取五行者，指以龟甲钻孔而以火熏之，然后观其孔旁的裂纹，以五类辨之，《洪范》名之曰"雨、霁、蒙、驿、克"是其义。蓍筮取阴阳者，数以奇耦计，凡奇数为阳，耦数为阴。今究数字卦的含义，当兼有阴阳五行义。至于地支的十二进位制，起源必迟于十进制。在农业社会后，当重视一年周期，其间有约含十二个月的事实，方可抽象十二数以为周期。当能用十二周期后，又须经千百年，方可进一步合于久已通行的十数周期。我国在殷代已能将十与十二两种周期配合而加以运用，故必已具备相当的思想文化。重视祭祀与卜筮，已与盲目的原始信仰不同。且当配合后，自然发现天干地支本身必分阴阳，非阴阳相同者不可能相合，是即所谓六甲、五子。十日与十二月既为阴阳配合而于六十花甲中又阴阳相间，故于认识阴阳已知有层次的不同。以五子观之，必重见两天干，故自然分五行。详以下表示之：

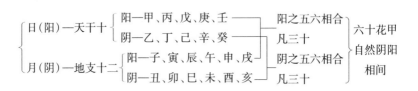

六甲	1	2	3	4	5	6
阳	甲丙戊庚壬 子寅辰午申	甲丙戊庚壬 戌子寅辰午	甲丙戊庚壬 申戌子寅辰	甲丙戊庚壬 午申戌子寅	甲丙戊庚壬 辰午申戌子	甲丙戊庚壬 寅辰午申戌
阴	乙丁己辛癸 丑卯巳未酉	乙丁己辛癸 亥丑卯巳未	乙丁己辛癸 酉亥丑卯巳	乙丁己辛癸 未酉亥丑卯	乙丁己辛癸 巳未酉亥丑	乙丁己辛癸 卯巳未酉亥

五子	1	2
五行	甲乙丙丁戊己庚辛壬癸甲乙 子丑寅卯辰巳午未申酉戌亥	丙丁戊己庚辛壬癸甲乙丙丁 子丑寅卯辰巳午未申酉戌亥
	木	火

五子	3	4	5
五行	戊己庚辛壬癸 甲乙丙丁戊己 子丑寅卯辰巳 午未申酉戌亥	庚辛壬癸甲乙 丙丁戊己庚辛 子丑寅卯辰巳 午未申酉戌亥	壬癸甲乙丙丁 戊己庚辛壬癸 子丑寅卯辰巳 午未申酉戌亥
	土	金	水

　　既已能组合成六十花甲，于六十周期中，必知六甲分阴阳、五子当五行的次序。考殷代之祭祖必分昭穆以隔代相承，取阴阳之义极明显。事事必卜，信五行之理尤虔诚。由是天干十有二与五的周期，地支十二又有六的周期。若忽视此六甲、五子之次，决难理解殷代对卜筮的基本认识。至于一年四分为时，时当三月，此自西周后通用，然殷代已重季祀，义亦相同。故由花甲之存在，可确认殷代早在利用二、三、五、六、十、十二、三十、六十、三百六十等周期。考当时卜筮者的预测，即有据于种种周期之变。数字卦之必取三个数字以及六个数字，即有取于三与六的周期。

　　进而可研究天干地支与数字的关系。考《说文》论述十干、十二支的意义，至迟在《春秋》时已形成（见《左传·昭公十七年》，前 525），实以天干作为阴阳五行固定的基本方位，亦即空间坐标，以地支作为阴阳消息固定的基本周期，亦即时间坐标。此时空合一的结构，乃干支的具体应用，以今视之，不啻爱因斯坦所建立的四维时空连续区。爱因斯坦于 1953 年给

J.E. 斯威策的信中说:

> 西方科学的发展是以两个伟大的成就为基础,那就是:希腊哲学家发明形式逻辑体系(在欧基里得几何学中),以及通过系统的实验发现有可能找出因果关系(在文艺复兴时期)。在我看来,中国的贤哲没有走上这两步,那是用不着惊奇的。令人惊奇的倒是这些发现[在中国]全都做出来了。(《爱因斯坦文集》,第 1 卷, 574 页)

此信未言"中国全都做出来了"指什么。今推本而言,我国贤哲对时空合一的认识确由来已久,亦即二三千年来我国思想文化中,莫不用时空合一的方法以认识客观世界。自战国起,此一至为重要的坐标结构,逐步为阴阳符号卦的卦象所代替。当《春秋》时,确在应用时空合一的干支坐标,是否殷代已用,今尚未可贸然肯定。然阴阳五行当四方及中央的空间概念,十二月当一年的时间概念,殷代早已了解,故不可不注意六十花甲的排列已有认识时空合一的可能性。经西周数百年的发展,仅变成纯用干支以表示阴阳五行的概念,并未另有所增,故《说文》所论述干支二十二字的意义,确可上推至殷周之际。若此坐标,迄今仍广为流行于各种文献中及民间。今更合以干支纪日,坐标仅须取花甲六周当之。详示如下(图见下页)。

上表唯不合于具体的纪日,乃可得其抽象的数学周期。且此种种周期变化,方属易学象数即阴阳五行的价值所在。当《春秋》后期的易学,逐步转化数字卦成阴阳符号卦,《系辞》之言,于策数取"乾之策二百一十有六,坤之策百四十有四,

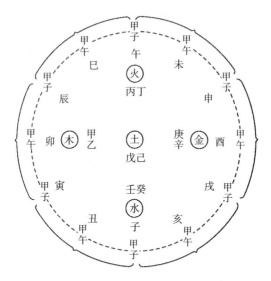

凡三百有六十，当期之日"即此义。且策数虽后起，而"三百有六十，当期之日"的周期，殷周之际的巫史必已应用。

更以一到十的十个数字论，《说文》所论及的意义，已据数字卦变化成阴阳符号卦后的情况。今更应上推至殷周之际。考当时对数字的认识水平，早已有抽象概念，合阴阳概念于数，必已了解一、三、五、七、九……为奇数，二、四、六、八、十……为耦数。《系辞》尚留有"天一、地二、天三、地四、天五、地六、天七、地八、天九、地十"二十字，此文字不妨后起，而认识奇耦数当天地阴阳，于殷周之际早已了然。由是可由奇耦数的角度以观数字卦，实兼含阴阳五行的意义。

《系辞》又论及天地十数的关系，其言曰："天数五，地数五，五位相得而各有合。天数二十有五，地数三十，凡天地之数五十有五。此所以成变化而行鬼神也。"有此记述，又可证明战国后盛行阴阳符号卦，本与天地十数有密切关系，而数字卦之数字即取于天地十数中。故宋以后复行十数（河图）、九数（洛书）两结构图（今重视其实，不必纠缠于河图、洛书之名），正可推本于阴阳符号卦的来源。今更合诸六十花甲言，殷周之际所理解而能应用的周期，尚未及"九"数。今于数字卦中所用的数字亦未用"九"字，此属极为重要的发现，故数字卦与九数组合图无关。《洪范》九畴的"九"字，依之为周期，可能为东方夏民族所用。故箕子传《洪范》的传说约产生于东西周之际，与殷周之际的数字卦绝不相侔，而决不可忽视数字卦与阴阳五行的十数组合图有间接的关系。《书》所谓"天乃锡禹《洪范》九畴"，虽非箕子之言，义则可取。若孔安国等所谓"伏羲得河图而作《易》"，且已视河图为天地十数之组合图。幸于今日得数字卦而更观之，则所谓"伏羲得河图而作《易》"犹指由数字卦变成阴阳符号卦。而数字卦于殷周之际的应用，必及阴阳五行之义。故于六十花甲中，宜从天地十数与十天干的关系说起。

先认识十个数字与十天干的自然次序，示如下：

> 一　二　三　四　五　六　七　八　九　十
> 甲　乙　丙　丁　戊　己　庚　辛　壬　癸

其间以奇耦数合诸天干之分阴阳亦同，更示如下：

> 阳　一　三　五　七　九
> 　　甲　丙　戊　庚　壬
> 阴　二　四　六　八　十
> 　　乙　丁　己　辛　癸

而数字卦唯取一、五、六、七、八五数，实与此有关。先论其五行，则天干之配法与十数之配合不同，是即所谓"五位相得而各有合"。此必须以手指计数论之，初计抽象的数，由一及五，恰当一手的手指。或有超过五数，当用另一手的手指计之，则两手的手指数共为十。而另一手手指所代表的数，必须增加五数，即为六、七、八、九、十。于两手所相应的两个手指，必差五数，是即一与六、二与七、三与八、四与九、五与十相应。故后世形成的河图，仅以结合阴阳两数当"五位相得而各有合"的情况观之，尚反映以手指计数的事实，谓之产生在万年以上，绝对可信。而其主要处在结合方位。

更以天干论，则依次使阴阳相合，凡甲与乙相合，于数犹一与二。如是相合，当然亦可成为"五位相得而各有合"，然未合具体以手指计数的情况，故必后出。两种相合的情况，更示如下：

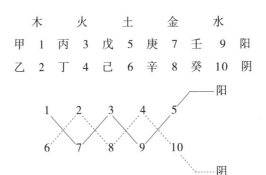

事实上法十数而另立天干十名，当然在后。且自有十天干名，更使甲乙等相合，方可与五行方位等配合，故五行方位等又可有数。今日所存之文献中，以《洪范》"一水、二火、三木、四金、五土"为最早有根据的五行数，然合于数字卦，与五行之义未合。而由数字卦变成阴阳符号卦，必经《洪范》的五行数，然已当东西周之际的情况，未可与殷周之际的情况并论。故知数字卦之数，乃属依次代入十天干以奇耦阴阳而合诸五行；所依木、火、土、金、水五行之次，即六十花甲中五子之次。详见上图中，其一，一甲二乙重（甲子、乙丑，甲戌、乙亥），属东方木；其二，三丙四丁重（丙子、丁丑，丙戌、丁亥），属南方火；其三，五戊六己重（戊子、己丑，戊戌、己亥），属中央土；其四，七庚八辛重（庚子、辛丑，庚戌、辛亥），属西方金；其五，九壬十癸重（壬子、癸丑，壬戌、癸亥），属北方水。此《春秋》时已用之。今推原其产生十天干以当中央四方之故，实本五子于六十花甲中之次。故定五行相生之次的方位，全本十天干名字的含义，亦即由十数而另立十天干之名，已含五行相生以当中央与四方的空间坐标。唯六十花甲之次，确于殷墟出土，故当时已有十天干的空间坐标，毫不奇怪。今更有数字卦的出土，能进一步证实五行与阴阳的关系。

推原殷周之际的天文知识，凡白天观日之东出西入，晚上观二十八宿与众星之出没，合诸方位，当已理解南北与东西的不同。凡南北有极（因我国地处北半球故仅见北极），传说已有指南针，或亦有据。故南北为不变，唯东西为变。乃五行当空间之方位，必须并观东南西北和自身所在处中央，而于时间坐标的阴阳，必须不用南北而以东西方向的旋转为主。故于十个数字中，不用南方的丙三丁四及北方的壬九癸十，以见阴阳的不变。且于东方之阴阳，日出以阳甲一为主而不取阴乙二，于耦数的分，当以辛八为主。八象相分，其数已由四方而兼及四维，凡由四而八的概念，殷周之际早已能辨。此东一西八为阴阳之正，又取中央之己六，其象已由八相分而可相合，此指阴之由分而合。若东方阳数甲一而及西方庚七，阳将变阴，《说文》"七，阳之正也"，已从阴阳符号卦言，又曰"从一，微阴从中衺出也"，仍合西方庚七之义。此指阳之由合而分。又阳亦归诸中央，然戊五与己六不同，六之合仅合辛八，而五之交午能兼合阴八阳一之分合。故以数字卦所用之五数论，所以见阴阳之变，于五行仅当木、土、金，而以水火不变为轴。概以下图示其意：

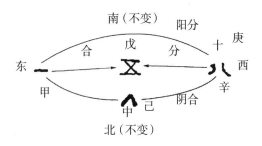

由上图，可喻殷周之际的数字卦所以取一、五、六、七、八五个数字，其意义全本甲、戊、己、庚、辛的方位。其间一而七，七而八，八而六，六而一，亦可见阴阳变化的周期，然尚有五字以交午一、八，故不论三个数字或六个数字，皆以示阴阳变化及其能否交午的情况，殊未可以《春秋》时盛行的"之卦"视之。

二、初论数字卦与阴阳符号卦的转化过程

自张政烺先生于1978年底在吉林大学召开的古文字学术讨论会上提出数字卦后，学术界对易学的认识有划时代的变化。张先生《试释周初青铜器铭文中的易卦》一文刊登于《考古学报》1980年第4期，文中列举32条考古材料。所出现的数目字统计如下：

数　　字：　一　五　六　七　八

出现次数：　36　11　64　33　24

1986年第2期《文物》上，又发表郑若葵的《安阳苗圃北地新发现的殷代刻数石器及相关问题》一文，谓于殷墟安阳苗圃北地新发现数字卦六。所出现的数目字统计如下：

数　　字：　一　五　六　七　八

出现次数：　7　1　16　7　5

据此资料初步可证明，距今三千余年前（前1400？—前1100？）之殷周确有数字卦存在。且殷墟、周原等处所用的数字卦已相同，可见更有其源。今观殷周所用的数字，为一、五、六、七、八五个数字。其他二、三、四、九、十五个数字，在迄今为止所发现的数字卦中尚未出现。且数字卦基本以三个数字或六个数字结合而成，此所以可与三画卦或六画卦联系。认为是阴阳两种符号组合成八卦与六十四卦的原始卦象，诚信而有征。然不可不郑重注意相应数字卦的时空范围。

又于一九七八年在湖北江陵天星观战国时期楚墓中发现竹简上有易卦，卦象必为二卦并列，共有八组十六卦，则与传统所谓"之卦"意义略同。且卦象仍为数字，所用的数字，亦统计如下：

数　　字：　一　六　八　九　残缺

出现次数：　39　49　5　4　1

计殷周之际至战国相距近千年，所用的数字已不用五与七而增加九，故楚墓中所保存的数字卦，实与《左传》（约成书于前403—前386年之间）中所记述者相同。观《左传》中记述有关卜筮的资料尚多，究其筮法之理，已本诸阴、阳、变、不变四者。或尚不知用"大衍之数"之"四营"，亦可用其他较简易的方法得四数以当阳变、阳不变、阴变、阴不变四种情况，如楚墓中所得的一、六、八、九四数即是。然战国时已重视七、八、九、六四数作为四时的代表，《礼记·月令》乃至《吕氏春秋》之十二纪皆用之，故此"一"字，实可认作"七"字。及马王堆帛书本《周易》的━、ノ乀两字（下葬于前168年），更可视作以七、八为卦。因九、六为爻名，汉初时早已完备。若楚墓中所保存者仅属卦象，殊未引《周易》的卦爻辞，可见尚以卜筮为主。不必用固定的卜辞，此见楚易与三晋易不同（虽然三晋易中亦盛行以卜筮为主者，参见《论〈左传〉与易学》），其所用数字为七、八、九、六当同。且推究其源，可合诸《洪范》的思想。考《洪范》之成，约当为东西周变化时的作品（前770）。以文字论，可能有后人所增，而其九畴的思想结构，准东西周之际的具体史实，肯定有条件完成。因殷墟已有六十花甲之周期，然于数字卦中尚未用"九"字，而经西周之发展，不难完成《洪范》所用的九数周期。此与数字卦中出现"九"字，可互为因果。（另详《论〈洪范〉作者的思想结构》）

　　准以上的推理，可认为殷周之际的数字卦本与五行相结合。凡一、五、六、七、八五个数字中，一、五、七为阳数；六、八为阴数，与四方、中央有关。以中央为阳，宜取阳数三阴数二。一与╋为阳的变化，ノ乀与∧为阴的变化。亦即一阳（━）将分二（╋）而阴，二阴（ノ乀）将合一（∧）而阳。此由一、七、八、六四数的形象以示阴阳的变化，仍合东周以后的情况。其后，惟"一"字变成"九"字，然殷周时如何配合四方四时，尚难肯定。若更用五字，当属中央，以示掌握阴阳变化者。凡三个字成一次变化，二次变化当两个五（✗）字，似即"爻"字的来源。传统论爻，皆指六十四卦之六爻，三画八卦无称三爻者，《说文》"爻、交也，象《易》六爻头交也"是其义。今视两个五（✗）字合成爻字，《说文》"✗、五行也，从二，阴阳在天地间交午也"，数字卦之"五"字正可以此义释之。此五个数字保存于青铜器古物上尚多，当然已不知其内容，今已可认为与阴阳五行之理有关。或忽乎五行，仅以阴阳符号卦的卦象合诸数字卦，似未合殷周之际及西周时所用数字卦的内容。及发生平王东迁的大变化，洛阳为天下之中的形势又进一步形成，与周公初营洛邑时已不同。《洪范》中有"五皇极"，地位当指洛阳，凡《诗·王风·黍离》等言其情，岂无有能继其性之人，古谓之传道者。若《书·洪范》的作者，约当其时而有其抱负。其人或为本居洛阳非东迁的学者，或为晋之旧臣，或为宋之孤臣。当时民间尚可能流传殷周之际的史实，亦有为东方诸侯所保存者。《洪范》推本于武王受自箕子，所以重其文，或亦有其因。《左传》中曾三引《洪范》，皆以"商书"称之，时间为文公五年（前622）宁嬴引之，成公六年（前582）栾武子引之，襄公三年（前570）称君子谓祁奚及之。今合诸数字卦论，可进一步理解阴阳相对的变化，如三德除"正直"外，其他二德化四即成五。且《洪范》的大义，视阴阳五行同源。兼用卜筮本为殷与西周所同，《洪范》"次七稽疑"当之。以数言，既以五行合诸一水、二火、三木、四金、五土之五数，阴阳之变、不变即当贞悔，自然可合七、八与九、六。因"五"字既用于五行中之土，阴阳变不变之数，当取六、七、八、九，宜楚墓中数字卦已无"五"字。及完成取九、六为爻名，则七、八已为阴阳卦数。故卦指阴阳之不变，爻指阴阳之变。此为《周易》象数的基本概念，当《春秋》所见世已可确立。其后逐步通行于七国，实与《洪范》五行数有关。由是阴阳与五行，以数论可分可合。合即明堂位九宫及天地十数之五位相得而各有合，分即一、二、三、四、五生数为五行，六、七、八、九、十成数为阴阳。同时卦爻辞逐步完成，或以文字为主者，渐与五行疏远。及变一、丿乀成——（阳）――与（阴）两种符号后，《周易》专以阴阳为主，尤其是齐鲁地区所发展的《周易》。若三晋地区尚重视七、八与九、六的关系，注意卜筮者当然不废五行，是尚有数字卦的遗风。

论孔子与"六经"

一、引言

在我国历史上，对后世影响最大的学者，除孔子外，不作第二人想。孔子生当东周灵王二十一年，卒于敬王四十一年（前551—前479），享年七十三岁。然根据《公羊传》《穀梁传》或《史记》的记载，有一年之差。为此一年，竟造成二千余年的争论，以今观之，实为不必。唯对《春秋》所见世的时代，决不可忽视。反观历代的研究孔子，失在孜孜于一年的先后，而忘其身处的时代。当孔子卒后，弟子与子孙的性格本有所不同，加之所在之处，既有在鲁，亦多分散于各国。准客观条件以推广其理论，则时空与人事的条件有变，其理论何能相同。生于二百余年后的韩非（前298？—前233）于《显学》中曰："孔墨之后，儒分为八，墨离为三，取舍相反不同，而皆自谓真孔、墨。孔、墨不可复生，将谁使定世之学乎？"试思韩非已有此感慨，况在二千五百余年后的今天。然今有历史唯物主义的武器，宜全准孔子生前的情况及当时的时代背景，以究孔子与"六经"的关系，或反能较韩非子有利，可直认孔子及其卒后一二代的情况，而不为其私淑弟子及后代子孙的言行所惑。

二、历代认识孔子有汉、宋、清三变

观秦汉以来对孔子的认识，要而言之，基本有三变。其一为汉代的经学。考"六经"之传，大半出自荀子（前318？—前238？），然荀子上距孔子亦已二百余年，与韩非仅一辈之差。或可认为荀子之说得韩非尊师之心不计入八家之中，然荀子确已认为儒家中如子张、子夏、子游为贱儒，子思、孟子造说五行，等等皆非孔子之说，则同门异见其来已久。然何可认定由子弓传于荀子者为是，而由子张、子夏、子游及子思、孟子相传者为非？故专心于经学而不加分辨经义者，未必能传孔子之旨。宜汉之经学碍于今古文之争，迨郑玄（127—200）有综合之志，且亦有其所得，奈旋即崩溃于曹丕之禅（220）。故汉武帝尊孔以治经，由董仲舒（前180—前115）以及许慎（58？—147？），尚未足以见孔子之旨。魏晋南北朝以后，有玄学、佛学的思想日在发展。并观《汉书·艺文志》与《隋书·经籍志》，已增道经与佛经，可见文献的不同。故唐兴而三教并存，乃积魏至隋（220—581）近四百年造成的时代思潮，岂一人之力所成？三教并行不悖，庶见唐代文化之盛。及安史之乱（755—763）而唐室渐衰，三教之间势必有争，亦有以意合之者。经唐末五代之乱而宋兴，孔子乃以第二变的面貌出现，故其二为宋代的理学。观理学家之尊孔，基本有得于孟子（前372？—前289？）。孟子虽早于荀子五十余年，然上距孔子尚有百余年之差，故必须由孟子而上及子思之《中庸》、曾子之《大学》，庶见孔子《论语》之旨。且理学以求孔颜所乐为鹄的，实有二氏之学在其中。孔子岂仅教颜子一人，读颜子"仰之弥高，钻之弥坚。瞻之在前，忽焉在后。夫子循循然善诱人，博我以文，约我以礼。欲罢不能，既竭吾才，如有所立卓尔。虽欲从之，末由也已"（《子罕》）之叹，可见其专心学习的情状。更求颜子所学与孔子所教，其要有二。一曰："颜渊问仁。子曰：'克己复礼为仁。一日克己复礼，天下归仁焉。为仁由己，而由人乎哉。'颜渊曰：'请问其目。'子曰：'非礼勿视，非礼勿听，非礼勿言，非礼勿动。'颜渊曰：'回虽不敏，请事斯语矣。'"（《颜渊》）此属内圣之理。二曰："颜渊问为邦。子曰：'行夏之时，乘殷之辂，服周之冕。乐则《韶》舞，放郑声，远佞人，郑声淫，佞人殆。'"（《卫灵公》）此属外王之事。惜颜渊先孔子而卒，外王之事未用，内圣之理尚"末由也已"，虽可誉之为"具体而微"，然孔子本人未卒，仍可观其"具体"者，何必观其"微"者。故理学之境，即使认为已及颜渊，犹未及孔子，其间同异，岂可不辨？况礼乐之实何指，尤属恍惚。且能总观孔子之一生以传其道者，必当卒于孔子后。此意理学家岂不知，乃于颜渊外，又重视曾子之孝及其所著之《大学》。《大学》明内圣外王之次，由汉代编的《礼记》中，重点提出以上及春秋战国之际的儒家思想，未可谓全部无据。奈于《大学》的基础，必须合诸"所见世"之史实，朱熹（1130—1200）为之编次而增补"格物章"，而谓孔子以此传曾子，岂其然哉。由元而明，应时空条件之变而有王守仁（1477—1528）出，乃承陆九渊（1139—1192）之大者以正朱子之失，复古本《大学》，实有所见。进而宜知陆子之所谓大者，当其十三岁（1151）因宇宙之义而笃志圣学。凡"往古来今谓之宙，四方上下谓之宇"，见《淮南子·齐俗训》,于先秦时《庄子·庚桑楚》中,已言"有实而无乎处者,宇也;有长而无本剽者,宙也",早于《淮南子》而义更精深。陆子有悟于此,故曰:"元来无穷,人与天地万物,皆在无穷之中者也";"宇宙内事,乃己分内事;己分内事,乃宇宙内事";"宇宙便是吾心,吾心即是宇宙。东海有圣人出焉,此心同也,此理同也;西海有圣人出焉,此心同也,此理同也;南海、北海有圣人出焉,此心同也,此理同也。千百世之上至千百世之下,有圣人出焉,此心此理亦莫不同也。"此言实能阐明《中庸》之旨。若象山之学,唯有得于此,故一生治学与诲人,多及"宇宙"二字之精义。若曰"宇宙不曾限隔人,人自限隔宇宙",殊能得天地人三才之结构,实已深体乎孟子"易地则皆然"之理。及明王守仁悟于龙场(1528),此心此理确能同于三百数十年前之陆子,而尤合于孟子之"求放心"与"致良知"。然则理学经程朱与陆王之变,识见超然,所得之孔子,与董仲舒的《春秋》断狱,岂可同日而语?然而得其理而未明其事,仍未可谓已得孔子处于《春秋》所见世之象。且阳明尊经以心,非通贯"六经"之旨者,其何足以知之。由是经一二代之传,已流弊丛生,益以麦哲伦于嘉靖元年(1522)已能绕地一周,可见当时世界之知识水平,乃欧风渐来而世变日亟。明亡而归罪于姚江之学风,既未可谓其为唯一原因,亦不可否定其为原因之一。

自有清入主中国,仍重视固有的历史文化,乃对孔子又成另一面貌,故其三为清代的朴学。观清代的学术亦有多方面,然自乾嘉以来特重朴学,且有所成就,足以代表一代学风,所研究的对象,更重孔子。初有黄宗羲(1610—1695)、顾炎武(1613—1682)、王夫之(1619—1692)三学者,适当明清之际，皆深具民族意识，其学务实而不言玄虚，其要仍有得于理学之长，乃主宋而非明，犹由王陆而朱程。继之者能行以践己之形，知以辨客观之史，故若颜习斋（1635—1704）、李恕谷（1657—1733）之行，能纠正理学之拘，以畅达人类相近之性；胡渭（1633—1714）、阎若璩（1636—1704）之知，由考据而启人之思，可免受"易图"及伪古文《尚书》之欺。乃起自非明之姚江而非宋之理学，非宋之理学而非晋之梅赜，由是步步上出，方能探原先秦。由戴震（1723—1777）之《孟子字义疏证》出，更能直达理学之源以正其流。总观其时代，当康熙（1662—1722 在位）经雍正（1723—1735 在位）而乾隆（1736—1795 在位），逐渐由宋而汉，确立许慎《说文》为治学的基础。故康熙四十五年（1706）陈梦雷纂成《古今图书集成》，刊行于雍正时，不啻在总结宋学；乾隆四十六年（1781）编成《四库全书》，实为专志朴学的工具，纪晓岚（1724—1805）总其事，其思想重汉轻宋，可见当时已形成的学风。然由宋而汉，富于文献，由汉而战国，尚有诸子，由战国而春秋，唯"六经"可据。故朴学家之重视孔子，必当深入考核《诗》《书》《礼》《乐》《易》《春秋》六经之旨。然"六经"之中要在礼乐，仅限于以文字入手，既无乐经，自然对孔子在齐闻《韶》三月不知肉味之情，茫然不知所谓。况清之乐用十四律，何能有得于三分损益、隔八相生的先秦乐理。以礼论，汉满的民族隔阂始终未能消失。乃于知，可以朴学探源，而于行，坚执宋礼以自囿。此于清室正宜用之以治汉民，而汉民亦乐于执此以自傲，认为是礼仪之化而与满族不同。唯此上下相欺，终清之世未能相洽，宜颜李之行非但未能进一步发扬，反更多受理学的束缚。此与孔子主张以礼乐治天下的基本点，当认识礼乐的实质，已全部失其意义。宜朴学之所得，仅能得孔子之迹，决不能得迹迹之履。先明乎此，方可分观诸经以论朴学之所长。

其一，《易经》——宋易实结束于康熙李光地编纂的《周易折中》。此书系总结由陈抟（890？—989）开始的易学，文献俱在，乃能以朱义为主而兼程传，选辑适当，足以合数百部宋易为一，研究宋易者正可读此以知其概貌。而汉易者，早为王弼（226—249）所废，清朴学家使之恢复，于文化史上有特殊地位。而其资料什九来源于唐李鼎祚编辑的《周易集解》，此书编成而上于朝，当唐代宗即位日（762），然迄清已近千年，虽有读其书者，绝无一人能深入以研究其易理。自惠士奇（1672—1741）、惠栋（1697—1758）起，始能读此以复明王弼以前的汉易。而乾隆的《周易述义》又起提倡汉易的作用，然其学术价值不高，后经张惠言（1761—1802）等进一步阐明之，汉易的面貌方能轮廓分明。惜为文献所限，清所谓汉易者，实仅及东汉，西汉且未详，遑论先秦。惟汉易的读《易》法，实相近于先秦，与王弼说《易》之理，截然不同。此为朴学于《易经》之所得，有志于学《易》者必宜取其成果而更求其原。以孔子论，当知孔子与《易经》的关系。重视史实的朴学家，对此尚未敢正视，必认为十翼是孔子所作，此乃时代的局限性。既不必苛责清儒，而继其学者何可再蹈覆辙。

其二，《书经》——晋梅赜伪作《古文尚书》，朱熹、吴澄等早已知之，然自阎若璩后，能彻底否定之，乃可上应伏生所传之今文。然汉得孔壁之古文书，其事未可谓伪。即以梅赜本言，亦有据于先秦古说而为之缀文，究非以意而言的小说可比。且时当两晋之际，正中原鼎沸、思想杂乱之时，赜进此古史于元帝（317—323 在位）以定民族之气，其情亦有可取。故阎若璩《尚书古文疏证》不可不读，孙星衍（1753—1818）衷集的《尚书今古文注疏》更不可不知。进而言之，伏生所传者，亦何可认为即属孔子所删者。若清朴学所认识《书经》的精义，基本未出郑玄之说，故其成果尚未及《易经》，然资料较多，已能由东汉而西汉。

其三，《诗经》——读《诗经》之观点，要在对诗序有不同的认识。以经学论，更宜重视郑玄《诗谱》及全书之结构。若戴震《毛郑诗考证》以及马瑞辰（1782—1853）《毛诗传笺通释》、陈奂（1786—1861）《毛诗传疏》等，时代亦由东汉而西汉。取魏源（1794—1857）而及王先谦（1842—1917）之说，既以破诗序，而三家诗之理亦有所显。然诗固无达诂乎？"起予者商"可谓非"雅颂得所"之旨乎？三家之前如何说诗，乃文献不足。此见朴学家之于《诗》《书》，同以汉代的史迹为主，其功未可没，而谓由之可得孔子处于《春秋》所见世之礼乐，实有所不可到达之境。颜渊且然，何况清之朴学。因以高一层次观之，《书》犹礼，《诗》犹乐，当孔子之时，已不可不知文字，然决非仅以文字能得《书》《诗》礼乐之象。且观清代朴学之认识孔子，实继承郑玄而未能信其所合一的今古文。由是本诸《诗》《书》以究今古文分裂的焦点，乃在《春秋》。

其四，《春秋》——《春秋》为鲁史，有三传传之，即《公羊》《穀梁》与《左传》。朱熹称《公》《穀》为经学，《左传》为史学。以史事明其理，固为《春秋》之大义，故传可偏于经或史，而读《春秋》者何可执于一端。西汉之时，《公》《穀》先出为今文，《左传》后出为古文。或视今古文为水火不相容之矛盾，则仅可阐明三传之说，何可谓其有见于《春秋》之旨。

且董仲舒首以《春秋》断狱，明《公》《穀》之理，正拟发挥孔子外王之事。然复出《左传》以详《春秋》之史，则《公》《穀》的微言大义，难免有其破绽，不求其本而逐事论其褒贬，势必穿凿。若三世之分、绝笔之穷，固有其情，当然未可忽视。清儒之非宋复汉，于宋理之精微处，必当化诸《公》《穀》之《春秋》大义。初有庄存与（1719—1788）《春秋正辞》当之，尚能以《春秋》经义为主，又取及《周礼》，并未严分今古文。洪亮吉（1746—1809）兼通三传，亦能深入考核《春秋》之事。及庄存与之外孙刘逢禄（1776—1829），其时已须严辨今古文，故仅发挥张三世之说，犹进一步法董仲舒以《公羊》断狱。狱以一事，三世以改制，有得乎孔子之外王则一，故以《公羊》而切于时政言，则由龚自珍（1792—1841）、魏源（1794—1857）而王闿运（1833—1916）、廖平（1852—1932）、康有为（1858—1927），因时为甚。然何与于《春秋》所见世之孔子，此亦何异于"六经"注我。

其五，《仪礼》《周礼》《礼记》《大戴礼记》——"礼"属具体的行动，有关"礼"的文献，基本为当时所通行的仪式，由之可了解当时的风俗习惯、社会组织及礼制的含义。凡《仪礼》记述礼的具体仪式，当时必有行之者，自然是周代的部分礼制；《周礼》是王者用以治天下的官制；《礼记》则综述由上及下一般应用的礼制，亦有说明礼乐及"六经"的意义等，更可了解当时的社会情况。至于清朴学家之读此，更能由文字以深入考核当时的制度。若朱彬（1753—1834）《礼记训纂》、王聘珍（？—1821）《大戴礼记解诂》、胡培翚（1782—1849）《仪礼正义》、孙诒让（1848—1908）《周礼正义》等，皆积数十年之精力以成书，宜成果可贵。古无录音录像，犹能重见当时社会的风貌，此见文字之功。虽然，客观对应的时代，尚有上下数百年的差别，故合礼于孔子，何可贸然而言。西周之周礼如何？在鲁之周礼如何？由战国下及西汉之周礼又如何？或非清之朴学家所可辨知。

以上略述清代治经的成绩，可云已能与汉人并驾，且后来居上有过之之势。奈徒执其迹者，难免又为文字所囿，故朴学家之由治经以治子，虽曰由春秋而战国，实仅能由西汉而战国。故于孔子的形象，因未能正视"六经"与孔子之关系，则何能有确切的认识。《汉志》所谓："后世经传既已乖离，博学者又不思多闻阙疑之义，而务碎义逃难，便辞巧说，破坏形体，说五字之文，至于二三万言，后进弥以驰逐。故幼童而守一艺，白首而后能言，安其所习，毁所不见，终以自蔽，此学者之大患也。"然清之朴学家仍有失于此，且更过之，令人浩叹。司马谈论儒家之失，"夫儒者以六艺为法，六艺经传以千万数，累世不能通其学，当年不能究其礼，故曰博而寡要，劳而少功"，诚未可忽视。而孔子本人固如是乎，亦不可不知。故于二千五百余年后的今天，孔子既经汉宋清三变，仍有必要直探荀、孟以前的情况。此论旨在阐明孔子本人史实及与"六经"之关系，尤要者宜重视《春秋》所见世的时代。

三、直接考察孔子一生与时代的关系

今欲直接理解孔子，必先理解孔子所处的时代。与当时时代密切相关的文献，就是"六经"之一《春秋》。先宜说明《春秋》的真伪及作者问题。《春秋》为鲁史，记录自鲁隐公元年起（前722）二百四十余年的史事。除记录人事外，错杂其中

的尚有自然现象，内有日食的记录。今日的天文知识，已可逆推而知日食所发生的时间与地域。合诸《春秋》上所记录的时间，基本皆正确。此必为当时目睹者所记，决不可能后人伪作。因当时或数百年后的天文学水平，或未必能逆推日食的时间。有此强有力的证据，故知《春秋》确为当时鲁国的史官所记。且记二百四十余年的事迹，决不可能是一人，必为数代史官的实录。故《春秋》非一人所能完成，且决非孔子所作。孟子曰"……孔子惧，作《春秋》。《春秋》，天子之事也。是故孔子曰：'知我者其唯《春秋》乎，罪我者其唯《春秋》乎'"，已不可信。《春秋》何尝是孔子所作，或谓孔子曾笔削，亦未必有其事。《公羊》分《春秋》为所传闻世、所闻世、所见世。三世所谓"所见异辞，所闻异辞，所传闻异辞"者，实记录之史官已易人，文风自然有所不同。故《春秋》全书，不仅三世确有异辞，同一世中亦有异辞，当归诸记录者非一人。异辞似为记录者之意，如《春秋》为尊者讳（见闵公元年），为贤者讳（见庄公四年），以及贤者不名（见襄公二十九年）等。又如早期称荆，后期称楚，更属史官随当时的通行名字以记之，绝无褒贬之情。当孔子取《春秋》以教弟子，宜有所评论。孟子引孔子之言所谓知我罪我，或以不当评论而评论之为有罪尚可通，或以作《春秋》或笔削《春秋》为有罪，则孔子可任意篡改历史，此与"述而不作、信而好古"的原则未合。故能不为孟子所惑，知《春秋》为鲁国当时客观的近现代史，方可作为孔子一生的时代背景。至于《春秋》与孔子的关系，须并观三传。

《春秋》于襄公二十一年（前552），《公羊传》《穀梁传》皆记有"孔子生"而《左传》未记。又《公羊》《穀梁》皆止于哀公十四年（前481）"西狩获麟"，而《左传》尚继续二年，于哀公十六年（前 479）记有"孔丘卒"而《春秋》止。此见三传之传《春秋》皆与孔子有关，所记的生卒年，必为三传作者所增。唯于"西狩获麟"后尚有《春秋》，故《公羊》《穀梁》之补入生年，且未卒而止，早已合孔子于时代，实有得于孔子之微言大义，正见孔子生前对世事的认识。故《春秋》之始于鲁隐公元年，止于"西狩获麟"，不可不认为是孔子之旨。在此后两年中，孔子不再重视具体的世事，实更有所得，此非《公羊》《穀梁》所知，而唯《左传》及之，宜《左传》必及"孔丘卒"。当孔子卒后，鲁史仍在，然传之者不录《春秋》，又见传《左传》者的思想，于孔子卒后，已不为鲁史《春秋》的观点所限。若孔子本身仍归于鲁，此为客观史实，唯其曾周游列国，且一生学习之所得，决不为七十余年的世事所囿，而当有其思想。故能致思于"西狩获麟"后的孔子思想，方可通贯三传而得《春秋》之旨，亦可见孔子与时代的具体关系，而有以识孔子之所以为孔子。

故必本《春秋》所记述的客观史实，乃可论孔子处于所见世之事迹及其思想的发展。至于孔子本人的一生情况，其资料来源，基本当以《论语》为准。《论语》为孔子弟子所记述其师的思想言行，尤以教学为主，对各位弟子之因材施教极为详细。唯孔子有此长，宜弟子相传各有所得。儒家的发展基于此，各家内容的不同竟至相反，亦由于此。故切忌执相传数代后的儒家思想，误认为孔子之思想。若孟荀之异，为重要的差别之一。考《论语》所记录的内容，时间最迟者已及曾子（前 505—前 436）卒，故成书已为曾子之子或其弟子。《论语》大部分为第一代弟子之记录，故其内容基本可信。各弟子的不同性格粲然显现，数代相传，自然有不同的学风，四科之各有所长，何可一之？然皆见整体，斯为可贵。且当时已见相互批评尚未至相互对立，而孔子的形象恰在其中。

四、孔子"志于学"至"而立"后的情况

子曰："吾十有五而志于学，三十而立，四十而不惑，五十而知天命，六十而耳顺，七十而从心所欲，不逾矩。"（《为政》）此为孔子于七十岁后，自思一生进程所作的回顾。然读此时，必宜与"子绝四，毋意、毋必、毋固、毋我"（《子罕》）并思，不然，孔子一生的历程仅知为我而发展，决不能成为孔子。孔子者，能毋我而以我合诸时代，观时代之变化而变化斯为贵，故"子在川上曰：逝者如斯夫，不舍昼夜"（《子罕》）。虽然能得见时代，必须渐积经验而并加深思。子曰："学而不思则罔，思而不学则殆"（《为政》），能学思并用而不罔不殆，约当十五岁至三十岁的情况，所谓立者已能立于不可见之时。孟子特以"圣之时者也"称孔子，此一观点可成立，确属孔子之智慧，非孟子所能强加。唯孔子之知时，故志在使"老者安之，朋友信之，少者怀之"（《公冶长》），既准三代人之变，乃可进而由生之时上及未生之时，是即史。重视史学而好古，客观了解之，思考之，以史为鉴而作为一生行动与思维的指南，故子曰："述而不作，信而好古，窃比于我老彭。"（《述而》）正孔子治学之原则。至于孔子立此原则，必有所师承，《史记·仲尼弟子列传》："孔子之所严事，于周则老子，于卫蘧伯玉，于齐晏平仲，于楚老莱子，于郑子产，于鲁孟公绰。数称臧文仲、柳下惠、铜鞮伯华、介山子然，孔子皆后之，不并世。"凡此所提及者，年皆长于孔子，司马迁之言，当有所据。不并世者且不论，可

合于相应的历史人物，若并世者更可有觌面受教之机会。首言
"于周则老子"，当有所以愿严事之之理，惜每多不求其实，故
孔、老之关系，已成为二千年来争论儒、道的焦点。今考核春
秋所见世的情况，决非如后世所想象者。

《史记·孔子世家》：

> 鲁南宫敬叔言鲁君曰："请与孔子适周。"鲁君
> 与之一乘车、两马、一竖子俱，适周问礼，盖见老子
> 云。辞去，而老子送之曰："吾闻富贵者送人以财，
> 仁人者送人以言。吾不能富贵，窃仁人之号，送子以
> 言曰：'聪明深察而近于死者，好议人者也；博辩广
> 大危其身者，发人之恶也。为人子者毋以有己，为人
> 臣者毋以有己。'"孔子自周反于鲁，弟子稍益进焉。
> 是时也，晋平公淫，六卿擅权，东伐诸侯；楚灵王兵
> 强，陵轹中国；齐大而近于鲁。鲁小弱，附于楚则晋
> 怒；附于晋则楚来伐；不备于齐，齐师侵鲁。鲁昭公
> 之二十年，而孔子盖年三十矣。

《史记·老子韩非列传》：

> 老子者，楚苦县厉乡曲仁里人也。姓李氏，名
> 耳，字聃，周守藏室之史也。孔子适周，将问礼于老
> 子。老子曰："子所言者，其人与骨皆已朽矣，独其
> 言在耳。且君子得其时则驾，不得其时则蓬累而行。
> 吾闻之，良贾深藏若虚，君子盛德，容貌若愚。去子
> 之骄气与多欲，态色与淫志，是皆无益于子之身，吾

所以告子，若是而已。"孔子去，谓弟子曰："鸟，吾知其能飞；鱼，吾知其能游；兽，吾知其能走。走者可以为罔，游者可以为纶，飞者可以为缯。至于龙吾不能知，其乘风云而上天。吾今日见老子，其犹龙邪。"老子修道德，其学以自隐无名为务，居周久之，见周之衰，乃遂去。

由上两节，可见孔子和老子的关系。最重要者，宜重视其时代背景。当春秋所见世，已不可与所传闻世相比。若齐桓公受周惠王赐为伯（前667），继之有召陵之盟（前656），方属东周时尊王攘夷的正义事业。子曰："桓公九合诸侯，不以兵车，管仲之力也，如其仁，如其仁。"（《宪问》）正孔子为东周的标准。及晋文公受周襄王赐为伯（前636），有非礼之请隧，情况已异于齐桓公，子曰："晋文公谲而不正，齐桓公正而不谲。"（《宪问》）考齐桓、晋文虽仅一代之差，然整个天下形势正在起变化，因管仲、齐桓公一死，齐国即无尊王者，故伯主由山东而山西，且晋近王畿，自然有挟天子的事实。况晋国世霸，自文公直至孔子生前晋国仍在发展，乃以尊王言，特以正谲辨齐桓晋文之志，实即时空条件的不同。由晋文公（前636—前627）至晋顷公（前525—前511）已过百有余年，西秦南楚各有所发展。乃晋对攘秦楚早已无力，尊周王亦利用之而已。故若晋顷公扶敬王以除王子朝事，老子与孔子或未必以为然。孔子如之周见老子当在景王时，景王卒（前520），孔子仅三十二岁，然则孔子见老子时，正年约三十左右之青年。而老子已居周久之，当长于孔子三十岁左右，老子"见周之衰，乃遂去"，当指景王卒后之事。《史记》所引的晋平公（前557—前531在位）、楚灵王（前 541—前 528）皆在其前，当孔子已见老子而返鲁，"弟子稍益进焉"，正合孔子立于三十，始能杏坛设教。若景王卒后之事，因于生前有爱子王子朝未立，而晋顷公为之立敬王，国中有立悼王者为王子朝之党所杀，继之又拒敬王达四年之久。《春秋》："昭公二十有六年……冬十月，天王入于成周，尹氏、召伯、毛伯以王子朝奔楚。"《左传》："王子朝及召氏之族、毛伯得、尹氏固、南宫嚚奉周之典籍以奔楚。"按老子为周守藏室之史，而周之典籍为王子朝奉以奔楚，疑老子之去周，当在王子朝奔楚之前后。当时王子朝有告于诸侯之辞，尚见于《左传》，殊有史料价值。又阎若璩认为"惟昭公二十四年夏五月乙未朔日有食之，见《春秋》，此即孔子从老聃问礼时也"。然昭公二十四年当周敬王二年，敬王尚未入成周，而王子朝之即位，又未为伯主晋所承认，如此形势孔子似不可能之周，且日食事已见诸《礼记·曾子问》及《家语·观周解》，皆载"孔子曰：昔者吾从老聃助葬于巷党，及堩，日有食之"。然《左传》所载之日食中，此次虽有日食而周鲁等处不能见到，可见或有错简，或尚有他故，乃知《礼记》及《家语》之记录皆未可信。或于战国时已重视孔子见老子之事，必欲肯定其日期，反见作伪之痕迹。又如孔子与南宫敬叔同适周，鲁君且与之一乘车两马一竖子，今又可考得孔子三十岁时，南宫敬叔仅十余岁，不可能有其事。故纯以学术思想的关系论，孔子自"志学"至"而立"的十五年中，当得益于周守藏室之史。必有此"述而不作信而好古"的治史原则，方能有日后之成就。且孔子"少也贱，故多能鄙事"（《子罕》），以鄙事所得的经济等条件，配合从事于史学之志，且处身挂名周天子仍存的时代中，往周寻师于周守藏室之史，完全可能有其事。退一步言，孔子或未至周见老子，而老子治史之原则，必对孔子有启发性的影响，后人惟欲提高孔子之身份，为之伪造种种见老子的条件，反使破绽毕现，而对极重要的思想感应，反多忽视。且当时任周守藏室史官的李耳，未必著有全部《老子》，而《老子》书中之若干警句，则确为孔子于周所严事之老子所言（另详《论李耳》）。综上所述，以明孔子于三十之立，基本为确立治史之原则。以史合诸当代之事，故"子入太庙，每事问"（《八佾》），此为知礼，亦为问礼于老聃之旨。如孔子之周，则除见老子外，极可能拜访苌弘以问乐。因孔子所好，唯礼乐而已。礼以定人之行动，乐以和人之思维，宜入太庙每事问为知礼，且"子与人歌而善，必使反之，而后和之"（《述而》），庶能知乐。基此礼乐之好，以通贯古今，斯能由"志学"至"而立"。见老子、苌弘前，与孔子思想的形成极有关系者，尚有二事。其一当襄公二十九年（前544）吴子使札来聘，其二当昭公十七年（前525）郯子来朝。前事孔子仅八岁，后事已二十七岁。此二事皆有以促使孔子重礼乐且好古。

五、孔子"不惑"至"知天命"后的情况

孔子由"而立"而"不惑"，其旨未变，乃深入礼乐而能不惑其行。合诸世事，此十年中亦多变化，主要为"孔子年三十五……昭公率师击（季）平子，平子与孟孙氏、叔孙氏三家共攻昭公，昭公师败，奔齐……鲁乱，孔子适齐"（《史记·孔子世家》）。孔子因鲁乱而适齐，时间在秋冬，若孔子之于昭公，不得不有所讳。《论语》记有一事："陈司败问昭公知礼乎，孔子曰：'知礼。'孔子退，揖巫马期而进之曰：'吾闻君子不党，

君子亦党乎。君取于吴为同姓，谓之吴孟子，君而知礼，孰不知礼。'巫马期以告，子曰：'丘也幸，苟有过，人必知之。'"（《述而》）此知礼问题，岂仅取同姓而已，昭公之奔齐，或难免亦有失。是年为齐景公三十一年，《论语》记有"齐景公问政于孔子，孔子对曰：'君君臣臣父父子子。'公曰：'善哉，信如君不君臣不臣父不父子不子，虽有粟，吾得而食诸'"（《颜渊》）。则知景公尚对孔子的理论有兴趣，而孔子亦有意于久居于齐，宜有"子在齐，闻《韶》，三月不知肉味。曰：'不图为乐之至于斯也'"（《述而》）。《史记》述此，于"三月"上尚有"学之"二字，文义较备，当有所据。且《论语》尚记有评语："子谓韶，尽美矣，又尽善也。谓武，尽美也，未尽善也。"此实能深入欣赏音乐之情，而难免亦有感于史迹及当代之世事。当孔子之齐一年后，即有王子朝奔楚之事。是时孔子或尚在齐，不论闻《韶》或学《韶》，且能详论《韶》《武》之得失，此对禅让与传子之政体，实深有所感。周天子如何？老子极可能因之而去周；鲁昭公又如何？孔子本人亦去鲁之齐。然则《武》乐何可与《韶》乐相比。宜孔子有见于东周之失，始重鲁史《春秋》，在齐闻《韶》，乃定尧、舜之《书》。一二年后，景公亦未能用，《论语·微子》："齐景公待孔子曰：'若季氏则吾不能，以季孟之间待之。'曰：'吾老矣，不能用也。'孔子行。"而鲁国的情况，昭公虽不能回，局势已稳定，乃返鲁。此证当时孔子并未直接参与昭公击平子事，亦未尝必以昭公为是。约三十七八岁，孔子返鲁，而心已有主，是之谓不惑。继之十余年，皆在鲁设教，渐成私人讲学的风气。更观此十余年间，世事之变化甚激烈，孔子超然以观之，庶可由"不惑"而"知天命"。要而言之，晋于昭公二十八年（前514）"韩宣子卒，魏献子为政",于昭公三十年(前512)"冬晋赵鞅荀寅帅师城汝滨,遂赋晋国一鼓铁以铸刑鼎,著范宣子所为刑书焉"。此晋国之变,孔子当有所意见,《左传》所引者,或未必悉合孔子思想,然大体可信。主要是魏而非刑鼎,合诸孔子之志,"子曰:道之以政,齐之以刑,民免而无耻;道之以德,齐之以礼,有耻且格。"(《为政》)由此文义以观,刑鼎宜遭孔子之非。况赵鞅用范宣子未必合乎当时情况之刑书以铸鼎,实有以敌视魏献子为政,故孔子或确有非刑鼎之言。继之鲁昭公三十二年"卒于乾侯",《左传》载赵简子问于史墨,史墨以论昭公与季氏之是非。此当然非孔子之思想,然孔子对三家之认识,于昭公之事发生后,当有所改变,此不可不辨。"不惑"云者,既"不惑"于当时的周天子(实为敬王),亦"不惑"于当时的各国诸侯,且能注意于各国之具体执政者。或不明乎此,决难理解孔子何以教弟子,唯其能洞察时代变化的趋势,既合诸古史而以之为鉴,又能结合礼乐而为思想行动的标准,始能使各方学者同趋杏坛。

《史记·孔子世家》:

> 定公立五年,夏,季平子卒,桓子嗣立。季桓子穿井,得土缶,中若羊,问仲尼云:"得狗。"仲尼曰:"以丘所闻,羊也。丘闻之,木石之怪夔、罔阆,水之怪龙、罔象,土之怪坟羊。"吴伐越,堕会稽,得骨节专车,吴使使问仲尼:"骨何者最大。"仲尼曰:"禹致群神于会稽山,防风氏后至,禹杀而戮之,其节专车,此为大矣。"吴客曰:"谁为神?"仲尼曰:"山川之神足以纲纪天下,其守为神,社稷为

公侯，皆属于王者。"客曰："防风何守？"仲尼曰："汪罔氏之君守封、禺之山，为釐姓，在虞、夏、商为汪罔，于周为长翟，今谓之大人。"客曰："人长几何？"仲尼曰："僬侥氏三尺，短之至也。长者不过十之，数之极也。"于是吴客曰："善哉圣人。"

定公五年孔子四十七岁，坟羊事《国语·鲁语》中已记及。吴客事时间在十年后，孔子已五十八岁，或周游列国而不在鲁，今连类及之。总之孔子当五十岁前后，对古史殊有研究，此事决不可小视，乃组成孔子思想之重要部分。如仅以文献而未能加以征实，此不足以见孔子，亦为历代研究孔子者所忽视。《庄子·外物》："儒以诗礼发冢。大儒胪传曰：'东方作矣，事之何若？'小儒曰：'未解裙襦，口中有珠。诗固有之曰：青青之麦，生于陵陂，生不布施，死何含珠为？'接其鬓，压其颥，而以金椎控其颐，徐别其颊，无伤口中珠。"此节讽刺儒家，可云尽其巧思，不知"儒以诗礼发冢"，正属儒者有准于孔子之教。孔子如不随时注意当时考古所得，何以能知坟羊，又何以能知骨节专车之古史。奈自汉后之学者基本从文献至文献，此决非孔子之治学方法，然重视文献又为孔子之长。唯已达不惑之境，始可从考古所得以证实古史，是之谓"信而好古"。虽可谓孔子之考古尚未确，然决不可谓孔子有意于托古改制。至于天下事，吴既兴，且于定公四年"吴入郢"，唯楚有吴乱。故五年春，王人杀子朝于楚。是年敬王已十有五年，一年后，尚避王子朝之徒及儋翩之乱而处于姑蕕（《左传·定公七年》），故此十六年中周天子的情况可喻。且楚有申包胥如秦乞师，由秦师以驱吴定楚，时虽未久，实为当时天下动荡之大事。故襄公薨于楚宫之情，定公未必继之，而秦师之能力又增，足以促使四十年后之三家分晋。若孔子一生关心古今之变化，对此事件，必有深刻之认识。所知之天命中，安得不及目睹之大变。当年在齐闻《韶》以知乐，管仲之器犹小，岂晏婴所知，然孔子决不小视婴。周礼在鲁，平王已不足论，况敬王何有于王者之气象。天命如是，不得不反诸久居之鲁，昭公既不足论，何可忽视继位之定公，三家既能容之，是否可起作用。"子曰：齐一变至于鲁，鲁一变至于道"（《雍也》），正五十左右，以总结当时的天命。"定公问：'君使臣、臣事君如之何？'孔子对曰：'君使臣以礼，臣事君以忠。'"（《八佾》）"定公问：'一言可以兴邦，有诸？'孔子对曰：'言不可若是其几也，人之言曰：为君难，为臣不易。如知为君之难也，不几乎一言而兴邦乎。'曰：'一言而丧邦，有诸？'孔子对曰：'言不可以若是其几也，人之言曰：予无乐乎为君，唯其言而莫予违也。如其善而莫之违也，不亦善乎。如不善而莫之违也，不几乎一言而丧邦乎。'"（《子路》）即此二节之对答，孔子对君臣关系的认识已极明确，意更恳切，既以勉定公，亦以安三家，由治国而平天下，其旨可通。唯孔子之已得风气之先，故决不论及敬王，乃于治鲁身有其责，要在缓和定公与三家之关系。然时代之发展日在变化，三家之家臣亦有专权者，故孔子不得不避之，亦不得不与其周旋。孔子曰："禄之去公室五世矣，政逮于大夫四世矣，故夫三桓之子孙微矣。"又曰："天下有道，则礼乐征伐自天子出，天下无道，则礼乐征伐自诸侯出。自诸侯出，盖十世希不失矣。自大夫出，五世希不失矣。陪臣执国命，三世希不失矣。天下有道，则政不在大夫，天下有道，则庶人不议。"（《季氏》）此陪臣执国命的情况，合诸鲁国实指阳货（虎），阳货为季氏家臣，权势日大，《左传·定公七年》："阳虎又盟公及三桓于周社，盟国人于亳社，诅于五父之衢。"《史记·孔子世家》：

> 桓子嬖臣曰仲梁怀，与阳虎有隙。阳虎欲逐怀，公山不狃止之。其秋，怀益骄，阳虎执怀。桓子怒，阳虎因囚桓子，与盟而醳之，阳虎由是益轻季氏。季氏亦僭于公室，陪臣执国政，是以鲁自大夫以下，皆僭离于正道。故孔子不仕，退而修诗书礼乐，弟子弥众，至自远方，莫不受业焉。

孔子除周旋于阳货外，尚有公山弗扰之事。"公山弗扰以费畔，召，子欲往。子路不说，曰：'末之也已，何必公山氏之之也。'子曰：'夫召我者而岂徒哉，如有用我者，吾其为东周乎。'"（《阳货》）此节又见孔子对弗扰召的反应。《史记·孔子世家》：

> 定公八年，公山不狃不得意于季氏，因阳虎为乱，欲废三桓之適，更立其庶孽阳虎素所善者，遂执季桓子。桓子诈之，得脱。定公九年，阳虎不胜，奔于齐。是时孔子年五十。公山不狃以费畔季氏，使人召孔子。孔子循道弥久，温温无所试，莫能己用，曰："盖周文武起丰镐而王，今费虽小，傥庶几乎！"欲往，子路不说，止孔子。孔子曰："夫召我者岂徒哉？如用我，其为东周乎！"然亦卒不行。

此皆当孔子五十左右发生在身边之事，与敬王与王子朝之事，晋分政之事，吴楚秦之大变化，有亲疏之辨。即使和昭公与三家之事亦不同，乃属三家与家臣之事，然能直接影响鲁之国政，且由天下而国，由国而家，孔子又言及"吾其为东周乎"，则又家国而东周。以毋我之身，传古今之变，然何可忽乎其身之所处。以身为东周，方能喻孔子所知之天命，惜当时之子路已不知。宜二千五百余年来，论孔子之仕鲁，什九以治鲁视之，且以三家视之，以家臣视之，以堕三都视之，则何以见孔子"为东周"之情。虽然，人至五十确已身心各有所变，故"子曰：后生可畏，焉知来者之不如今也。四十五十而无闻焉，斯亦不足畏也已"（《子罕》）。此必孔子于五十后，自思学术思想及行动发展之变化。在四五十前有精进之象，言行当有惊人者，如"入太庙，每事问"而重禘，"子曰：禘自既灌而往者，吾不欲观之矣"，"或问禘之说，子曰：不知也，知其说者之于天下也，其如示诸斯乎，指其掌"（《八佾》）。又如在齐闻尽善尽美之《韶》，且"子语鲁大师乐曰：乐其可知也，始作翕如也，从之纯如也，皦如也，绎如也，以成"（《八佾》）。此以禘当治天下之象，又以翕纯皦绎定乐谐人心之象，可云已得过人之成就。况乐必通诗，"子曰：师挚之始，《关雎》之乱，洋洋乎盈耳哉。"（《泰伯》）然于五十后，仅能保存之、充实之而已，于礼乐之旨无过乎此，乃知可畏之后生，当在四五十之前。若四五十之后，自然尚可有发展，而其闻必在四五十之前，五十后始闻，确难更有大成就，故不足畏。五十后既不足使人畏，宜于五十当自思所闻，以毋我而思我之所闻，是之谓知天命。以古今世事而合诸文献，故孔子所知者，不外《诗》《书》《礼》《乐》。合诸汉后之传，"六经"为《诗》《书》《礼》《乐》《易》《春秋》。而《春秋》乃当时之现代史，所以接于《书》。

《易》为筮书，重在易象，当时尚归属于《礼》。孔子"入太庙每事问"中，当有问《易》之事，重在筮占以见事理之象。且本以筮占视之之《易》，或已有卦爻辞，亦未必同马王堆帛书本，遑论定以《序卦》之《易》。而孔子于易象，当有所知，然决非后世所传之"二篇"，惜汉后之研《易》者，未能分辨象与辞，仅以辞为主，更误认后师所著之十翼，皆托名为孔子所作，宜二千年来既未足以见孔子之实，亦未能识易象之真。试思孟子之于孔子，时位皆近，孟子曰："……由孔子而来至于今百有余岁，去圣人之世若此其未远也，近圣人之府若此其甚也。……"（《尽心下》）然孟子书中，未有一字及《易》，而孟子屡言孔子与《春秋》之关系。此见百余年中，孔子门弟子之传授，已各各不同。况易学在孔子思想中，并非属主要地位。"子曰：加我数年，五十以学《易》，可以无大过矣。"（《述而》）此"五十"二字《史记》作"卒"字。或以七十后孔子更从《礼》中提出《易》而学之，尚可见思想发展之变化。以五十学《易》而与"知天命"联系，殊难切合孔子生前之事实。故孔子当五十前后，于"六经"的思想结构，宜以下表示之：

$$\left.\begin{array}{l}\text{诗}°——乐\\\text{书}°——春秋\end{array}\right\}礼°——易$$

上表注○者为孔子所雅言，《论语·述而》"子所雅言：《诗》、《书》、执礼，皆雅言也"是其义。考孔子既有"述而不作，信而好古"之志，又能深识古今之变，故由《书》而《春秋》，由《诗》而《乐》，归诸执礼为行动的指南，且对当时鲁国的具体情况，由定公、三家以及阳货及公山弗扰，皆能进退自如以处之。要在二十年来设教于杏坛，与天下有为之青年，共观天地万物之变迁，以究人生处世之准则。取鉴于史，感人以今，贵以无隐乎二三子之性，本学不厌教不倦之情，因材施教，师生融洽，宜由近及远而弟子辐辏。既"不语怪力乱神"（《述而》），故孔子之所谓"天命"，犹"为政以德，譬如北辰，居其所而众星共之"（《为政》）之中心，知此中心，庶能无碍于本身之出处。孟子曰："可以仕则仕，可以止则止，可以久则久，可以速则速，孔子也。"（《公孙丑上》）此即孟子所知之孔子，亦即能以孔子为"圣之时者也"（《万章下》）。"时"之于孔子，犹天命之象。此仕、止、久、速之变，可证诸《论语》，"或谓孔子曰：'子奚不为政。'子曰：'《书》云：孝乎，惟孝友于兄弟，施于有政。是亦为政，奚其为为政。'"（《为政》）此当可止则止之时，若阳货之言，当然未可从。而于公山不狃之召，不期有东周之为，此实深感于时。"为东周"者，乃孔子之权。然以费治鲁且难，况及天下，此所以不果行。若"定公以孔子为中都宰"，自然可仕则仕。继之为司寇，与齐夹谷之会当相礼，可云一生从政中地位最高，"齐一变至于鲁，鲁一变至于道"（《雍也》）的思想境界，当时似可实现。且齐虽未是，鲁亦未尝是，然以"为东周"观之，鲁当胜于齐。若《史记》之重点描绘夹谷之会，实为尊孔子而列入《世家》，不得不有意渲染。如晏婴基本不可能与会而亦及之，可喻《史记》所记录之史实未可全信。齐鲁之会非仅此一次而各有胜负，此次鲁胜，亦未必使天下形势有所变化。孔子仅以礼争，所谓"君子无所争，必也射乎，揖让而升，下而饮，其争也君子"（《八佾》）。孔子于夹谷之会实乃准礼为相，此礼于当时之齐鲁皆不得不准行者，唯尚有礼，故有夹谷之会。然鲁虽胜，孔子之志尚不止此，宜"齐人归女乐，季桓子受之，三日不朝，孔子行"（《微子》)。况堕三都之事未成，则鲁既未一，亦未必终能胜齐。可见孔子为季氏司寇，为定公相于夹谷，皆顺时而行，非毕生之愿。虽欲使齐变之鲁，尤要者当在使鲁变至道，偶一胜齐，何足为贵。况僖公后之鲁，国势早已不及齐，故乘机去鲁，正如脱重负，更欲基于"知天命"之原则下，有以寻觅变鲁之道。

六、孔子周游列国以达"耳顺"的情况

孔子约当五十五六岁开始周游列国，凡十三四年，约六十八岁返鲁。此十三四年中，孔子之思想更有所发展，要能有得于变鲁之道。"子曰：朝闻道，夕死可矣。"(《里仁》)此语决不可平淡视之，实有以求内圣外王之道，唯孔子之早已绝四，始能有此决心，必愿于生前闻道。志道之心未已，实为孔子最可尊敬处。具此精神，庶于五十后犹有周游列国之壮举。子曰："志于道，据于德，依于仁，游于艺。"(《述而》)或忽乎"志道""据德"之旨，仅以"依仁"为孔子思想之核心，犹失之无原则。故有视孔子为不得已而去鲁，殊未合孔子当时之情。观其去鲁时，门弟子随行，因境而讲学，较定居于杏坛所讲者，必更具历史知识和现实意义。历代论孔子者，每为其干君不遇而悲，安知此真孔子之所以能成为孔子。唯其干君之不遇，始见孔子所志之道，既非苟同流俗，如即将兴起之纵横家；亦非有意违世，如当时已极流行之隐君子。此孔子所开创之儒家，所以有其不可磨灭的作用。以下概述周游列国之所得。若此十三四年中，据《史记》所记，前后颇有错乱，历代考之者皆能补其失，然仍多未能有确据。今论其主要所至之处及思想之变化，于时间之先后，宜有所阙疑。

当孔子去鲁，初适卫，约于卫灵公三十八年（前497）。考卫灵公在位四十二年而卒（前493），晚年为继承事内部紊乱。灵公三十九年，即《春秋·定公十四年》（前496）："卫公叔戍来奔。卫赵阳出奔宋。……夏，卫北宫结来奔。……卫世子蒯聩出奔宋，卫公孟彄出奔郑。"其后有大影响者为蒯聩事，然孔子之居卫，尚未发生继位事，故颇有好感。如曰"鲁卫之政兄弟也"（《子路》），因同为周姓，宜视之高于齐。又："子谓卫公子荆善居室：始有曰'苟合矣'，少有曰'苟完矣'，富有曰'苟美矣'。"（《子路》）"子适卫，冉有仆。子曰：'庶矣哉。'冉有曰：'既庶矣，又何加焉。'曰：'富之。'曰：'既富矣，又何加焉。'曰：'教之。'"（《子路》）"子曰：苟有用我者，期月而已可也，三年有成。"（《子路》）此见当时之卫，已能"庶"，可据之而"富"而"教"，其条件可优于鲁。孔子有意于卫之思想，决非偶然。末句《史记》认为对卫灵公言，似可信。又卫有贤臣史鱼与蘧伯玉等，孔子所下之评价，更可喻对卫国之情："子曰：直哉史鱼，邦有道如矢，邦无道如矢；君子哉蘧伯玉，邦有道则仕，邦无道则可卷而怀之。"（《卫灵公》）"直"与"君子"，各有个性之异，而孔子未尝以直者为非，然观其行，乃以蘧伯玉为准，宜《史记》记孔子所严事之者，于卫为蘧伯玉。据此"可卷而怀之"，其后孟子乃有"君子有三乐，王天下不与"之义。究孔子之志，亦不以"王天下"为唯一目的，因其时代确未合"王天下"之条件，贵能卷而怀之，然决不忘其可行者。进而论"直"与"君子"，此须根据客观条件而见其是非，况人有个性，何可一之，"君子"岂不"直"，知直而更知可卷，斯为君子之贵于直者。且孔子更能推其原，知蘧伯玉之所为，尚相似于百余年前之宁武子（按"卫侯使宁俞来聘"见

《春秋》文公四年，前 623 ）："子曰：宁武子邦有道则知，邦无道则愚。其知可及也，其愚不可及也。"（《公冶长》）"子谓颜渊曰：用之则行，舍之则藏，唯我与尔有是夫。"（《述而》）此见孔子之善用行藏，若《老子》"知荣守辱、知白守黑、知雄守雌"之义，亦与此相似，汉后必使儒道对立，决非春秋末期老孔本人之旨。唯孔子有卷怀之志，宜于"知天命"后，尚可达更高之成就。

　　孔子于卫灵公时，亦曾离卫去陈，当途经匡。匡人曾为阳货所欺压，而孔子貌似阳货，遂围孔子。"子畏于匡，曰：文王既没，文不在兹乎。天之将丧斯文也，后死者不得与于斯文也；天之未丧斯文也，匡人其如予何。"（《子罕》）"子畏于匡，颜渊后，子曰：'吾以女为死矣。'曰：'子在，回何敢死。'"（《先进》）此二节中，上节可喻孔子"知天命"之象，且以文王之"文"为天命，故知"为东周"尚非孔子之鹄的。"文"之云者，犹礼与乐，直与君子，知与愚等等。孔子于周游列国之十余年中，无时不在考文，庶能以文载道。下节见师生感情之深切，孔颜所乐决非空言，要在能互知所藏者。《史记·孔子世家》："孔子使从者为宁武子臣于卫，然后得去。"宁武子之后世或尚仕卫，故有此事，其具体事实已未能考。孔子去匡，经蒲而返乎卫，至于蒲人有要盟之传说。《史记·孔子世家》记要盟之事曰："蒲人止孔子。弟子有公良孺者，以私车五乘从孔子，其为人长贤有勇力，谓曰：'吾昔从夫子遇难于匡乡，又遇难于此，命也已。吾与夫子再罹难，宁斗而死。'斗甚疾。蒲人惧，谓孔子曰：'苟毋适卫，吾出子。'与之盟，出孔子东门，孔子遂适卫。子贡曰：'盟可负邪？'孔子曰：'要盟也，神不听。'"其事或有，发生之年份难确定。合诸孔子之思想，此传说之理可信，亦属"子不语怪力乱神"之旨。因要盟以力，信盟以神，岂能束缚有志于礼乐之孔子。《史记》记孔子初至卫，主于子路妻兄颜浊邹家，再次返乎卫，主蘧伯玉家。于所主处，孟子曾有议论，可见孔子到他国时住于何处，战国时已有多种传说，孟子之判断亦未可深信，阙疑为是。当孔子二次返卫，又有见南子之事。南子为卫灵公夫人，"子见南子，子路不说。夫子矢之曰：'予所否者，天厌之，天厌之。'"（《雍也》）又曰："吾未见好德如好色也。"（《子罕》）《史记·孔子世家》谓："灵公与夫人同车，宦者雍渠参乘，出，使孔子为次乘，招摇市过之。"故孔子有此言。今可反证卫灵公时有与夫人同车之风气，孔子能从俗，宜有见南子之事。而子路之观点，每较孔子为固拙，失在知直而不知可卷。究夫孔子当时之思想，因齐鲁之政皆未足以行文王之文，卫而能行，可教以西周文王之德，与"我其为东周"已不同，与有三家作梗之鲁亦不同，此所以宁见南子有以曲成之，此为《诗》始《关雎》之象。若卫邑仪封人之视孔子为木铎（见《论语·八佾》），可见孔子之思想已能为卫人所接受。然亦有否定孔子之思想者，《论语·宪问》："子击磬于卫，有荷蒉而过孔氏之门者，曰：'有心哉，击磬乎。'既而曰：'鄙哉，硁硁乎！莫己知也，斯已而已矣。深则厉，浅则揭。'子曰：'果哉！末之难矣。'"揆诸事实，行尊王攘夷为东周之政且未可，况为文王之文。然卫国本有其封地，尚可周旋于《春秋》所见世而有其能力，此与灵公四十年之经营密切相关。能用仲叔圉治宾客，祝治宗庙，王孙贾治军旅，宜孔子初亦愿为其所用，奈其晚年为继位事已无尚文之志而归诸无道，故"卫灵公问陈于孔子，孔子对曰：'俎豆之事，则尝闻之矣，军旅之事，未之学也。'明日遂行"（《卫灵公》）。此又见孔子于外王之德，重文王而不重武王之旨。且孔子思想未尝以周初之分封为非，贵在能继承文德以治天下，《论语·八佾》"子曰：周监于二代，郁郁乎文哉，吾从周"是其义。然除蘧伯玉、颜渊诸人外，或未必能理解孔子去卫之情。若《论讲》于"明日遂行"下继以"在陈绝粮"，然据《史记》，其间尚有他事。《史记·孔子世家》："去卫过曹，是岁鲁定公卒（前495）。孔子去曹适宋，与弟子习礼大树下，宋司马桓魋欲杀孔子，拔其树，孔子去。弟子曰：'可以速矣。'孔子曰：'天生德于予，桓魋其如予何。'（《述而》）"考桓魋欲杀孔子，传说为个人之好恶，据《礼记·檀弓上》："昔者夫子居于宋，见桓司马自为石椁，三年而不成。夫子曰：若是其靡也，死不如速朽之愈也。"是否如是，殊难深信。以理推之，虽或有个人好恶，根本原因似与孔子祖籍有关。且宋承殷礼，与周制当有不同，子曰："夏礼吾能言之，杞不足征也。殷礼吾能言之，宋不足征也，文献不足故也，足则吾能征之矣。"（《八佾》）而孔子与弟子习礼大树下之礼，或有不同于当时之宋礼，故为桓魋拔树而逐之。孔子所谓"天生德于予"之德，仍属周德之象，与宋国所传之殷德不甚同，且未必同于孔子所言之殷礼，此所以有"微服过宋"之传说。因与门弟子聚人过多，或须分散，方能过宋。乃至郑，有与弟子相失之传说。此似属推测，然可合诸当时之时代背景，因私人聚徒讲学习礼，至少是罕见之事，难免有世俗之阻力。公良孺为解匡与蒲之危，正见学徒中必须兼及有勇力者，射与御即属武事，于周游列国时尤不可忽视。乃与弟子相失，有"累累若丧家之狗"之象，此至少是战国时之传说，未必全属子虚。而孟子则曰："传曰：孔子三月无君，则皇皇如也。"（《滕文公下》）与弟子相失，乃以教育家视孔子；三月无君则皇皇，则以政治家视孔子。此二者有其相通处，亦有其不同处，而孔子之象，以今日观之，实属教育家，此不可不明辨之。

孔子由郑至陈，当时陈侯为周臣（前501—前478在位，即陈闵公，二十四年灭于楚）。陈为大皞之墟，武王以封帝舜之后。究其风俗，或与周姓者不同，善歌舞，可参阅《诗经·陈风》。惜当时已四面受敌，宜孔子在陈曰："归与归与，吾党之小子狂简，斐然成章，不知所以裁之。"（《公冶长》）其时孔子已年过六十，思想又渐起变化。知其为"狂简"而犹誉之为能"斐然成章"，庶有"耳顺"之象。可见孔子于"知天命"后，又因时代之变而重视"狂简"，此知晚年之弟子与早年之弟子，思想已多不同。"不知所以裁之"，正愿有以裁之。

《春秋·哀公五年》（前490）："……夏……晋赵鞅帅师伐卫。"《左传》："夏，赵鞅伐卫，范氏之故也，遂围中牟。"《论语·阳货》："佛肸召，子欲往。子路曰：'昔者由也闻诸夫子曰：亲于其身为不善者，君子不入也。佛肸以中牟畔，子之往也如之何。'子曰：'然，有是言也。不曰坚乎，磨而不磷，不曰白乎，涅而不缁。吾岂匏瓜也哉，焉能系而不食。'"江永（1681—1762）《考实》云："中牟尝属晋赵氏矣，而此时属卫，岂因佛肸叛而中牟遂属卫软。"佛肸畔中牟的具体事实已难确考，然《论语》所记之事当可信，故江永之推论，可备一说。要而言之，佛肸之行，与公山弗扰相似，皆属狂者。孔子于鲁尚"为东周"而可往，于周游列国时，又为"焉能系而不食"而可往。此皆所以裁狂者，故佛肸之有意召孔子，孔子正欲以坚白之道食中牟之民，是亦非子路所能知。虽亦不果往，更见孔子能进一步发挥"毋我"之思想。唯深入体察"毋我"之我，乃可归仁以闻道。非达此境，何能"耳顺"，何能裁"狂简"。

继之之蔡，宜及"在陈绝粮"事。《论语·卫灵公》："在陈绝粮，从者病，莫能兴。子路愠见曰：'君子亦有穷乎？'子曰：'君子固穷，小人穷斯滥矣。'"此"固穷"之情，庶见孔子之所谓君子，贵能穷身以通时，立象以设教，此人类之所以有进化。而或不忘富贵利达之纵横家，仅能听君言以免穷之小人儒，是之谓穷斯滥。《史记·孔子世家》记述孔子以《诗》中"匪兕匪虎，率彼旷野"两句，试子路、子贡、颜渊之志，虽未可信其为必有之事，而合诸他处之言论，殊合子路、子贡、颜渊三人之性情。"于是使子贡至楚，楚昭王兴师迎孔子，然后得免。"然孔子是否曾见楚昭王，亦未可考，至楚则无疑，且确已至叶。时楚昭王将卒（楚昭王卒于《春秋》哀公六年，前489），叶属楚，宜有楚风。孔子以"近者说远者来"以答叶公之问政（《子路》），可见孔子之思路，早已上出于周。此于当时之思想已属狂简，由治国而平天下，何国不可行之，不必限于鲁卫之周姓，故与《春秋》传闻世"尊王攘夷"的思想实已不同。或执"为东周""黜周王鲁"等为孔子外王之道，皆未合六十后之具体思想。然"叶公语孔子曰：吾党有直躬者，其父攘羊而子证之。孔子曰：'吾党之直者异于是，父为子隐，子为父隐，直在其中矣'"（《子路》）。此一观点，极有影响于我国的民族性，父系家庭之基础实筑于此，确与生理有关，宜进一步作专题研究。又"叶公问孔子于子路，子路不对。子曰：'汝奚不曰：其为人也，发愤忘食，乐以忘忧，不知老之将至云尔'"（《述而》）。此语正可见"耳顺"之情。忘食、忘忧，盖有以裁狂简。当孔子在楚及叶蔡间，尚遇长沮、桀溺、荷蓧丈人、楚狂接舆等，此辈有意违世，形成后世道家之象，于孔子之道中，乃属于简。其间遇长沮、桀溺事，殊可见孔子之情。《论语·微子》："长沮、桀溺耦而耕，孔子过之，使子路问津焉。长沮曰：'夫执舆者为谁？'子路曰：'为孔丘。''是鲁孔丘与？'曰：'是也。'曰：'是知津矣。'问于桀溺。桀溺曰：'子为谁？'曰：'为仲由。'曰：'是鲁孔丘之徒与？'对曰：'然。'曰：'滔滔者天下皆是也，而谁以易之。且而与其从辟人之士也，岂若从辟世之士哉。'耰而不辍。子路行以告。夫子怃然曰：'鸟兽不可与同群，吾非斯人之徒与而谁与。天下有道，丘不与易也。'"此节之裁简者有代表意义，"天下有道，丘不与易也"，诚可说明周游列国之旨。变鲁之道，"吾非斯人之徒与而谁与"，奈"道不同不相为谋"（《卫灵公》），可云感慨万千，而行道之志弥坚，此孔子之可贵处。最后孔子仍至卫，是时卫灵公已卒，孙出公辄继位，而子蒯聩心犹未甘，乃有以子拒父之战。

《论语·子路》：

> 子路曰："卫君待子而为政，子将奚先。"子曰："必也正名乎。"子路曰："有是哉，子之迂也，奚其正。"子曰："野哉由也，君子于所不知，盖阙如也。名不正则言不顺，言不顺则事不成，事不成则礼乐不兴，礼乐不兴则刑罚不中，刑罚不中则民无所措手足。故君子名之必可言也，言之必可行也，君子于其言，无所苟而已矣。"

此节虽言有所指，谓出公拒父名有未正。然正名之理，实为孔子一生治学所重视者，要能"名之必可言也，言之必可行也"。此与不久后由墨家分出专以正名为学之名家，有原则之不同。能善继孔子正名之理者，小成为孟子，大成为庄子（另详）。若子路者，仅本所指言，尚非以正名言。唯与子路之观点未同，宜子路能久居于卫，而孔子则居数年后不得不返鲁。当孔子尚居卫时，门人未能分辨孔子与子路之同异，《论语·述而》记："冉有曰：'夫子为卫君乎？'子贡曰：'诺，吾将问之。'入曰：'伯夷、叔齐何人也？'曰：'古之贤人也。'曰：'怨乎？'曰：'求仁而得仁，又何怨。'出曰：'夫子不为也。'"此见孔子之隐情既略吐于子贡，乃决定返鲁，以结束周游列国的讲学实践。而有以求变鲁之道，似可以"人能弘道，非道弘人"（《卫灵公》）作结，道由人弘，宜孔子有"虽欲从之，末由也已"（《子罕》）之象。

总观孔子周游列国十余年之所得，贵能扩大识见，由"为东周"而上及为西周"文王之德"，于尊王攘夷之实，有明显的变化。且对当时的周天子敬王，始终无片言只字提及，可证为晋所控制之天子，孔子未必以为是。若王子朝之奔楚，且有不幸的遭遇，孔子似有深感，宜对楚与叶有感情而未至三晋，对隐者之言尤足玩味。除长沮、桀溺外，若晨门知孔子"是知其不可而为之者"，亦能深知孔子。又孔子不得与楚狂接舆言，非将言子贡不可得闻之性与天道乎，惜由简而狂之接舆无暇以闻，仅能留此无言之意，以待后人之致思而已。此辈隐者之思想，或与老子之弟子老莱子有关。至于孔子最主要之收获，能得各国之青年学子，足可自慰。儒家之理，数传而遍及天下，实与十余年之周游列国有关。

七、孔子返鲁后以达"从心所欲不逾矩"的情况

自孔子返鲁后，除教学外，基本以整理文献为主。且哀

公与季康子对六十八岁的孔子颇能尊重，尤其重视所培养的弟子，宜同有"弟子孰为好学"之问。孔子对哀公曰："有颜回者好学，不迁怒，不贰过，不幸短命死矣。今也则亡，未闻好学者也。"（《雍也》）对季康子曰："有颜回者好学，不幸短命死矣，今也则亡。"（《先进》）此两段答话可能是同一次，哀公季康子同在，而弟子记之有详略之异。又孔子弟子有若，与哀公有关。《论语·颜渊》："哀公问于有若曰：'年饥用不足，若之何？'有若对曰：'盍彻乎。'曰：'吾犹不足，如之何其彻也。'对曰：'百姓足，君孰与不足；百姓不足，君孰与足。'"此见有若的思想以爱民为主，与孔子晚年的思想能相应。然具体执鲁国之政者为季康子，亦屡屡问政于孔子。其一："季康子问政于孔子。孔子对曰：'政者正也，子帅以正，孰敢不正。'"其二："季康子患盗，问于孔子。孔子对曰：'苟子之不欲，虽赏之而不窃。'"其三："季康子问政于孔子曰：'如杀无道以就有道，何如。'孔子对曰：'子为政，焉用杀。子欲善而民善矣，君子之德风，小人之德草，草上之风必偃。'"（皆在《颜渊》）其四："季康子问：'使民敬忠以劝，如之何。'子曰：'临之以庄则敬，孝慈则忠，举善而教不能则劝。'"（《为政》）以上四答，可见孔子于季康子处处勉以自反，因孔子的思想以"泛爱众"为基础。至于季康子之治国，早已重用孔子的弟子。《论语·雍也》："季康子问：'仲由可使从政也与？'子曰：'由也果，于从政乎何有。'曰：'赐也可使从政也与？'曰'赐也达，于从政乎何有。'曰：'求也可使从政也与？'曰：'求也艺，于从政乎何有。'"然所问之弟子，"果"之子路已仕卫，"达"之子贡尚近侍孔子不愿仕，直至孔子卒后犹居墓侧六年，始为齐所用，故传孔子之道者，子贡起相当重要之作用。而于季康子，仅能用"艺"之冉求。《乡党》记有"康子馈药，拜而受之，曰：'丘未达，不敢尝'"。乃见孔子对季康子尚有戒心，然冉求为季氏宰殊能称职，而孔子不甚是之。《论语·子路》："冉子退朝。子曰：'何晏也。'对曰：'有政。'子曰：'其事也。如有政，虽不吾以，吾其与闻之。'"又《先进》："季氏富于周公，而求也为之聚敛而附益之。子曰：'非吾徒也，小子鸣鼓而攻之可也。'"此当指《春秋》哀公十二年"春，用田赋"之事，此事孔子自然不赞同，奈客观形势为季氏不用田赋，则财政不足，何以治鲁。且田赋之收与生产力有关，田之产量能增加，方能使季氏决定用田赋，宜事后孔子对"仁"的概念似有所变化。《卫灵公》："子贡问为仁。子曰：'工欲善其事，必先利其器。居是邦也，事其大夫之贤者，友其士之仁者。'"历代对前二句不甚重视，实为改革工具，利器以善事，正属增加产值的基本原理。孔子能视利器善事为仁，与许管仲为仁同义，仁"岂若匹夫匹妇之为谅也"（《宪问》）。更进而观之，利器善事之言，系对子贡言。孔子晚年对子贡每语以极深邃之言，似有意一心培养之，子贡独居墓六年，决非偶然。至于整理"六经"，宜分两部分。若《诗》《书》《礼》《乐》为五十岁前后早已重视者，而《春秋》与《易》，必待周游列国后始深入研究，且使汇合于《诗》《书》《礼》《乐》之中以成"六艺"，此为孔子最后之成就。以下详论孔子编辑成"六艺"之情况。

《论语·子罕》："子曰：吾自卫返鲁，然后乐正，《雅》《颂》各得其所"，此为完成编辑《诗经》之记录。《诗》必配乐，凡《风》《雅》《颂》之配乐，当有不同，惜今已未能知其详。《风》见各国之民情，孔子早已删辑，要以"二南"为正风。《论语·八佾》："子曰：《关雎》乐而不淫，哀而不伤。"

即指《周南》《召南》言，民风安逸，婚姻以正，方属王者之气象。"钟鼓乐之"，"宜其室家"，是谓文德。且更以诗教子，《论语·阳货》："子谓伯鱼曰：女为《周南》《召南》矣乎。人而不为《周南》《召南》，其犹正墙面而立也与。"此见儒家重视夫妇，作为文德之本。《诗序》以为"后妃之德"何其迂，民歌发自本身之情，其情乃真。虽然，或以生物观人，"在洽之阳，在渭之涘。文王嘉之，大邦有子"（《大雅·大明》），与"悠哉悠哉，辗转反侧"（《关雎》）其有以辨乎，必以《诗序》为非，民之恋歌为是，慎莫为毛公所笑。宜孔子于晚年更使《雅》《颂》得所，正以明《风》《雅》同源，以见君民之所同。更以《颂》言，所以由西周之《颂》上及《商颂》而下及东周之《鲁颂》，实因平王东迁，雅声已变。《小雅》而未闻"鹿鸣"，何能"无保定尔"，"青莪"难见，宜有"白驹"之"遐心"。《大雅》而"大声以色"，有损于"生民"之"绵绵"，"有卷者阿，飘风自南"，惜继之以变雅，"关雎"安得不变为"柏舟"。此所以宜由《周颂》而上下求之。若僖公有《颂》，略见由齐变鲁之旨，有以平"大东""小东"之怨。僖公在位三十三年（前659—前627），卒后七十余年，孔子始生。而僖公之治鲁，犹能深明时代之大势。由齐桓（前685—前642）而晋文（前686—前677），益以有志无力之宋襄（前650—前636），且霸主渐由山东至山西，而僖公仍能以周礼、易象屹立于东方，宜孔子有以取之。诗人颂鲁之情，确难与文王相比，然为东周以传道，何可忽其治鲁之功绩。同时之周天子若惠王与襄王何德而能有颂声，时代如是，孔子决无不切实际之空想，《论语·卫灵公》"子曰：吾尝终日不食，终夜不寝，以思，无益，不如学也"是其义，故正未可小视僖公之《颂》。又《鲁颂·四章》有"思无疆""思无期""思无斁""思无邪"之言，此疆、期、斁、邪四字，恰为吟诗之原则。"无疆"应尽量不为空间所限，"无期"应尽量不为时间所限，"无斁"应尽量不厌于疆、期之变，"无邪"应准疆、期而尽量表达性情之正。子曰："诗三百，一言以蔽之，曰：思无邪。"（《为政》）正当孔子使《雅》《颂》得所，亦为准疆、期以删《诗》的标准。所谓"无邪"者，诗贵有真情之流露。凡无病呻吟或强作欢笑者，皆属有邪之思，决不应辑入。当辑成《诗经》后，始能通读"得所"之《风》《雅》《颂》，自然有"无邪"之旨。至于《商颂》"渊渊作金石声"，若桓魋何能知之，合诸"微服过宋"之传说，是之谓"人不知而不愠，不亦君子乎"（《学而》）。

《国语·鲁语下》："闵马父……对曰：……昔正考父校商之名颂十二篇于周太师，以《那》为首。其辑之乱曰：'自古在昔，先民有作，温恭朝夕，执事有恪。'"《毛诗序》云："微子至于戴公，其间礼乐废坏，有正考父得《商颂》十二篇于周之太师，以《那》为首。"正据《国语》之记载。孔子更辑五篇入《诗》，其他七篇，或亡或删，阙疑为是。然以《商颂》为例，孔子有删《诗》之可能性。以今存之《商颂》论，正以明《大雅·荡》"殷鉴不远，在夏后之世"，"嗟嗟烈祖，有秩斯祜"（《列祖》），"濬哲维商，长发其祥。洪水茫茫，禹敷土下方"（《长发》）。宜有《周颂》而上及《商颂》，庶能见三代之损益，是属孔子删《诗》之大义。至于学《诗》的作用，《论语·阳货》："子曰：小子何莫学夫《诗》。《诗》可以兴，可以观，可以群，可以怨。迩之事父，远之事君，多识于鸟兽虫鱼之名。"所谓"兴于《诗》"，贵能得《诗》外之义，《论语》中记有二事，殊可了解学《诗》之大用。

其一，《论语·学而》："子贡曰：'贫而无谄，富而无骄，何如？'子曰：'可也，未若贫而乐，富而好礼者也。'子贡曰：'《诗》云：如切如磋，如琢如磨，其斯之谓与？'子曰：'赐也，始可与言《诗》已矣，告诸往而知来者。'"

其二，《论语·八佾》："子夏问曰：'巧笑倩兮，美目盼兮，素以为绚兮。何谓也？'子曰：'绘事后素。'曰：'礼后乎？'子曰：'起予者商也，始可与言《诗》已矣。'"

熟玩此二例，乃喻《诗》之所以可兴。断章取义，固为学《诗》者所当了然于心者。切磋琢磨，贵有其象，何事不可深入。素以为绚而绘事后素，自然可合乐先礼后之旨。否则正墙而立，何贵乎学《诗》。《诗》无达诂，固无达诂乎，全在善读诗者。既了解诗义后，要在悟其情之所钟。故一句一字莫不有其情，且情可反身，乃有"迩之事父，远之事君"之理，《诗》之时义岂不大矣哉。《左传》屡记诸侯集会上之咏《诗》，全属言外之音，故《论语·子路》曰："子曰：诵《诗》三百，授之以政，不达；使于四方，不能专对；虽多，亦奚以为。"此始见孔子教弟子学《诗》之目的。贵能得诗旨之象，此诗象实与易象可通，然孔子所深入了解者，什九属诗象。于易象之大义，《论语》中极少提及（详下），若子贡、子夏，可云善于学《诗》。

继之宜论孔子辑成《书经》之情况。

《论语·尧曰》："尧曰：'咨，尔舜！天之历数在尔躬，允执其中，四海困穷，天禄永终。'舜亦以命禹。曰：'予小子履，敢用玄牡，敢昭告于皇皇后帝，有罪不敢赦。帝臣不蔽，简在帝心。朕躬有罪，无以万方。万方有罪，罪在朕躬。周有大赉，善人是富。虽有周亲，不如仁人。百姓有过，在予一人。谨权量，审法度，修废官，四方之政行焉。兴灭国，继绝世，举逸民，天下之民归心焉。所重：民、食、丧、祭。宽则得众，信则民任焉。敏则有功，公则说。"此见编辑完成《书经》后之记录。最可贵者，能归诸天之历数。由尧舜以及夏商周三代，其史迹本为讲学时议论所及。故编辑《论语》者，最后一篇记此节为主，用意显然。

《论语·泰伯》："子曰：大哉尧之为君也。巍巍乎，唯天为大，唯尧则之。荡荡乎，民无能名焉。巍巍乎，其有成功也，焕乎其有文章。"此所谓"唯天为大"，即知"天之历数"。《论语·为政》："子曰：为政以德，譬如北辰，居其所而众星共之。"实亦指天之历数。至于是否可免"四海困穷"，亦极困难，宜《论语·雍也》记有孔子与子贡的对言："子贡曰：'如有博施于民而能济众，何如？可谓仁乎？'子曰：'何事于仁，必也圣乎，尧舜其犹病诸。'……"又对子路曰："修己以安百姓，尧舜其犹病诸？"（《论语·宪问》）此见孔子据好古所得之尧舜，能掌握天之历数为主要成就，既病博施济众，当然亦难"以安百姓"，可见早已进入阶级社会。且子贡已能于百姓中辨民与众之不同，此之谓"爱有等次"，则尧舜之治固非理想国，故君子不可不存"泛爱众"之志，然事实上仅能由近及远，"王天下"之理，何可空论。迨孟子而过分美化尧舜时代，言必称之，实与孔子"《书》始《尧典》"之旨不同。

《论语·泰伯》："子曰：巍巍乎，舜禹之有天下而不与焉。"又："子曰：无为而治者，其舜也与。夫何为哉，恭己正南面而已矣。"（《卫灵公》）"子曰：禹吾无间然矣。菲饮食而致孝乎鬼神，恶衣服而致美乎黻冕，卑宫室而尽力乎沟洫，禹吾无间然矣。"（《泰伯》）此论舜禹之德，归诸"舜禹之有天下而不与"，方能继承尧之"唯天为大"。此大兼时空宇宙言，何可与于一人有天下之宇而忽乎古往今来之宙，幸舜禹不与而虽或逸或劳，同能"允执其中"，庶能为三代损益之本。其间由宇而宙，合诸社会结构，因于历史长流中，人之生命有限，一生之寿命，何可相应于社会变化的时间数量级，故不能不推究人生的遗传及社会组织的继承问题。自禹起为"家天下"，然合诸考古学，"家天下"实非始于禹。基本由群婚制而母系社会，进而为父系社会，发生在各地区的各民族，时间的先后差距甚大，迄今边陲地区的少数民族，犹有母系社会存在。今以黄河流域论，如半坡文化犹有母系社会性质，若郑州大河村的风俗，已见父系社会的情况（另详）。且当时尚属范围不大的部族社会，族长的继承，不期而产生"家天下"的制度。部族的集合，由小而大，当能统治若干部族，自然有"天下"之概念。"家天下"者，父子兄弟相继而为天下之主，然经若干代的继承，于天下之主，势必有所变化。孔子特取尧舜禹者，有以正社会组织的继承问题，若尧传舜为传婿，此于父系社会已属不应有者，舜传禹为传贤，更属彻底破除"家天下"之风，庶能扩大家族遗传的局限而有益于人类社会的进化。今合诸考古所得的史迹言，孔子生当春秋末（前551—前479），上至平王东迁（前771）仅二百数十年，至殷周之际（前11世纪）亦仅六百年许。今已得殷墟周原的大批文物，史迹已信而有征。更由殷墟甲骨文以究殷商之史迹，亦大半有据。孔子上距夏商之际（前16世纪），亦仅一千年许。禹夏约四五百年，禹迹虽尚无确证，然新石器晚期的文物，已遍及全国各地。故孔子一生之信而好古，上推史迹仅一千七八百年。这在当时定有较可信的文献和古老的传说，并与孔子问礼于老聃以观周天子之史籍有关，且东方各民族之史迹，又非仅限于周室文化。生于约四百年后之司马迁，尚知夏商历世之继承情况。今已有甲骨文为证，商之世系基本可信，夏虽无大批古文物出土，然世系的传说绝不可能全部虚构。孔子之时，更当有所知，故知杞、宋不足为征。且准所知者认定尧已明天之历数，完全可能。以天象二十八宿论，部分或全部在南北赤纬10°间带形区域中的宿数，于公元前4300年至公元前2300年间最多，计有十八至二十宿。竺可桢教授推算得此，对研究我国古代文化大有裨益。孔子以认识天象始于尧，尚极保守。更以社会组织言，鲧以仕尧，经舜一代，鲧子禹又继舜即位。据古之传说，唐尧都平阳（今临汾附近），虞舜处于汭沨（今商丘附近），夏禹都阳城（今密县附近）或安邑（今绛县附近），其时正当三部族之间的自然兴衰。又舜之殛鲧于羽山（今徐州附近），鲧子禹能痛定思痛，以完成治水之功，宜能传舜而为天下主。故尧舜禹之事迹，正以见王天下者当以天下事为主，不当以本部族的继承为主。孔子删《书》取以为始，实有以见"家天下"之弊。然父系社会之代代继承，又为生物之本能，唯家之与国不可不加分辨。此实为《书》始尧舜禹之微言大义。至于"家天下"之情况，孔子已有总结。《论语·为政》："子张问：十世可知也。子曰：殷因于夏礼，所损益可知也。周因于殷礼，所损益可知也。其或继周者，虽百世可知也。"按三十年为一世，犹人生一代遗传之平均时间。子张有志于干禄，且见春秋时各国于继位时，每有争夺之乱，似每世不同，故问能否预知十世之情况。且孔子本有"天下无道，则礼乐征伐自诸侯出，自诸侯出，盖十世希不失矣"（《季氏》），此义上已引及，然于编《书经》时似有更深的认识。凡可知十世者，实兼夏商与西周言。合诸史迹，基本经十余世而变，详见下表：

表一　夏之十四世

鲧——尧之臣，尧传婿舜，舜殛鲧于羽山，舜传禹。

（世）↓子

　1 禹——夏为天下主

　　↓子

　2 启

　　↓子

　3 太康

　　↓弟

　3 仲康

　　↓子

　4 相

　　↓子

　5 少康

　　↓子

　6 予

　　↓子

　7 槐

　　↓子

　8 芒

　　↓子

　9 泄

　　↓子

　10 不降

　　↓弟

　10 扃

　　↓子

　11 厪

　　↓弟（不降子）

　11 孔甲

　　↓子

12 皋
   ↓子
13 发
   ↓子
14 履癸（桀）（为汤所放）

表二　商之十八世

（世）
1 汤——商为天下主
   ↓次子
2 外丙
   ↓弟
2 仲壬
   ↓侄、汤长子太丁之子
3 太甲（太宗）
   ↓子
4 沃丁
   ↓弟
4 太庚
   ↓子
5 小甲
   ↓弟
5 雍己
   ↓弟
5 太戊（中宗）
   ↓子
6 仲丁
   ↓子?（《史记》未明关系，弟与子有一世之差，暂以子论）
7 外壬
   ↓弟
7 河亶甲
   ↓子
8 祖乙

↓子

9 祖辛

↓弟

9 沃甲

↓侄（祖辛子）

10 祖丁

↓弟（沃甲子）

10 南庚

↓侄（祖丁子）

11 阳甲

↓弟

11 盘庚

↓弟

11 小辛

↓弟

11 小乙

↓子

12 武丁（高宗）

↓子

13 祖庚

↓弟

13 祖甲

↓子

14 廪辛

↓弟

14 庚丁

↓子

15 武乙

↓子

16 太丁

↓子

17 帝乙

↓少子

18 辛（纣）（为武王所伐）

表三　西周十一世

（世）文王——纣之西伯

　↓子

1 武王——周为天下主

　↓子

2 成王

　↓子

3 康王

　↓子

4 昭王——南征不返

　↓子

5 穆王——西征有功

　↓子

6 共王

　↓子

7 懿王

　↓叔（共王弟）

6 孝王

　↓侄孙（懿王子）

8 夷王

　↓子

9 厉王

　↓周召共和十四年（前841—前828）（《史记》年表起于共和元年）

　共和

　↓厉王子

10 宣王四十六年（前827—前782）

　↓子

11 幽王十一年（前781—前771）（为犬戎所杀）

表四　东周十三世

（世）幽王子

1 平王五十一年（前770—前720）四十九年（前722）当鲁隐公元年《春秋》始

↓孙

3 桓王二十三年（前 719—前 697）

↓子

4 庄王十五年（前 696—前 682）

↓子

5 釐王五年（前 681—前 677）

↓子

6 惠王二十五年（前 636—前 652）

↓子

7 襄王三十三年（前 651—前 619）　二十五年（前 627）止当《春秋》
　　　　　　　　　　　　　　　　　所传闻世

↓子

8 顷王六年（前 618—前 613）

↓子

9 匡王六年（前 612—前 607）

↓弟

9 定王二十一年（前 606—前 586）

↓子

10 简王十四年（前 585—前 572）

↓子

11 灵王二十七年（前 571—前 545）　二十一年（前 551）孔子生

↓子

12 景王二十五年（前 544—前 520）　三年（前 542）止当《春秋》所闻世

↓子

13 敬王四十四年（前 519—前 476）　三十九年（前 481）止当《春秋》所见世
　　　　　　　　　　　　　　　　　四十一年（前 479）孔子卒

表五　鲁公九世

周平王元年——四十八年（前 770—前 723）　四十八年《春秋》序幕

1 鲁隐公十一年（前 722—前 712）　始用鲁史《春秋》（前 722）

↓弟

1 桓公十八年（前 711—前 694）

↓子

2 庄公三十二年（前 693—前 662）

↓子

3 湣公二年（前 661—前 660）

↓弟

3 僖公三十三年（前 659—前 627）（前 722—前 627）共 96 年，

《春秋》所传闻世

↓子

4 文公十八年（前 626—前 609）

↓子

5 宣公十八年（前 608—前 591）

↓子

6 成公十八年（前 590—前 573）

↓子

7 襄公三十一年（前 572—前 542）（前 626—前 542）共 85 年

《春秋》所闻世

↓子 襄公二十二年（前 551）　孔子生（九、十岁时结束所闻世）

8 昭公三十二年（前 541—前 510）

↓弟

8 定公十五年（前 509—前 495）

↓子

9 哀公二十八年（前 494—前 467）

哀公十四年（前 481）（前 541—前 481）共 61 年《春秋》所见世

十六年（前 479）（春、西狩获麟）《春秋》绝笔夏四月己丑孔丘卒

二十七年（前 468）《左传》终

由上表五，所以明东周之《春秋》。当平王四十九年（前722）而进入《春秋》，孔子辑鲁史而始于鲁隐公元年。由隐公至哀公已九世，周天子安得不失势。故孔子所谓"十世希不失矣"者，指《春秋》之微言大义。然回答子张之问，重在由《春秋》而《书经》，由东周（表四）更上推西周（表三）、而商（表二）、而夏（表一），亦莫不经十余世而有变。故若尧舜禹之"允执其中"，斯为平天下之至道，奈禹经十余世之传，必将有偏于

中，乃自然而有三代之变，如尚质尚文而难得彬彬之文质。究其失中而偏离于正道者，正渐起于数代之遗传，凡能得其中者，岂可限于一姓之遗传，由是经纠偏而归于中，是即三代损益之礼。唯孔子之"为东周"而为"文德"，为"文德"而为究三代之损益。更以尧舜禹三部落之选主天下为执中之天数，所以能可知继周之百世。凡以生物进化论，人类经百世之遗传，时间约为三千年，而生命的结构变化甚微。孔子能重视夫妇为人伦根本的原则，庶见《诗》始二南、《书》始尧舜之旨，由夫妇而家，由家而国，由国而天下，此实为孔子以《诗》《书》诲人之纲领。唯其有见于生物之本能，故所理解之时空数量级极长，二千五百年后读之，尚有现实意义。正由于孔子已能视人为生物，故其思想已及人类的本能，决非仅对社会结构言，此为编辑《诗》《书》之旨，亦为孔子之伟大处。故除《诗》《书》外，应重视具体的行动和思想，此所以必须以礼乐作为内圣外王的指南。以下总论孔子定礼乐之原则。

《史记·孔子世家》："孔子为儿嬉戏，常陈俎豆，设礼容。"此记录殊可信，因孔子一生处处以礼乐为重。人各以礼乐节之，斯能维持社会组织之平稳。今推究礼乐之实质，有天子之礼乐，诸侯之礼乐，士大夫之礼乐，乡人之礼乐。礼乐之作用，所以维持人之间的和平关系。若孔子之以礼乐教弟子，所以勉弟子当自反，自反有得，庶可语以内圣外王之道。由熟悉俎豆等之礼容，方可逐步推广外王之道。故礼乐为具体的思想与行动标准，下准《论语》所提及有关礼制乐律之言论，择要以明之。

主要论自反之礼乐，当以"颜渊问仁"（《颜渊》）为主（原文已见上引），其目为视、听、言、动。凡视听为由外及内，言动为由内及外，于内外之际已经本人之思虑考察。此即人之作用，然决不可忽乎耳濡目染。以具体论，《论语·阳货》："子曰：恶紫之夺朱也，恶郑声之乱雅也，恶利口之覆邦家者。"此已包括视色听声言论及行动的作用四者，然极宜深入研究孔子所重视之"克己复礼"。先以视色言，古人视螮蝀（虹）间具七色，以紫朱为两端。孔子之是朱非紫，实未合自然之理。"子曰：攻乎异端斯害也已"（《为政》），仅重视一端而忽乎他端，实有误，必须兼及两端，礼当等视朱为紫。当时或稍后之天文学，已认北极中心为紫宫，名之曰紫微垣，其义可取。后因道家注意自然科学而特重紫色，识见超然。奈汉后之儒家，每有是朱非紫之礼，直至清末未变，乃有碍于"非礼弗视"之视礼，视红视紫，何必是非于其间。以听声言，本诸十二律吕的三分损益，此十二律吕确宜相应于每年十二个月的客观气象，故何月演奏用何律为主，易于引起人情之共鸣，此思想与月令之感应，于春秋时为我国早已理解的音乐原理。今由编钟等的出土，可证明并非从文献到文献的空论，而有其具体欣赏音乐的水平。孔子于音乐有特殊的认识：闻韶而三月不知肉味，要在能得尧之象；与点之情，深喜三月之春意；于卫之磬，心向人生之文德；绝粮之弦，庶见安贫不去之道；杀鸡而用牛刀，实叹子游之已能用乐。以乐辅礼，即二即一，唯思想之纯，庶有行动之正。且孔子早年于乐，已喜知翕纯皦绎之成，惜晚年有悲于鲁国乐队如大师挚、亚饭干、三饭缭、四饭缺、鼓方叔、播鼗武、少师阳、击磬襄之散（《微子》），则耳听之乐，难免有不入耳之郑声。虽然具体之乐谱已佚，故尽善尽美之《韶》与尽美未尽善之《武》，下及淫声之非，仅能神而明之，则历代未究乐理者的泛论，势必成为空言，宜耳闻之礼其标准尤难明确。汉后重庙堂之乐，何尝是韶乐，民间之新声，何可一以郑声斥之。孟子已知先王之乐犹世俗之乐，故于今日"非礼弗听"之乐，尤宜慎思而明辨之。若颜渊之闻此四目，当然亦及视人之行为和听人之语言，今推本而及声色，颜渊定有神会之妙义，然后人何可执。故外入者既难有准，内出者势将有覆家邦之利口，"子曰：巧言令色鲜矣仁"（《学而》），诚令人感慨。故二千五百年来，固执所谓孔子之礼教，每桎梏人之性灵，其弊决不可忽视，今正宜彻底加以考察。再者禘之礼，八佾之舞，或以雍彻，或旅泰山，且三归与反坫，其礼之形成必已日久，且各有其位，奈知迹而未究其理，礼乐之实果何如哉？当民尚昏蒙而不知朔，宜有告朔之饩羊，然历法大明，羊亦可爱，况孔子所谓获罪于天，何必媚奥媚灶。种种礼制，何可舍本以求末，刻舟以求剑。子曰"兴于《诗》，立于礼，成于乐"（《泰伯》），此于礼乐之立成，归诸《诗》之兴，兴属人内在的生气。不大声以色，尤见礼乐之现实意义，岂可固执于古礼而不知变化，"子入太庙每事问"者，所以问其理。历代研究孔子者，不乏能重视礼之迹者，而什九忽其实质。故今而后，非从认识礼乐之实质以观孔子，殊难深得孔子之象。治天下之理，必准礼乐之实，此诚百世不易。孔子之伟大，在能从周之文，不在重周之礼。未辨乎此，其何以认识孔子所梦之周公。今以考古所得安阳出土之坟墓，每有大批奴隶殉葬，而于周原之墓中，基本已无人殉。孔子之从周，决有尚文之可贵处。若秦穆公仍有三良之殉，宜诗人刺之（《诗·秦风·黄鸟》）。此一风俗，必为孔子所大力否定。由道德而依仁，生死事大，孟子尝引孔子曰"始作俑者其无后乎"之言，作俑者且然，况以生人为殉。此始可视为孔子依仁之总纲。由是而君君臣臣父父子子，必使社会之安定者，方可许以仁，研究孔子之所谓仁，或可参考于此。

更究孔子晚年最后所关心的世事，亦就是最后所重视之礼乐，是为齐国之事。《论语·宪问》："陈成子弑简公。孔子沐浴而朝，告于哀公曰：'陈恒弑其君，请讨之。'公曰：'告夫三子。'孔子曰：'以吾从大夫之后，不敢不告也。'君曰：'告夫三子者。'之三子告，不可。孔子曰：'以吾从大夫之后，不敢不告也。'"考此事发生在哀公十四年（前481），其事当与《春秋》同观。

《春秋》："（哀公）十有四年春，西狩获麟。小邾射以句绎来奔。夏四月，齐陈恒执其君寘于舒州。庚戌，叔还卒。五月庚申朔，日有食之。陈宗竖出奔楚。宋向魋入于曹以叛。莒子狂卒。六月，宋向魋自曹出奔卫，宋向巢来奔。齐人弑其君壬于舒州。……"

考孔子一生，基本以好古之史迹（《书》）及记述由古以来人之思想感情（《诗》）学于先哲，并加以整理而授于门弟子。于东周事特取鲁史《春秋》作为近现代史讲义，其间不论古今，皆有所评论。且能面对当代之事实，既有理想，又有实用意义，于行动以礼自制，于思想以乐自谐，乃能"君子坦荡荡"而非"小人常戚戚"。以上概述整理《诗》《书》礼乐之旨，《论语》中确已屡屡提及，故孔子一生之信而好古，绝对有文献可据，不应致疑。编辑成《诗》《书》礼乐者，非孔子莫属。

进而更宜研究孔子之于《春秋》。《春秋》为鲁史，实属古文献，王安石视为"断烂朝报"，未尝不可。然属鲁隐公至哀公（前722—前481）之朝报，其时代既早，故虽断烂而仍不可不重视之。或谓《论语》中并未提及《春秋》，及《孟子》书中始大力宣传孔子作《春秋》之事。今以理核实之，《论语》虽未提及《春秋》，然对东周事颇多议论，犹在对门弟子讲解《春秋》。上已论及，孔子决无作《春秋》之事，然对《春秋》事实极为关心。传说公羊高为子夏弟子，谓孔子取鲁史，始于隐公元年，止于哀公十四年春西狩获麟，间及十二公，共计242年。且分隐、桓、庄、湣、僖三代五公共96年，为春秋所传闻世；文、宣、成、襄四代四公共85年，为春秋所闻世；昭、定、哀二代三公共61年，为春秋所见世。此《春秋》之起迄及三世之分，实有孔子认识东周之大义在其中。子夏性格殊拘，仅能知之，及公羊高而发挥之，未可谓与孔子思想无关。《春秋》初当平王避犬戎之乱而东迁，以当时情况观之，周天子之名分犹在，且在位长及五十一年，如有作为者，宜有以恢复西周之局面。然事实上平王已无其能力，幸西周初早有周公经营东都，平王方能居之以维持残局，周天子号令天下之权早已失却。孔子乃取鲁隐公元年作为周公之德，以代平王四十九年，因是时平王已老，中年尚未能，况当老年，决不可能再次恢复周天子之盛德，宜孔子取鲁隐公元年起作为东周史以授门弟子。若周平王元年至四十八年，似可以《春秋》序幕视之。当《春秋》所传闻世中，最重要之事，东方诸侯尚知尊王攘夷之理，贵有齐桓公依赖管仲之佐而行之，宜孔子虽对管仲有微辞，然仍以"如其仁、如其仁"许之，因实能担负维持当时天下和平之责任。然一代后之晋文公，虽有正谲之辨，尚能尊王。而鲁僖公周旋其间，在位长达三十三年，孔子取其为《鲁颂》，当有可取处。且是时秦穆公作《秦誓》（前627），同当《春秋》所传闻世之终。孔子之为东周，尚见秦楚之夷能有所自反；齐、鲁、晋、郑等国对周天子之认识，犹有尊敬之心，非徒以本国为主，此为孔子对《春秋》所传闻世之认识。继之以所闻世论，形势已变，孔子岂不知之。秦晋之关系错杂，楚亦大有发展，若襄公之访楚而鲁筑楚宫，且薨于楚宫之中，可见楚之文化已能超越于鲁，然则攘夷云乎哉；晋代世霸，周王之地位日低一日，然则尊王云乎哉。而孔子正生于襄公二十二年。九、十岁的儿童，当然未能明天下大势，日后知襄公之亲楚，岂可对尊王攘夷之理，不加深入研究。合诸所准之礼乐，又安得不入太庙每事问。宜由僖公之薨以及襄公之薨，是谓所闻世，于尊王攘夷之礼，早已不同于所传闻世。至于上所论及的孔子一生，全当《春秋》所见世。孔子为东周而为文德，于自强之各国，自然亦可发展，然对周初所封且能维持至春秋末期之齐，孔子尚认为必宜保持之。凡世传制，如无尧舜之德，在当时各国对峙的局面下，似以不变为是，始可安定天下之大势。此亦孔子自犯三戒中之"晚年戒得"，得于姜齐之是而不知其非，亦有姑息之失。由是有告哀公及三子之事实，沐浴而朝，郑重可见。且当时之情况，孔子极希望各大国本身保持相对平稳。于鲁之三家，虽昭公薨于乾侯，三家犹能立其弟定公。定公薨，仍能立定公子哀公。事实上哀公已无权，因诸侯之位又似周天子，同样为虚设。唯其有虚设之名，尚能形成《春秋》所见世之相对平稳。然正当孔子七十一岁时，发生陈恒弑其君之事，此事非但影响东周之尊王攘夷，更上及武王封齐之文德。况《春秋》所传闻世之功业一切崩溃，实将彻底变化诸侯间之相互关系。孔子之言，所以正名分，亦所以仍愿实现齐变鲁之原则，此之谓周礼。《武》乐虽未善而犹美，故陈恒弑君之情，孔子安能忍之。耳可顺于狂简，若陈恒之作风，更甚于公山弗扰与佛肸。可谓具臣之由与求，且不从弑父与君（《先进》），况孔子本人。核诸事实，自桓公之亡，霸主早已非齐所有，姜齐之遗传日在偏离于中，而陈氏之治齐，实能利器善事，大斗出、小斗入者，已能提高生产力以富民，民安得不是田而非姜。孔子从大夫之后不敢不告者，尚执于周礼之文德而未敢突破继周之损益。更进而观之，自田齐之代姜齐，因天下无主持正义者，乃于数十年后即有三家分晋之事。故孔子重视此事，确属由春秋将转成战国之几，有如是之预见，何可小视。由是绝笔于"春西狩获麟"，实不愿再读"夏四月齐恒执其君实于舒州……六月……齐人弑其君壬于舒州"。此齐人之弑君事，自公羊高起重视于获麟，实属弦外之音。今日读之，究其沾袍之涕，应注意姜齐之变为田齐。然则孔子讨齐之未成，亦促其思想境界更有所提高，是即"七十而从心所欲不逾矩"。然则孔子七十后之所欲何在？《论语·阳货》："子曰：'予欲无言。'子贡曰：'子如不言，则小子何述焉。'子曰：'天何言哉，四时行焉，百物生焉，天何言哉。'"此诚得"道法自然"之旨，唯子贡闻之。老聃之西出函谷，尚欲去其柱下史之职，孔子已无职守，自然不必去父母之邦。而对世事始知已不可为，然决不消极以待尽，仍孜孜于文献之整理。既终《春秋》，于礼乐之理更有所突破。《论语·阳货》："子曰：礼云礼云，玉帛云乎哉；乐云乐云，钟鼓云乎哉。"孰能识非玉帛钟鼓之礼乐，庶几可达七十后孔子之矩。《论语·子路》："子贡问曰：'何如斯可谓之士矣。'子曰：'行己有耻，使于四方，不辱君命，可谓士矣。'曰：'敢问其次。'曰：'宗族称孝焉，乡党称弟焉。'曰：'敢问其次。'曰：'言必信，行必果，硁硁然小人哉，抑亦可以为次矣。'曰：'今之从政者何如。'子曰：'噫！斗筲之人，何足算也。'"此由裁狂简而可及必信必果之小人，然于今之从政者皆斗筲之，此可喻《春秋》所见世，实未能更继之，故孔子之最后二年许，实已进入战国之序幕。何忍再言王天下之理，不舍昼夜之流水，任之为是，乃于抄录鲁史、绝笔获麟后，或有卒以学《易》之事。此不逾矩之欲，决非《公》《榖》

之微言大义所可尽，作《左传》者有意求之，亦未必全合孔子之旨。孔子于《易》的关系，起于易象，此当属殷周已盛行的数字卦。阴阳五行之卜筮来源极早，其后归诸七、八、九、六之卦爻，可能已在孔子后。孔子未知爻名，包括《左传》作者亦仅用其理而未用其名，故于孔子时所谓文王作"二篇"其实尚未备，何可信孔子作"十翼"。当时在各国，基本已有相似而非全同的卦爻辞。对卦爻辞的意义，什九乃筮者以意而言，唯易象略有所准。孔子曾习礼，当已翻阅某种卦爻辞，及周游列国时，始进一步了解各国并不全同的易学文献及用《易》之变化。卒以学《易》的资料，较可深信者，亦宜本诸《论语》。

《论语·子路》："子曰：'南人有言曰：人而无恒，不可以作巫医，善夫。不恒其德，或承之羞。'子曰：'不占而已矣。'"此明言"南人有言"，极可能闻诸楚，巫医并论，可喻当时的认识，且巫医皆须恒以学之，足证其间已有极丰富之内容。以《易》论，即属于巫。或讳言孔子时《易》尚归诸巫者，不足以言《易》。且巫医之道同在礼之范围中，贵在有易象。且当时易家所编成的卦爻辞并非全同，齐稷下派所编成的《周礼》，谓太卜所掌之《易》，仍有《连山》《归藏》《周易》三《易》之异。《易》当孔子时，既无"初九""九二"等十二爻名，卦名亦未必全同，考编成的地域基本在三晋，而齐鲁重传统易学之象，似与数字卦有关（另详）。《系辞上》所谓"圣人设卦观象，系辞焉而明吉凶"，正指以卦爻之象代替五行数字卦之象而系以卦爻辞。孔子对此并不感兴趣，宜《论语》中极少论《易》，因《易》须占以得数得象，然后玩其所系之辞而明其吉凶，所以去人之疑。若《左传·襄公九年》（前564）记鲁穆姜玩随卦之"元亨利贞"，仍须先占。虽此事在孔子前，孔子未必关心，其后为《文言》者始重视之，然与孔子无关。更在穆姜前，如郑王子伯廖（宣公六年，前603）与晋知庄子（宣公十二年，前597）之用《易》，已可不占而玩其辞。此种用《易》法始为孔子所好，故子曰"不占而已矣"，似在用其例。然则孔子之读《易》，重在观象玩辞，尚未究易学的基本方法即筮人之玩占。当闻南人之言，有感恒之重要，作巫医且然，何况更复杂于巫医之事，何可不知恒。因忆及《周易》中有恒卦，爻辞中有"不恒其德，或承之羞"之言，正可作为勉人以恒的格言，因即不占而用之。如或占之，则未必得恒卦，更未必得恒卦六爻中之此爻，况当时既无爻名，卦爻辞难免混同。如穆姜占得艮䷳之随䷐，象当二爻不变，然未用随卦二爻爻辞，即用今本随卦卦辞取义，可见当时于卦爻辞并未严加分别，各国之传《易》者必有出入。今幸《论语》中存有此条，则知孔子于周游列国时，确已在读《易》，且能不占而玩辞，此为不可忽视之重要资料。唯汉后认为孔子于《易》曾作传十篇，更以"十翼"名之，则绝不可信，因"十翼"的内容基本并不相应孔子之思想。秦始皇焚书而不及卜筮之书，更知《易》非儒家的经典。迨汉武帝起重儒，二千余年来盲目尊孔，视孔子前后各二三百年的学术思想，莫不归诸孔子一人，故在我国思想文化史中最可宝贵的东周时代，其学术思想的发展原委反为之暗而不明，郁而不章。视六经之原为《周易》，作为孔子之意，尤有此失，今亟须正之。

八、结论

更以孔子的性格及七十后之情况论，对《春秋》所见世的社会组织已知不可维持，故于礼乐的原则，势必由《诗》《书》而寻求更深一层的标准。凡《春秋》继《书》，不得不获麟而止，然《诗》由《鲁颂》变风而下，当有以见结束《春秋》所见世之情而有以究其本旨。且既舍玉帛与钟鼓的礼乐，后悔有言之无补于当世，则所愿学者，唯诗象足以见"无邪"之旨。然孔子请讨陈恒，难免犹有诗人之情，子贡曰："夫子之文章可得而闻也，夫子之言性与天道不可得而闻也。"（《公冶长》）此所谓性与天道，斯可当孔子绝笔获麟后所重视者。此象与老子相似，在楚欲与接舆所言者，疑亦唯此旨。然当返鲁后，除整理《诗》《书》礼乐外，尚孜孜于《春秋》之三世，宜子贡尚以为不可得而闻。唯当田齐弑君后，孔子不得不重视性与天道，以究天人之际及社会之结构。

考《左传》之作者与孔子之思想有密切联系，内有一节极重要，见昭公五年（前537），即叔侯之论礼与仪：

公（昭公）如晋，自郊劳至于赠贿，无失礼。晋侯谓女叔齐曰："鲁侯不亦善于礼乎。"对曰："鲁侯焉知礼？"公曰："何为？郊劳至于赠贿，礼无违者，何故不知。"对曰："是仪也，不可谓礼。礼，所以守其国，行其政令，无失其民者也。今政令在家，不能取也；有子家羁，弗能用也；奸大国之盟，陵虐小国；利人之难，不知其私；公室四分，民食于他；思莫在公，不图其终。为国君，难将及身，不恤其所。礼之本末将于此乎在，而屑屑焉习仪以亟，言善于礼，不亦远乎。"君子谓叔侯于是乎知礼。

按《左传》作者之言，每多以事后之见，托诸前人之口，所以令人崇敬前人之德。然其间亦确能富有预见者，《左传》中大力提倡卜筮，义亦同此。此节谓叔侯之明辨礼与仪，观点甚正。以时言，昭公五年孔子仅十余岁，观孔子所重之礼乐，难免有失于此。及识礼乐之非玉帛与钟鼓，庶同叔侯之观点。然不论《左传》作者之是否伪撰叔侯之言，而实已了解孔子绝笔获麟后的思想，其见实已超越《公》《穀》。后人论孔子之复礼，虽不可忽视《论语》中如《乡党》篇等之大义，然仪与礼何可不分，"克己复礼"何可以"克己复仪"视之。若昭公薨于乾侯，何可不以为戒。简公之被弑，亦何可自辞其咎。唯孔子之有见于此，庶能从心所欲而不逾性与天道之矩。反观《春秋》二百四十二年的史迹，琐碎之诗象何能尽之，当深究其中有整体之易象，此所以有卒以学《易》之愿。惜天不假年，是否已得天人之际的整体易象，是否能免大过栋桡之悲，殊乏文献可证。若《左传》之论《易》，始见于庄公二十二年（前672）所谓"观之否"之"观国之光，利用宾于王"，实为齐之田氏造命，如是之易象，孔子其愿读之乎。故知《左传》之卜易，决不同于孔子所学之《易》。今日之读《左传》者，其孰能信周史之言。为陈侯筮，可准确预测二百年后之事，此于孔子之"百世可知"，有完全不同的意义。若孔子之可知三代损益，已属性与天道，以性与天道合诸绝笔之《春秋》，尚宜及子罕言利与命与仁。凡阅读《论语》，论仁独多，何谓罕言。实则孔子一生，因毋我而见仁，然仁之实质并未阐明。若克己复礼之礼乐有变，仁之为仁，尤难捉摸，此实为孔子无隐夫二三子之隐。唯有久随孔子者，始知孔子实罕言仁，而于七十后不得不致思于性与天道，是即依仁，而且及罕言之利与命。以仁言，其犹颜渊之

"屡空"，以利言，其犹子贡之"屡中"。"屡空"曰仁，当《春秋》之春；"屡中"曰利，当《春秋》之秋。由春而秋，殊可直道而行为夏；由秋而春，安得不卷而藏之为冬。或直行或卷藏，盖有命在焉，故子曰"不知命何以为君子"（《尧曰》），是乃无言之言，非《春秋》绝笔而归诸"四时行百物生"之旨乎，是之谓性与天道。详以下表示之：

观上表所示，庶见二百四十二年之《春秋》时空，已化诸天地四时无限之时空。以今而言，反诸太阳系之春秋，斯为假年学《易》之旨。由是孔子整理之"六经"，宜以下表示之：

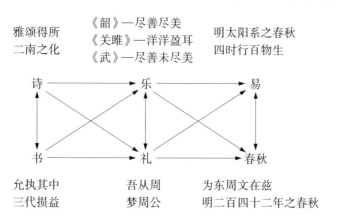

然则孔子于《易》，仅知四时百物，似未尽易道，乃绝笔《春秋》进而及《易》之本义，实已见天地万物生生之象。然生

生无穷，故决不可忽视孔子后所发展之易学。能免大过之"栋桡"者，斯足以语孔子之《易》。《论语·卫灵公》："子曰：君子疾没世而名不称焉。"二千五百年来，孔子之名，称乎不称乎，慎莫为孔子所疾，君子其勉诸。

论《德道经》的"执今之道"

1973 年于长沙马王堆汉墓中，发现了两种帛书《老子》，出土后以甲、乙本名之。在今日所存的各种《老子》版本中，这两种抄本时间最早，故成为研究《老子》的重要文献。此墓下葬时，在汉文帝十二年（前 168），抄成甲、乙本，当然在其前。曾以避讳考其抄写的年份，乙本不避惠帝名"盈"、文帝名"恒"，而避高祖名"邦"。可见抄写时在高祖称帝（前 206）后，惠帝接位（前 194）前。甲本更不避"邦"字，且乙本作隶书，甲本书法在篆隶之间，则很可能在乙本前。然当时避讳尚不严格，书体正在篆隶兼用，故亦可能同在高祖称帝时。概而言之，皆在秦汉之际。今能见 2100 余年前的古文献，虽多残阙，仍可卒读，确属珍贵的资料。

以甲、乙本互校，基本相似，可见当时所临抄的先秦本，虽有出入而变化不大。又以甲、乙本校诸今存的各种版本，则与唐初太史令傅奕所校定的《道德经古本》较接近①。考傅本的来源，本于北齐武平五年（574）掘得的项羽妾冢中本。然已

---

① 《道德经古本》有《道藏》本。见《道藏》幕上，涵芬楼影印本第 346 册。

与寇谦之所传安丘望之本、仇岳所传河上丈人本参校而此成古本。唯参校当时的世传本，故已非项羽妾冢中抄本的原貌。不期一千四百年后，又得此甲、乙本，以意推之，甲、乙本与项羽妾冢本时代既近，文当相似，惜傅奕未能一变世传本的传误，有关《老子》的微言大义，基本仍与世传本同，惟字句详略稍有不同而已。幸今复得甲、乙本，乃可进一步以正世传本之误，而更见《老子》之精微处。

先论其道德两篇的编次。甲、乙本同为《德篇》在前，《道篇》在后。此与世传本的道德编次不同，似未影响内容，然有影响于对道德概念的认识。曰道德者，由本而言；曰德道者，可见入手处，谓当以德而归于道。不然，由德而仁义礼则失道，如能由德而得一即道。更见道之消息而弗居，即上德不德，则道与德犹妙与所嗷。然未知以德入手，难免认道为玄虚而不可捉摸，是即世传本称道德之失。若能识二者之同出，则道德以穷理为主，德道以尽性为主，固可相通。然空谈义理，非《老子》之旨，当以实践为本，能由实践，方可证其理，此德道之次所以优于道德之次。

更证诸古籍，如《庄子·缮性篇》曰："夫德和也，道理也。德无不容，仁也，道无不理，义也。"此文含义，与《老子》不甚同，其序德道之次，则同甲、乙本。又《韩非子》中《解老》《喻老》所论述之次，亦德在道前。唯二千年来道德之次，已深入人心，由此而改名德道，似觉不习惯，然俗名体道有得为得道，正合当时德道编次的意义。

又于甲本中，有分章的符号，惜什九残阙，已未能复见其章次，以今本的分章校之，不同处示如下：

今本德篇 38—81 章　道篇 1—37 章

甲、乙本　38—39，41，40，42—66，80—81，67—79
　　　　　1—21，24，22—23，25—37

于《德篇》的38—81章中，不同处有二。其一，40与41章互易；其二，80—81两章在66与67章之间。于《道篇》的1—37章中，仅一处不同，即24章在21与22章之间。此见全文的章次，两千余年来，变化尚不大。主要研究《老子》的哲理，宜深入以观一章一句一字的大义。此文仅论《道篇·第十四章》中的一字之差。

傅奕本于《道篇·第十四章》最后数句为："执古之道，可以御今之有，能知古始，是谓道纪。"而甲、乙本皆为："执今之道，以御今之有，以知古始，是谓道纪。"

考甲、乙本非同时所抄，所临抄者亦非同一本《老子》。虽亦有误抄，然二本同一误抄的可能性不大，似可不加考虑，宜从甲、乙本为准。校以傅奕本多"可"字，"以"作"能"，未影响大义。而"执今之道"作"执古之道"，且两千余年来的各种版本，莫不如此。此对《老子》之主旨，有极大的误解。以理推之，"今"字改成"古"字似在武帝时，由尚黄老而尊儒术，乃有趋时者，改此以适应当时的儒家思想。

观《老子》的思想，非常明朗，于古今的时间概念，更有正确的理解，故必须"执今之道，以御今之有"，此之谓"现在"。有此"现在"的概念，乃能理解"古代的现在"。古代更有古代，时时上推以知古始。以知古始者，所以知"古始的现在"。由"古始的现在"发展成"古代的现在"，由"古代的现在"发展成"近代的现在"，由"近代的现在"发展成"今日的现在"。此"现在"的发展，是谓道纪。其后有儒家的道统，佛教的传灯，皆此道纪之象。

又于乙本《老子》前，同处出土的尚有《黄帝四经》。其一名《经法》凡九篇，于《四度》一篇中，有说明道纪的意义，其文曰："极而反，盛而衰，天地之道也，人之理也。逆顺同道而异理，审知逆顺，是谓道纪。"此所谓"极而反"，犹《老子》之"逝曰反"。"盛而衰"，犹《老子》之"祸，福之所倚，福，祸之所伏"。由阴阳消息而弗居，乃天地之道人之理。能弗居而弗去，即为"现在"。故顺逆者，就是由今日的现在，知过去的现在为顺。由今日的现在，知未来的现在为逆。而道纪者，就在审知逆顺的现在。故唯知道纪者，方可与语古今之变。《周易·说卦》有曰："数往者顺，知来者逆。是故《易》，逆数也。"此顺逆之理，与道纪之义相同，故不知数往之顺，《易》何能逆数知来。凡能知来，必已数往，此审知逆顺的道纪，犹知史鉴之作用。故不知古今，何以知逆顺的道纪；不知现在，又何以知古今；不知执今御今，又何以知现在。而现在何可得自执古御今。故唯得执今以御今的现在，始可与语执古以御古的史迹。知史迹之现在，然后以知古始。古始与执古，其何可混同之。此黄老之言，所以不同于董仲舒所尊之儒。

至于何谓"今之道"？则曰能御今之所有者，是谓今之道。故唯得今之道者，乃能御今之有。且永远有不同的"今之有"，则"今之道"亦永远不同。执永不相同的"今之道"，庶可御永不相同的"今之有"。然则所执者何？曰时间。以知古始者何？所以划时代。

曰唯物论者，所以划时代于生命起源之前。然不可不知机械唯物论与辩证唯物论的不同。唯执机械唯物论者，乃不知分辨有生命的自然界与无生命的自然界。由是等视生物与无生物，以致人同机器，是犹执古之失。至于辩证唯物论，则既知无生命时代的物质第一性，亦知有生命后的物质第一性，于有生命后，已不可不知物质与生物的相互作用。且生物进化至人，各有其相对的现在，是犹以知古始。于人类社会的进化，更有相对的古始。故由辩证唯物论的观点，方能掌握发展的唯物史观。即执先秦之道以御先秦之有，执秦汉之道以御秦汉之有，执唐宋之道以御唐宋之有，执近代之道以御近代之有。凡读先秦古籍中，每有所托始，是犹划时代。据《论语·尧曰》，知孔子划时代于尧舜，亦即删《书》起于《尧典》。孟子继之，故"言必称尧舜"。其时"今之有"发展，御之的"今之道"亦发展，乃所知的古始，不可不上推。故天文医理的古始，上推至黄帝；农业商业的古始，上推至神农；以致人类理解整体知识的古始，上推至伏羲。实即东周时的生产力大发展，其知已可由人类社会的研究，逐步扩大到对自然界以及生物界的研究。惜对古始的概念，每混同于执古的概念。凡执古与古始的不同，就在能否执"现在"以御今之有。能则审知逆顺而知道纪，虽穷远古而未失现在，是谓古始。不能则虽凝昨日而已非今日，仍属执古而失现在。《中庸章句》第二十八章有曰："生乎今之世反古之道，如此者灾及其身者也。"亦以执古为非。今从甲、乙本《老子》中，以一字之差，能重见认识现在的精微处，此实为《老子》的基本概念之一。

进而更宜略论历代对现在的认识，因《老子》之旨虽晦，其理早已世世相传。《山海经》有夸父逐日的寓言，理犹追现在。孔子有感于逝水之不舍昼夜，庄子赞叹于坐驰而坐忘。此现在的形象，就是"注焉而不满，酌焉而不竭，而不知其所由来"的"葆光"，"葆光"与俗名光阴之义相似。晋王羲之言"后之视今，亦犹今之视昔"与唐杜牧言"后人哀之而不鉴，亦使后人而复哀后人也",其象全同。而唐陈子昂《登幽州台歌》曰:"前不见古人,后不见来者,念天地之悠悠,独怆然而涕下。"尤能吟出体味现在后的感情。若由达摩以开禅宗,迄六祖而一花五叶,于茂盛的花枝中参其本,莫不贵当下之悟,是犹现在。且哲理虽达其境,妙能御今之有,此《华严》"四无碍",宜始于"理无碍"而以"事事无碍"为终。然则"欲穷千里目,更上一层楼"与"夕阳无限好,只是近黄昏",是否有碍于现在之情。碍则仍同夸父,故李白《将进酒》之"以消万古愁",可拭子昂之涕,何必于凝眸处添愁。此文人情思的实质,仍在格现在之物而有以御今之有。朱熹曰:"是以大学始教,必使学者即凡天下之物,莫不因其已知之理而益穷之,以求至乎其极。"朱之格物而及王阳明之格竹,正徘徊于社会科学与自然科学之际。知行合一者,理当合认识与实践为一,方能无碍于现在。以时代言,王阳明(1472—1528)在西方哥白尼(1473—1543)之时,伽利略(1564—1642)且未生,遑论牛顿(1642—1727),故西方其时亦未全面认识自然科学。可见格竹的意义,未可等闲视之,惜继之者乏人。

再者,划时代的古始,其时间间隔有巨大差别,今日的自然科学,从宏观微观以见其两端。《中庸章句》十二章曰:"君子语大,天下莫能载焉;语小,天下莫能破焉。"唯有大小之异,故贯通时间间隔的单位,尤难一致。然既有大小,已属"今之有",何可不执"今之道"以御之。此又当详究董仲舒之执。当董既尊儒,即准孔子"行夏之时"之古始,司马迁于太初元年(前104)五月改历,以正月建寅为岁首。其不从汉初承秦之建亥,未可谓非。若夏时之仍可行者,尚合执太初元年之"今之道",以御太初元年之"今之有",以知夏禹建寅之古始。且建寅的岁首，迄今仍在"欢度春节"，可见吾国对宏观的日月星辰，当时已得现在之旨。且历代的改历，就在加密岁实与朔策，以利御"今之有"，凡经颁用者，自秦颛顼历起至雍正历共有 48 历，成而未经颁用或虽用不久即废者，自魏黄初历起至顺治历共有 46 历。历代学者所以致力于治历而不倦者，莫不欲明现在之时。所求的历元，即有以定划时代的古始。《周易·革彖》曰："天地革而四时成，汤武革命，顺乎天而应乎人，革之时大矣哉。"而《革·大象》又曰："泽中有火革，君子以治历明时。"以今而言，生产力发展以见时代的不同，而旧制度有碍于生产力发展，乃必须革命以正其生产关系。吾国之重视治历，就有促进生产力的作用，然仅从宏观考虑。而《老子》之言，已在说明对微观的认识，故此章之言为："视之而弗见名之曰覣（从甲本，乙本作微，傅本作夷），听之而弗闻名之曰希，捪（甲、乙本同，傅本作搏）之而弗得名之曰夷（甲、乙本同，傅本作微）。三者不可至计（甲、乙本同，傅本作致诘），故困（从甲本，乙本作绲，傅本作混）而为一。一者，其上不攸（从甲本，乙本作謬，傅本作皦），其下不惚（甲、乙本同，傅本作昧），寻寻呵（甲、乙本同，傅作绳绳兮），不可名也，复归于无物，是谓无状之状，无物之象（乙本傅本同，甲本阙），是谓沕望（乙本、傅本作芴芒，甲本阙）。随而不见其后，迎而不见其首（甲、乙本同，傅本作迎之不见其首，随之不见其后）。"以下即为"执今之道"云云。此即《老子》所理解的微观的现在，必当达此沕望之象，庶能"执今之道以御今之有"。可见黄老之旨，本以天文宏观的时间，究及物质微观的时间，而合成今之道。若董仲舒所尊的儒术，合以方士之说，此微观的认识，即以占星术的天人感应当之。其视天象之变，必应于某一人事现象，当然是迷信。唯其间所观察到的各种天文现象，及人与人之间，人与自然界之间的各种客观存在的微观关系，决不可忽视。且宜执汉武帝时代的"今之道"，以御汉武帝时代的"今之有"，方能明辨汉武帝时代的利弊得失。

至于宏观微观的彻底统一，非但董仲舒时代不可能，即爱因斯坦（1879—1955）一生所致力的统一场论，亦未成功。其后于微观感应的电磁相互作用外，又发现了强相互作用与弱相互作用，且两端又有发现超引力、超强弱相互作用的趋势，故建立统一场论，更觉困难重重。然总结今日所得，已达原子时代，且于 1972 年 1 月 1 日起，国际上采用原子时变率，作为所有计时之用，乃宏观的日月运行，须相应于微观的原子铯（CS）。其比率如下：

$$原子秒 = 9192631770 \text{ 铯周期}$$

此当原子层次的时间，执之以为"今之道"，方可以御人类足迹已达月球的"今之有"。此属今日人类的基本知识，生产力已跨入原子时代的标识。观计时的标准，自人类有知识起，莫不本诸天文，今初次变成微观计时于 1972 年，而《老子》以微观角度认识现在的理论又重明于 1973 年。合而论之，恰可根本澄清董仲舒时代的迷信成分，且可逐步展开，以顺逆的道纪，阐明吾国历代早有累积，惜尚郁而未发的现在思想。亦即以辩证唯物论的观点，实事求是地深入认识每一时代，乃可整理研究吾国浩如烟海的十万种古籍，以发挥其继往开来的作用。有关宗教的古籍，主要在"道藏""佛藏"中，尤多当下的妙悟，莫不有与于"执今之道"，殊可进一步加以重视。

论庄子的思想结构

庄子之情况，主要本诸《史记》，其《列传》合于老子，现全录于下：

> 庄子者，蒙人也。名周，周尝为蒙漆园吏。与梁惠王、齐宣王同时。其学无所不窥，然其要本归于老子之言。故其著书十余万言，大抵率寓言也。作《渔父》《盗跖》《胠箧》以诋孔子之徒，以明老子之术。《畏累虚》《亢桑子》之属，皆空语无事实。然善属书离辞，指事类情，用剽剥儒墨，虽当世宿学，不能自解免也。其言洸洋自恣以适己，故自王公大人不能器之。

> 楚威王闻庄周贤，使使厚币迎之，许以为相。庄周笑谓楚使曰："千金重利、卿相尊位也。子独不见郊祭之牺牛乎？养食之数岁，衣以文绣，以入太庙。当是之时，虽欲为孤豚，岂可得乎！子亟去，无污我。我宁游戏污渎之中自快，无为有国者所羁。终身不仕，以快吾志焉。"

此传虽未足三百字，殊能突出庄子之形象。今准此为基础，详加考核其生平，要在能研究其思想结构。

一、庄子出生地 首当知庄子之出生地——蒙。按蒙在今河南商丘附近，其地在当时可能属梁（即魏），亦可能仍属宋。《水经·汳水》："汳水……又东至梁郡蒙县。"注："汳水又东经雎县故城北，俗谓之小蒙城也。《西征记》：'城在汳水南十五六里，即庄周之本邑也。为蒙之漆园吏，郭景纯所谓"漆园有傲吏"者也。悼惠施之没，杜门于此邑矣。'"故庄子出生地蒙可明确在河南，漆园属蒙城中，或认为蒙为当今安徽蒙城者未是。然庄子之古迹于唐宋后仅兴于安徽蒙城，于河南蒙城已无可考，此乃文化南移所造成。凡地名南移者甚多，非仅庄子之出生地蒙城而已。

二、庄子生卒年 再考庄子之生卒年。按梁惠王当公元前369—前319年在位，凡公元前369—前335年为前元三十五年，公元前334—前319年为后元十六年，共计五十一年，继之者为梁襄王。齐宣王当公元前319—前301年在位，凡十八年，继之者为齐湣王。又楚威王当公元前339—前329年在位，凡十年，乃上承宣王而继之者为怀王。且当楚威王时，庄子已有贤名，而威王愿许以为相，取公元前329年论，则庄子至少已四十岁。威王初即位时，庄子约当三十岁许，钱穆所考，兼及此十年间。今取威王即位时庄子年三十岁，又以寿八十计，庄子之生卒年为生于周显王元年（前368），卒于周赧王二十六年（前289）。有关重大事件基本相应，晚年似当于蒙闭门著述，其著作对后世有极大影响。

三、庄子与孟子 又约同时有孟子，其著作自宋后，更起重要作用。然孟子与庄子虽为同时代人，生前可能见面而并未见面，且于著作中各不相及。《史记》所谓"虽当世宿学，不能自解免也"，而于孟子为例外，斯亦怪事。以时考之，"孟子见梁襄王出，语人曰：望之不似人君"，则其年已老自不待言。与在位五十一年之梁惠王相比，乃有不似人君之诮。其后孟子即去梁，以是年七十多岁而论，则较庄子长二十岁。以孟子寿为八十岁，于一生大事亦基本相应（其生卒年为公元前387—前308年）。晚年孟必归邹以著述。况孟子一生对世事并未起大的影响作用，弟子亦无有名者，故庄子可能仅知稷下派而不知孟子。而孟子对年轻约二十岁，且愿归隐之庄子当然亦不屑一顾。宜孟与庄能相忘于江湖。而战国时的儒道之辨，实起于孟与庄，老与孔的生前并不如是，此不可不明辨之。孟子情况另文详之，以下详究庄子之思想结构。

四、庄子与惠施　与庄子有关之学者，首当重视惠施，惠施于惠王时曾相梁。钱穆考得惠施卒于襄王五年（前314）后九年（前310）前，年六十余，基本可信。故于其卒年，庄子约五十余岁。于《庄子·徐无鬼》提及"庄子送葬，过惠子之墓"，实已当惠子死后十余年，因文内谓"宋元君闻之"，"元君"指宋偃王太子，登位在魏襄王二十年（前299）。其时庄子约已七十岁，犹念念不忘，可见惠施实庄子仅有之知己。主要应理解庄子与名家之同异。唯庄子之思想结构，已知名家理论当为思维的基础，此所以能以惠施为质。然最后所体验有得之道，则归诸老子之"道可道，非常道；名可名，非常名"。故必认定名家为形影竞走之戏论，此为庄子能继承老子之关键处。

五、庄子与老子　深究老庄之形象，各有不同的认识论。况时代背景及各人之所得，不可能全同。而重视名家又彻底否定名家，则确为老庄之所同。凡道之为道，重体验而不重语言文字。既重体验，其何可归诸一如文字游戏之名。必当识此道重体验之理，然仍当本诸文字语言，以象其所体验之道。故宜考核庄子所留传之著作。

六、庄子之著述　《汉书·艺文志》："《庄子》五十二篇，名周，宋人。"惜已有散失。今存者有内篇七（1—7），外篇十五（8—22），杂篇十一（23—33），凡三十三篇，至少已阙十九篇。《史记》引及之篇名曰《畏累虚》《亢桑子》者，今本杂篇中有《庚桑楚》，文内提及"畏垒之山"等，是否一篇二分，已未可考。总之，今本有散失及为之重编者，非五十二篇原文。然能存此三十三篇可云大幸，且间多阙佚，非汉后所增，基本全属先秦之言，此不可不知。至于三十三篇是否全属庄子一人之言，的确有问题，全部详读后，自然能得其象。而庄子的思想结构，当在其中。考其文字的作者，有同一学派者，有弟子加以补述者，亦有思想结构少异者。要而言之，于战国中晚期在魏宋地域中，东以稷下派为主，南取楚人之遐思，且认识墨子、老子之道，而有以综合之。故较孟子取杨墨为两端而排斥之，庄实有更宏伟的思想结构，可补孟子之不足。

七、庄子知易道　当其时孟子尚未知《易》，庄子已通易理。归人于生物界而以通天地，乃庄子思想较孟子思想之最大进步处。凡人与禽兽不可不辨，庄子何尝不知，然与天地相参之人，何可不知"鸟兽之文""与地之宜"，动植物与人之同归生物，战国时唯庄子思想已能知之，与《周易·系辞下》第二章思想相合。

《庄子·至乐》最后一节曰：

种有几。得水则为𪓐；得水土之际，则为蛙蠙之衣；生于陵屯，则为陵舄。陵舄得郁栖则为乌足，乌足之根为蛴螬，其叶为胡蝶。胡蝶胥也，化而为虫，生于灶下，其状若脱，其名为鸲掇。鸲掇千日为鸟，其名为乾余骨。乾余骨之沫为斯弥，斯弥为食醯。颐辂生乎食醯，黄軦生乎九猷，瞀芮生乎腐蠸。羊奚比乎不箰。久竹生青宁，青宁生程，程生马，马生人，人又反入于机。万物皆出于机，皆入于机。

此节说明生物间之种种变化。种有几，如得水中而水土之际，犹微生物。再上而于陵屯，则先有植物为乌足。由植物之叶为动物，胡蝶又进而为虫。鸲掇为鸟，名乾余骨，之沫为斯弥，又为兽。进而归诸马生人，人又反入于机。得此生物物种之生死大循环，殊见庄子想象力之丰富。凡若干种种同属生物，而有机可通，故曰："万物皆出于机，皆入于机。"此机即自然，生物之出入于天地自然，是犹人参天地以当三才整体之易道。

八、庄子与荀子　唯庄子之有悟于此，方能"洸洋自恣以适己，故自王公大人不能器之"。亦即有得于老子之"有物混成先天地生"，宜于古史可上推无已，使时—空数量级广及无穷，故"其理不竭，其来不蜕，芒乎昧乎，未之尽者"。是岂"言必称尧舜"之孟子所能望其项背耶！若生于后庄子约五十年之荀子（前313—前238），已能通读五十三篇《庄子》而于《荀子·解蔽》中评之曰："……惠子蔽于辞而不知实，庄子蔽于天而不知人。"合今之三十三篇论，荀子论惠子与庄子之观点同，论庄子尚未知天人之关系。唯荀子之不知天，自然有人性恶的观点，合诸庄子论及"虎狼仁也"，是岂荀子所能理解。（另详《论荀子的思想结构》）

论编辑成《周易》者的思想结构

研究《周易》，决不可忽视卦爻辞而仅论卦爻象，亦不应仅知卦爻辞而不知卦爻象。前者成为术数易之弊，后者成为经学易之失。观术数易之所以为识者所轻视，因未足以了解我国具体思想文化的发展过程及其变化规律。于术数易本身的发展，亦蒙然无知，知其一而不知其二，仅执一鳞半爪，其何以见易学象数之蕴。经学易之蔽，在过分重视文字的研究，孜孜于小学而终身未能得全书之旨，读《诗》《书》《春秋》等书且不可，何况《周易》。且虽由文字以得一卦一爻之旨，或未知其与卦爻象的关系，仍难通贯全书，亦未足以喻易学之理。况治经学易者，每承刘向、刘歆之误，坚执《二篇》文王、《十篇》孔子之言，未见客观史迹，何以研究当时的思想文化，此为经学易最大缺点。二千年来重重附会，流弊仍有所存在。今幸已得殷周之际的数字卦，于数字卦下亦发现系有一辞，今后还可能有其他发现。然而这种散碎系辞的资料，其价值不能和已形成整体的卦爻辞相比。因知《周易》共四百五十节文辞，资料来源虽甚早，必经逐步积累，决非成于一时。故编辑成《周易》时，要在选择资料系入卦爻之中，尚须补入若干自撰者，或全以古史考之，何能不为编者所噬。因《周易》非史学作品，乃兼及文史哲之哲学作品，或以哲学之哲学视之，斯有整体之象。故易学可贵处，就在能结合象数义理为一而决不可分。而究其时代背景，当合诸编辑成《周易》者所处的客观环境。不宜见数字卦甚早而忽视文字，亦不宜视一卦一爻的文字内容而误认为成书甚早。事实上安排古代史迹及民风琐事，益以种种基本概念，方能编辑成适合时代需要的《周易》。由是以观编者的思想结构，确有超人的智慧，使纯属龟卜蓍筮之占辞可脱离筮占而独立存在。更可重视的是，仍本筮占之理，故未究筮占之象数者，决难明其内容的含义。今初步考定编辑者不可能是一人，其初收集资料以完成卦爻辞，约当《公羊》分《春秋》三世中的"所闻世"（前 626—前 542）；及"所见世"（前 541—前 481）中期，始可编成有整体结构的《周易》。此编成者与《左传》作者当有联系，因作《左传》者不但已见《周易》，且大力宣传之、神化之，故或系其私淑之师，或为其上辈。《左传》昭公二十九年（前 513）载蔡墨言龙，非但爻辞同，亦有乾之坤"见群龙无首吉"。故可认为四百五十节之《周易》整体是时已编成，其年孔子三十九岁。在此之前，若伯廖（前 603）、知庄子（前 597）等之用《易》，可证已有较近今本之卦爻辞。然未必已有用九、用六之辞，故整体犹未备。当蔡墨时，始可完成由数字卦转化成阴阳符号卦，从而确立《周易》卦爻的整体象数。但其时十二爻与用九用六凡十四爻名是否已有，尚难肯定。至少《左传》作者未见爻名，故爻名约在春秋战国之际（前 480—前 404）完成。因战国初期（前 403—前 356）有法子思《中庸》成《文言》的可能，于《文言》中引用《周易》已有爻名。自战国起《周易》渐有独特的地位，其他筮占书已不可并论。

故编成《周易》的时代，初步定为公元前 600 年左右已完成卦爻辞；继之于公元前 514 至公元前 415 百年间乃完成《周易》的整体结构。此百年间亦可能经数代人，不仅父作子述，然决非文王周公。编成者为春秋战国之际的学者，地点似当在魏国，极可能与毕万的后裔有关。当魏献子与于六卿分公族之时（前 514），约当蔡墨言龙之时，已可编成《周易》的整体。继当魏文侯师卜子夏、田子方、段干木辈，爻名已可完成。以上初步窥得成书之时间及地域，相继的编辑者必属当时有识之士。以下概论《周易》四百五十节之内容及其结构，庶可进一步了解编辑者的思想结构及其应用的具体情况。

观此四百五十节的《周易》文字，可分三部分：其一，卦辞六十四节；其二，每卦分六爻，有爻辞三百八十四节；其三，爻用之变化唯二，凡一百九十二节阳爻之变合于乾卦名"用九"，一百九十二节阴爻之变合于坤卦名"用六"。故全书以卦爻及二用合成，为编辑成《周易》者最基本的思想结构。此结构完成，自然可从数字卦变化成阴阳符号卦。

今已得殷周之际的数字卦，有近四十例，所用的数字凡五，即一、五、六、七、八。合诸殷周之际盛行龟卜的情况论，此五个数字，可能与五行之理有关。以五个数字的组合计之，则三个数字有一百二十五种不同的情况（5^3），六个数字当有一万五千六百二十五种不同的情况（5^6），此数殊大，非殷周之际的巫史所注意。或仅本五行之象，化成奇耦之数以占之。取三个数字或六个数字，似与对分与四分十二地支数有关。以地支合诸月数论，亦即相应于冬至夏至及季祀的周期。所用的五个数字中，最重要者在五（$\mathbf{X}$）字。此五字既与五行有关，又有阴阳交午之象，通于阴阳与五行之间，有以结合阴阳五行为一。

当殷周之际，五行之卜，阴阳之筮，似各有所偏重，然非各自独立，尤其在殷周地域。故五个数字的来源，或亦可能与龟之裂文有关。今据《书·洪范》"雨、霁、蒙、驿、克"之象，约可当数字卦之"一、五、六、七、八"五字，示如下：

一　Ｘ　∧　十　八
霁　克　驿　蒙　雨

凡天象晴霁为一，由晴霁而阴蒙为七（十），阴蒙而将雨为八（八），雨将止而道可通行为六（∧）犹驿，天或渐晴即复为霁一。此于晴雨变化的周期中，须见其交午之克，故五（Ｘ）克的概念最宜重视。至于当时具体应用数字卦，今限于资料，不应加以妄测，唯取五个数字可与五行联系，乃当时风气所尚，况以干支为时空坐标，用十天干合诸五行，正合殷周之际的文化水平（另详"论天干地支与数字卦"）。今以数字卦转变成阴阳符号卦论，关键在《洪范》的五行数。当"一水二火三木四金五土"的五行数既通行，则一至五的五数即属五行，而五字不在阴阳变化之中。且中五以筮数论，成为筮者的观点，二个五字（Ｘ）以合成爻字，正所以考察阴阳变化的情况。计入中五与否，即五行与阴阳的基本分辨处。所以当数字卦的数字，由五个数字，减成四个数字，可认为已以阴阳为主，与五行的关系似觉疏远。四个数字的三次变化有六十四种不同，六次变化有四千又九十六种不同，此在东西周之际的巫史者视之，或仍以为太复杂，此所以有卦、爻之分。凡卦取阴阳不变的两端，犹霁与雨。爻取两端间的变化，犹蒙与驿。然阴阳的概念，决不为气象所限，故早已抽象为数。凡不变为贞，阳数七、阴数八；变者名悔，阳数九、阴数六。由是以卦言，变化数二，故六次变化仅有六十四种不同，此所以有卦数七八之说。当马王堆本的卦象，仍有用七八两字的痕迹。此基于二数以组合成六十四种不同的情况，各系以辞，是即所谓卦辞。且六十四卦的形成，须经六次变化，于每次变化中，尚宜考察其两端间的变化。上已以气象为喻，即由霁而蒙，天有将雨之象；由雨而驿，天有将晴之象。观其霁雨两端间的蒙驿变化而抽象以数，即有爻数九六之说。计卦经六次变化而六十四，于每次变化中各有两端间的变化，宜爻辞六倍于卦辞而有三百八十四节。故合于卦爻所用的七八九六四数，犹于数字卦中提出中五以自居，此全本《洪范》中"五皇极"之象。且四方之四数，由一六七八，变成六七八九，亦有意避开《洪范》的五行数（另见"论《洪范》作者的思想结构"）。故由五个数字简化成四个数字，由四个数字而分成卦爻，方有适合于系辞的卦爻象。此对卦爻象的认识，与系于数字卦者相比，已由不易掌握其规律的数，变成有规律的卦爻。凡卦象七八之数，观其六次组合的变化中，除纯七纯八二卦外，皆为七八相杂。编辑者即本此二卦纯、六十二卦相杂之象，选择史料或自加增补而系以辞。故研读卦辞而不观七八纯杂的情状及其形成卦象的原委，如何能理解《周易》卦辞之旨，亦何以认识编辑者的思想。继之宜究七八纯杂之中尚有变化之爻，爻属于卦，于整个卦象中可见所处的地位。故于每卦中的变化各有六种不同，如不本卦辞的纲领，其何以分辨六爻地位的情况。《左传》中有二例，可见根据整个卦象卦辞大义而用爻辞的方法。

其一，宣公六年（前603）：

郑公子曼满与王子伯廖语，欲为卿。伯廖告人曰："无德而贪，其在《周易》丰之离，弗过之矣。"
间一岁，郑人杀之。

此未引丰卦上六爻辞，而其义全本爻辞。爻辞曰："丰其
屋，蔀其家，窥其户，阒其无人，三岁不觌，凶。"今读此爻
辞，先宜了解其属于丰卦，且其位在上。丰卦卦象卦辞所指的
客观情况，是当物质丰富的环境，位且在上，更属坐享其成者，
孟子曰"富岁子弟多赖"有其象。故爻辞大义极易明白，谓上
层阶级处于物质丰富的环境中，其屋已丰大，然家庭成员难免
各有所蔽，故旁观其户虽熙熙攘攘而言不及义，仍同阒无一人。
如是之上层阶级，不知幡然省悟而有所作为，及三岁而犹不觌
其人，必凶无疑。即此一爻之辞，已可喻编辑《周易》者之思
想情况。至于伯廖引用此爻，乃针对郑公子曼满的行为而加以
推测。若郑公子曼满者，非但处于丰屋蔀家窥户无人的环境中，
更思为卿以丰大其屋，故伯廖总结其为人乃"无德而贪"。如此
身处火上（下卦离火）的上层阶级，其行动过中（当上卦震动
之上）而贪心无已，何能不为郑人所杀。至于伯廖以实例测之，
所以用《易》。而易理之旨，决不为卦爻所限，然不可不知卦爻
之象与卦爻之辞。

其二，宣公十二年（前 597）：

知庄子曰："此师殆哉。《周易》有之，在师之
临，曰：'师出以律，否臧凶。'执事顺成为臧，逆为
否。众散为弱，川壅为泽。有律以如己也，故曰律。
否臧，且律竭也。盈而以竭，夭且不整，所以凶也。
不行之谓临，有帅而不从，临孰甚焉，此之谓矣。果

遇，必败。嬎子尸之，虽免而归，必有大咎。"

此谓知庄子在晋军中，见嬎子不奉帅命独自出师，故以师卦初爻当之。爻辞曰"师出以律，否臧凶"，义指行师之初，先当以律为本。有律之师为臧，否臧犹失律，若嬎子之私自出师，故知其必凶。

由以上二例，所以明爻辞之义，当属卦辞之下。或舍卦辞而仅论爻辞，至少非初步编辑成《周易》者的思想结构。当宣公时，约公元前 600 年前后，《周易》已不待卜筮而有应用价值。故知于卦爻的象数，已由数字卦的五个数字减成四个数字。九六的具体所指，仅以丰之离、师之临二例，示其数如下：

八 -- 六	七 —		八 --	八 --
八 --	八 --		八 --	八 --
七 —	七 —		八 --	八 --
七 —	七 —		八 --	八 --
八 --	八 --		七 —	七 —
七 —	七 —		八 -- 六	七 —

丰之离　　　　　　　师之临

在当时数字卦的形式仍通用，或尚无阴阳符号的形象，仅以一（即七）八两字已可见六十四卦相杂的情况。当阴画而阴爻，数为八而六，阳画而阳爻，数为七而九。此数本由数字卦简化而成，故不待说明七、八、九、六之数。而卦名正在逐步肯定，故《左传》所引及的《周易》皆曰某卦之某卦。今已得马王堆帛书《周易》本（下葬于前 168），卦名尚与传统本有异，何况更早四百年。然每卦卦辞当已完成，乃以卦辞之大义以定卦名，故如"同人于野""艮其背"等，并不先言同人与艮作为卦名，可证卦名实取于卦辞中。宜马王堆本的卦名虽仍有异，而卦辞相应于卦象的原则早已固定。既能理解各卦的所指不同，始可进一步由卦以分观其爻。约当宣公（前608—前591在位）时，正在由数字变成阴阳符号的卦爻象。于卦象以定卦名为主；尚未知用爻名，故取某卦之某卦以代表爻辞。即于七八相杂的卦象中，当某爻变化后，整个卦象又成另一卦象，是名"之卦"。以当时合诸爻辞的情况论，任一卦象仅能之六卦，如丰之离外，尚可丰之革、丰之明夷、丰之震、丰之大壮、丰之小过。详以下图示之：

丰之离	丰之革	丰之明夷
八 -- 六　— 八 --　　-- 七 —　　— 七 —　　— 八 --　　-- 七 —　　—	八 --　　-- 八 -- 六　— 七 —　　— 七 —　　— 八 --　　-- 七 —　　—	八 --　　-- 八 --　　-- 七 — 九　— 七 —　　— 八 --　　-- 七 —　　—

丰之震	丰之大壮	丰之小过
八 --　　-- 八 --　　-- 七 —　　— 七 — 九　-- 八 --　　-- 七 —　　—	八 --　　-- 八 --　　-- 七 —　　— 七 —　　— 八 -- 六　— 七 —　　—	八 --　　-- 八 --　　-- 七 —　　— 七 —　　— 八 --　　-- 七 — 九　--

其他六十三卦同例。此见初步编辑成《周易》者的思想结构，实能于繁赜的数字卦中，简化出六十四卦和三百八十四爻，条理井然，不可不认为对阴阳的认识已有创见。然更研究卦爻辞的内容，不乏有来源于系于数字卦者，则数字卦的变化，即以抽出中五论，仍须全面贯通七、八、九、六四数，何可一卦仅能"之"六卦而为三百八十四爻爻辞所限。此由象数以充实

卦爻辞的内容，即易学的特色，学易者当知"观象系辞"之理而不可以辞拘象。故如伯廖、知庄子之用《易》，仅属易学的部分结构，尚未可谓已得数字卦转化成阴阳符号卦的整体。今认为《周易》整体的完成，须明确用爻的变化纲领，究其要即在"乾之坤"与"坤之乾"的二用。当伯廖、知庄子之时，是否已有二用之辞，或亦可能有，惜无文献证明，未可以意而定。若当蔡墨言龙时，已具体明"见群龙无首吉"为乾之坤，则尚可依例而推知当有坤之乾"利永贞"。龙为阳气，"见群龙无首吉"描写各种不同的阳气一齐发展变化，有满园皆春、日进无疆之象。"利永贞"描写时空的无穷变化中，仍有不衰不竭的种子在。能有此二辞以总结三百八十四爻之爻辞，以合于卦辞的"元亨利贞"，始可完备"之卦"之理，于七八卦辞、九六爻辞，亦能得其整体。下以乾坤二卦之变化示之：

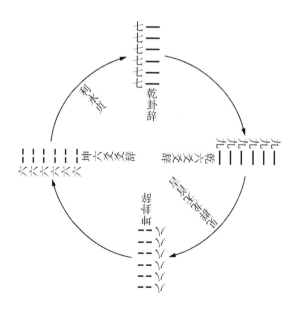

　　唯有能兼合六爻的变化，始可使一卦不限于仅之六卦，因于六爻间必须兼合数爻同时变化的形象。既有纯阴纯阳的乾坤二卦为例，知六爻可同时变化，则其他阴阳相杂的六十二卦，自然亦可六爻同时变化而成阴阳相反的卦象。其间有用九用六的不同，故于一爻变可相对于五爻变，就是一爻用九，五爻用六，相对于一爻用六，五爻用九；二爻变可相对于四爻变，就是二爻用九，四爻用六，相对于二爻用六，四爻用九；三爻变可相对于三爻变，就是三爻用九，三爻用六，相对于三爻用六，三爻用九；凡此皆可同时变化。仍以丰、师二卦为例：

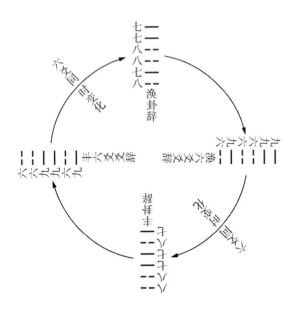

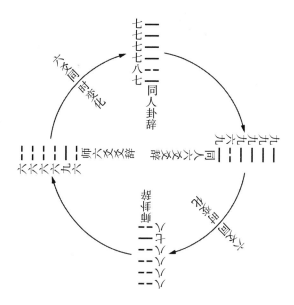

且当时可无阴阳符号的形象，仅以数字可示四百五十节《周易》文字所相应的卦爻象，详以下图示之：

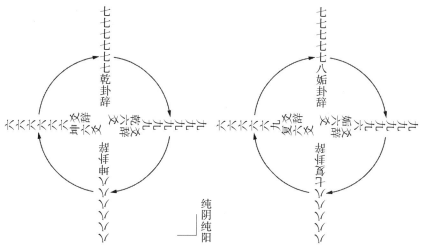

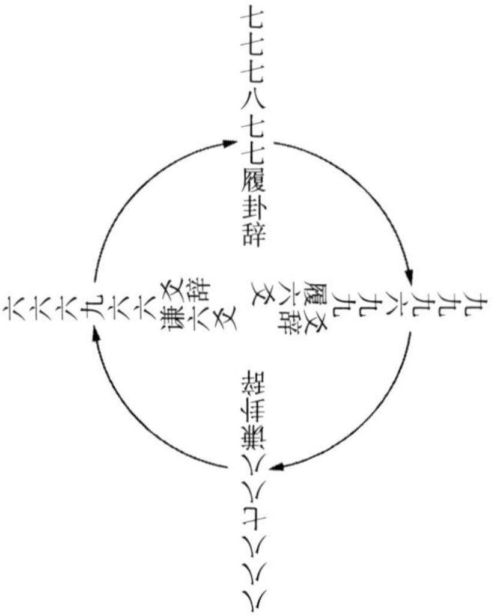
七七七八七七履卦辞
履六爻爻辞
谦卦辞
谦六爻爻辞

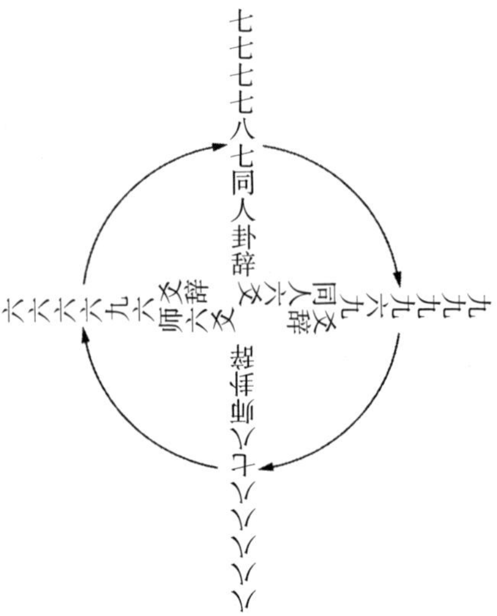
七七七七八七同人卦辞
同人六爻爻辞
师卦辞
师六爻爻辞

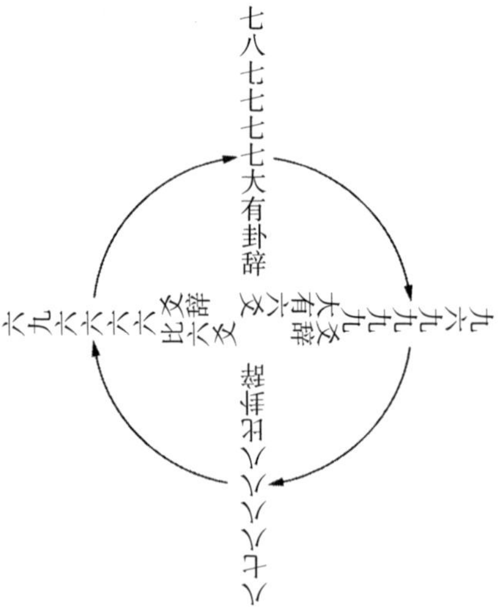
七八七七七七大有卦辞
大有六爻爻辞
比卦辞
比六爻爻辞

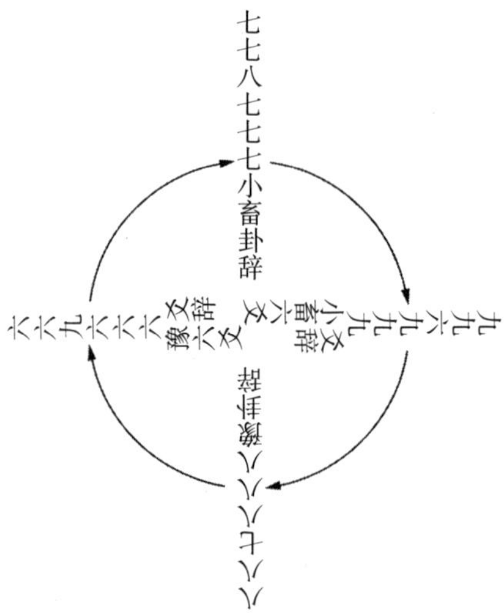
七七八七七七小畜卦辞
小畜六爻爻辞
豫卦辞
豫六爻爻辞

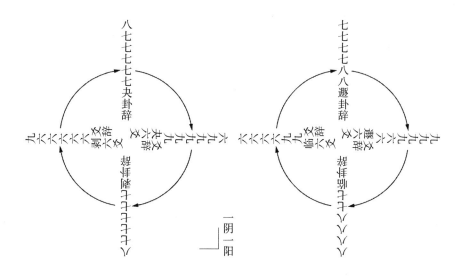

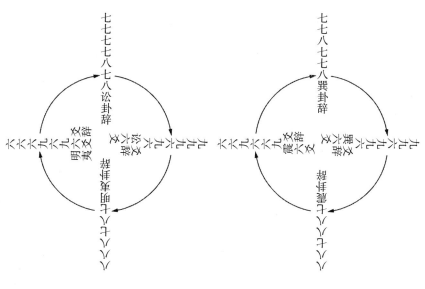

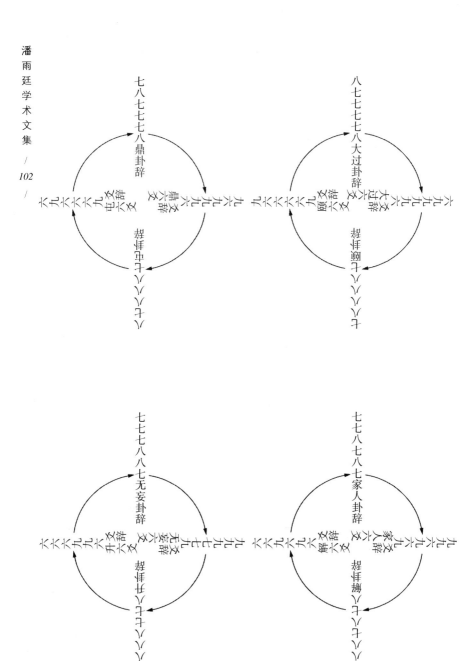

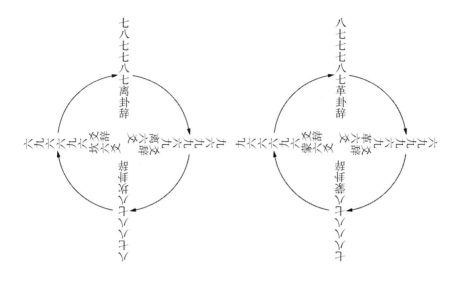

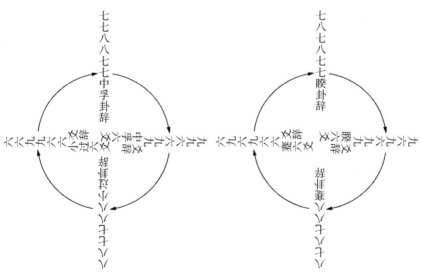

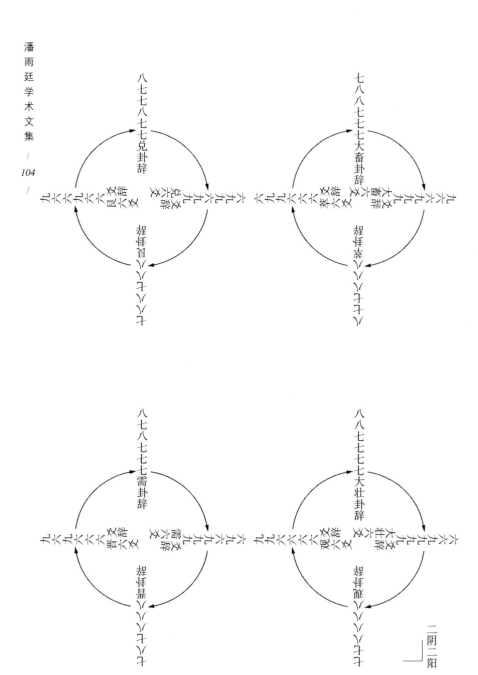

二阴二阳

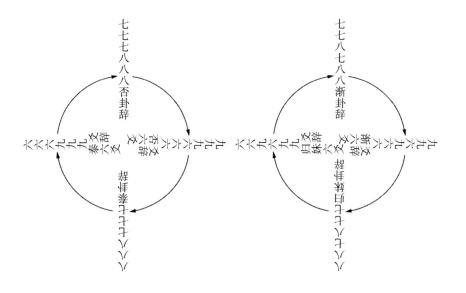

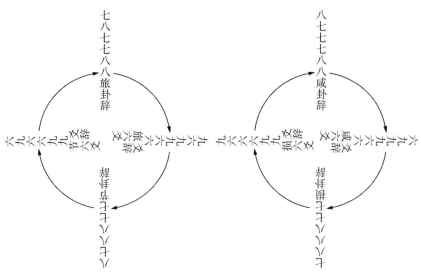

七七八八八七八 涣卦辞

七八七八七八 未济卦辞

七八八八八七八 困卦辞

七八八八七七八 蛊卦辞

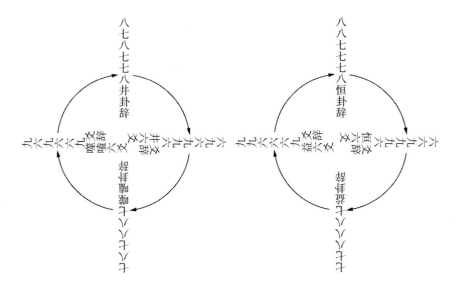

　　由上图可喻仅增乾之坤与坤之乾两辞，而使阴阳相反的卦象皆可相通，其作用甚大，所谓相反相成是其义。阴阳转化之理即在其中，易学之整体亦由是而现，故不观此象而读卦爻辞，何以能识其旨。且于阴阳转化之际，非徒限于一爻变与六爻同时可变，其间二爻变和五爻变当然亦可同时变化，故卦辞与卦辞间、卦辞与爻辞间、爻辞与爻辞间，更可有种种联系，而决无一卦卦辞不能与其他卦辞相应，亦无一爻爻辞限于变成一象之拘，始可得易学整体的概念。故易象不妨由数字卦逐步变成阴阳符号卦的简单形式，而其内容仍包含数字卦之旨，五行之理即在八、六、七、九阴阳变化之中。故仅有著筮，已含龟卜，秦汉以来龟卜虽绝而兼及五行的著筮法特盛，决非偶然。且《周易》形成兼及龟卜的整体，正赖其有四百五十节的文字，于文字的含义已全书贯通，始能示变化多端的天下之赜。故仅增乾之坤与坤之乾两辞，足以总结三百八十四爻的变化纲领，且完备"之卦"之理而加强卦爻辞之间的联系。既有截然不同且绝不可紊乱的变化法,更有决不会不可能变通的渠道,故善学易者必先了解"见群龙无首吉"与"利永贞"的形象及其作用,自然可得《周易》之整体大义。六十四卦散成三百八十四爻,爻变的纲领归诸阴阳,阴阳经六次组合乃成六十四卦,要在其中有七八九六以当卦爻间的变化。故仅以三部分之辗转周流,亦足以示三才易道之几。下示《周易》四百五十节的结构图:

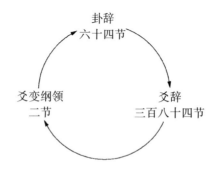

当蔡墨准此以言龙,亦即魏献子与于六卿以分公族之时。是时的形势,王室有王子朝与敬王之乱。王子朝于敬王四年(前516)奔楚,至敬王十五年(前505)始为"王人杀子朝于楚"。而敬王之成,全赖晋之支持。然晋国内部亦在变化,当韩宣子卒而魏献子为政(前514),实有以更新。蔡墨犹魏献子之智囊,其时鲁昭公亦为季氏所逐而薨于乾侯(前510),蔡墨之言亦偏祖季氏。因魏献子之更新晋国,与季氏在鲁之作风相似,此见晋六卿之所以必分公族。以楚国言,定公四年"冬,吴入郢"(前506),唯因楚乱,敬王始能杀王子朝,若平定楚国又赖"申包胥以秦师至"(前505)。此见当时天下的形势,正有大动荡大改组大反复的变化,而魏献子当其机,能定敬王、和六卿以分公族,蔡墨辈则能抽象其事以归诸理,且其理非新创,仍属其来已久的数字卦。由数字卦之辞，变成《周易》的卦爻辞，亦已通行近百年。唯仅限于一卦之六卦之象，尚难适应形象大变的事实，乃增加或重视乾之坤与坤之乾二辞，确已能探得爻变的纲领，庶见八、六、七、九阴阳变化之全貌，故《周易》之整体结构，必须完备四百五十节的文字。此唯重视卦爻象数者方能喻其理，识其理者又何可不究文字所指之内容。

当编辑成四百五十节文字之《周易》后，示卦象乃用（**一**）七（**丿乀**）八两字；示爻象必须用某卦之某卦。于乾之坤与坤之乾两辞，如以数示之，自然可用六个九字与六个六字（详见上图）。此七、八、九、六之数皆与筮法相应，当时具体所应用的筮法，尚难肯定。至于迄今流传的大衍筮法，或产生于战国，亦可能已当西汉初。然大衍筮法虽或后起，仍可深信当时的筮法已在应用七、八、九、六四数。此四数之当四时，自东周起既已通行五行数，自然有冬六春八夏七秋九之象。筮数用之尚可能更早，今由数字卦可推得其变化的概貌。故当《春秋》之"所见世"用此，基本可适合当时的时代背景。然以用卦名的"之卦"法示爻象的变化，难免使卦爻混淆，乃有继其理以定爻及二用之名者。约于数十年后，可有初九、九二、九三、九四、九五、上九，初六、六二、六三、六四、六五、上六，用九、用六凡十四爻名。以十四爻名视四百五十节的《周易》文字，更可脱离筮法而独立存在，则研习《周易》者莫不可有伯廖、知庄子之知。然研习时，决不可忽视其文字所相应的象数及象数所适应的客观事实。唯有此出入象数的能力，乃可使四百五十节文字，有其适应于各种时空结构的内容。以今日的知识论，必须了解编码法，方能起电子计算机的作用。于象数的研究，不啻在研究软件。反观历代研究《周易》文字而重视卦爻象数者，实有软件的意义，故极有继承和发展的价值。定此十四爻名者的思想，确有见于时空结构之蕴。上已提及定爻名者约当春秋战国之际，然成于战国初期的《左传》尚用"之卦"法而不知用爻名，可认为当时已有爻名，唯《左传》作者犹未见。因既有爻变的纲领，九六方可与七八相对，则除七八以当卦象外，必须有九六的爻象。故增加爻名之时，不可能与完成《周易》整体结构相隔太远，但可认为孔子决未见爻名。再者爻名作者的思想结构，其特点在取初上二位与中爻四位分观之，其理极精深可观，乃发展《周易》的观象法，然于卦爻辞未必相应。《周易》编辑完成在先，定爻名在后，此不可不知。今论《周易》整体结构的具体内容，当以四百五十节文字为主，既可应用爻名以代"之卦"，然不必以爻名的结构为主（另详"论《周易》爻名作者的思想结构"）。

以上阐明《周易》整体结构之完成，当由三部分组成，进而论其具体内容，宜明确三部分文字的同异。先以卦爻辞论，自刘向、刘歆误认为是文王所作，未久有马融等皆认为卦辞文王、爻辞周公。此改变仅差一代人，仍未足以合于史迹，但可见卦爻辞的内容实有所不同，然非作者的时代，乃基本的范畴有异，故不可不分视之。以今而论，卦辞明其总纲，以理为主，观其文字，颇多编辑者所加之增补；爻辞论其得失，以事为主，观其文字，颇多保存数字卦下的系辞。然此仅相对论其多寡之比例，故卦辞中亦间有古辞，爻辞中亦有新增者。且编成之时，虽有百余年之差，对卦爻的认识尚能一致，或补足二用者，尚有所裁成。要而言其定本（今以马王堆本为最早），卦辞之理，基本尽于乾卦卦辞之"元亨利贞"四字。爻辞之事，基本应于六位当三才之整体，主于"吉凶悔吝厉咎"等诸字之断。此十余字必数字卦下本用之字，然经编辑者之相继安排，庶能逐步相应于卦爻以当时空结构之象。凡卦重时间之终始，爻重六位之上下，时空既定，庶知人事之变。以人事合诸客观条件，此卦爻辞之内容，所以可宛转相应于各种客观事实而有无穷的变化。归诸天地人三才之道，则于无穷之变化中，其间仍有易简的规律。下以乾卦为例，以喻其三才时空之变。

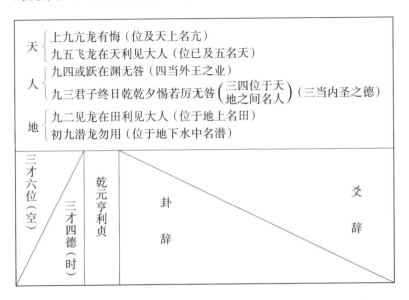

考乾卦的卦爻辞，确为其他六十三卦卦爻辞的特例，亦可视为编辑成《周易》者之旨。即此三才时空结构，正属全部《周易》文字的大义。能循此大义，则于《周易》四百五十节文字，始可贯通而得其整体。而其整体，不外天地间之关系，人与人之关系，及人与天地间之关系。准此以观《周易》之辞，则于编辑成《周易》者的思想结构，虽不中或亦不远。出于卜筮而不为卜筮所限，有事可象，有理可喻，必须以玩辞之道，作为读四百五十节《周易》文字之方法。循此以进，殊可由文字抽象成卦爻及三才四时六位之象数，则非仅执文字者所能理解。合象数义理为一而决不可分，此《周易》一书所以能有可贵的整体。

卦爻辞的原始意义

卦爻辞何时作成，近百年来已成为读《易》的基本问题。这一问题的确很重要，未知作品的时代，如何可深入理解作品的具体意义，因作品的形成决不能脱离时代背景及当时的时代思潮。综观《易》的卦爻辞，对中国二千余年来的民族思想，有极大的影响。至于卦爻辞的意义，历代注解有截然不同的内容。一般读《易》，仅读某一时代的注解，以为易义就在于这一注解，而注解迄今留存的就有二千种。或执其中的一类若干种，以为易义即如此，或执另一类若干种，认为易义即如彼，则易义的根本内容很难说清楚，其实就是不了解卦爻辞的原始意义是什么。故必须了解最早成此卦爻辞时代的具体事实。这一问题，直至最近十余年来认识数字卦后，方可能有决定的条件认识编定卦爻辞的时间及地点。传统所谓"文王系辞"，及汉马融等发现史辞中有文王以后的事，故产生"文王系卦辞""周公系爻辞"之说，流传近二千年。直至清末起，始知对卦爻辞的作者有进一步认识的必要。然迄今仍有保存二千年来古义的学者，亦有认为是西周中期的，亦有认为是西周晚期的，更有认为是东周的等等，然无确切的证据，很难肯定其是非。幸今于殷墟、周原皆已出土大量甲骨及钟鼎上的数字卦象，则对卦爻辞的编成时代，可有较明确的认识。自清末发现殷墟甲骨，对中国文化的起源，有一比较可靠的认识，东周文化的光辉灿烂，并不是偶然而兴。试思距今三千余年前，已有十万块左右的甲骨文字，则殷周之际的文化，确已有相当高的认识层次。有此认识，方能产生东周的文化。惜自秦汉以后，尤其是董仲舒尊儒术斥百家后，对孔子的思想提得太高，对孔子的划时代精神亦认识不够。认为中国的文化起于孔子，而且把后于孔子的思想亦推在孔子身上，则孔子的史迹既不可信，遑论孔子以前。这样就造成了对中国古代文化的误解。幸有殷墟甲骨文的发现，可得殷商的概貌，近年又得周原的甲骨文，则更知周尚未灭殷时的先周情况。且二处同得数字卦，又有得自先周的一块甲骨，已系有一辞，详记如下：

（H₁₁85）〔卦象〕（七六六七一八）曰其（牛）（此字有损）既鱼。（凡二行十一字）

得此一例，可证殷周之际，确已有观象系辞的事实。于殷墟四盘磨村西区得到一片卜骨，横刻三行小字，其文为〔卦象〕

（八六六五八七）〔卦象〕（七五七六六六）曰魁，〔卦象〕（七八七六七六）曰隗，则已有观象系名的现象。凡殷墟十万余块的甲骨，大半为卜辞、占辞。惜对阴阳五行的蓍龟象数，尚未作深入研究。早已见六十干支的次序表，更未得学者之重视。且今已认识数字卦，内兼阴阳五行之理，可证殷周文化同样信仰阴阳的蓍与五行的龟。况当时的卦象就是数字，《尚书·大诰》："宁王遗我大宝龟"，可证周室并未废龟。然二千余年来为《周易》的卦爻辞所误，认为殷尚龟卜用五行，文王周公已系卦爻辞，卦象仅有阴阳，故周开国起已不用五行，其实完全错误。于殷周时仅有数字卦，何尝有阴阳符号卦，况于数字卦下所系的文字，仅有一二字似卦名，四五字如断辞，则文王周公系卦爻辞的传说，可彻底否定。且卦爻辞的内容，基本本诸卦象而系，故认识四百五十节卦爻辞的编定，必已先有卦爻象的结构。此卦爻象的结构，逐步由数字卦进化而来，在西周中期于数字卦的数字中方有九字出现，且考察数字卦与阴阳符号卦的差别，要在所利用的数字不同。凡殷周之际的数字卦共有五个数字（一 𝖷 ∧ ＋ ）(），凡一五七为奇数阳，六八为偶数阴，此已相合于《说卦》中"参天两地而倚数"的概念。其后增"九"字，不见"七"字，又不见"五"字，则逐步演变成四个数字。凡《左传》等古籍中所记载的卦象，基本用四个数字，就是阴阳各有动静。凡阴静数八，阴动数六，阳静数七，阳动数九，且七八为卦，九六为爻。唯当分辨卦爻且明辨卦爻的动静，方能化四个数字成动静各二个数字。卦仅六十四，每卦有六爻，爻仅三百八十四。合诸阴阳，卦体六十四，爻用九六各一百九十二，故另增用九、用六二辞，总计为四百五十节卦爻辞。有此结构，方能观象而系以辞。

卦爻辞最早的本子，传统认为是熹平石经（熹平四年刻，公元175年），然早已不全。据《晋书》记载曾得汲冢《周易》，惜亦失传，时当梁襄王二十年（前299年）的竹简，且知无

《彖》《象》。然卦爻辞四百五十节，当时肯定已编定。今于1973 年又得长沙马王堆的《周易》帛书出，下葬时为汉文帝前元十二年（前 168 年），则虽较汲冢本迟一百三十余年，已为传世《周易》的最早版本。其流传所由，当自三晋南传，其间亦无《彖》《象》，且卦次不同于《序卦》。汲冢本未言其卦次，今由马王堆帛书本上推，当亦不同于《序卦》。

又于湖北江陵天星观战国中期（约公元前 350 年）邸阳君番敕墓出土竹简，内容甚多。有一部分是卜筮记录，内容记载墓主有关卜筮的事，约二千七百余字，且已整理完毕，然尚未发表。笔者曾亲往观察，基本为四个"之卦"，就是记录四次筮占，每次有二个六画卦，与《左传》等所记载的筮法完全相同。然尚无卦爻辞，时间比汲冢《周易》仅早五十年左右。更须注意地点，当时江陵属楚国，楚重卜筮，并不重卦爻辞，而中原三晋地区情况早就不同。此种"之卦"的卜筮法，实流传至今，故与数字卦不同，其结构已化成阴阳符号卦。世传卜筮莫不托名于《易》，皆知阴阳五行而不重卦爻辞，然有其象数之义理。因其象数之义理而系以卦爻辞，此于卜筮为一大进步。贵在能合象数义理为一，方为卦爻辞的原始意义。故江陵竹简的发现，对认识卦爻辞之读法极为重要。以下合诸《左传》的记录，宜以昭公二十九年（前 513 年）为准，说明编定卦爻辞的情况。在其前是否已编定四百五十节卦爻辞，尚可有疑问，而于此年的魏献子问于蔡墨的对话观之，其间有关《周易》的一段完全是依照卦爻辞的整体结构而言。唯其结构已定，始可肯定蔡墨在当时已见到全部卦爻辞。故《周易》卦爻辞的编定，其下限可定在此年，是年孔子四十岁左右。

以下详论蔡墨的取象与卦爻象结构的关系。先录《左传》

昭公二十九年原文如下：

　　秋，龙见于绛郊。魏献子问于蔡墨曰："吾闻之，虫莫知于龙，以其不生得也。谓之知，信乎？"对曰："人实不知，非龙实知。古者畜龙，故国有豢龙氏，有御龙氏。"献子曰："是二氏者，吾亦闻之，而不知其故，是何谓也。"对曰："昔有飂叔安，有裔子曰董父，实甚好龙，能求其者欲以饮食之，龙多归之，乃扰畜龙，以服事帝舜。帝赐之姓曰董，氏曰豢龙，封诸鬷川，鬷夷氏其后也，故帝舜氏世有畜龙。及有夏孔甲，扰于有帝，帝赐之乘龙，河汉各二，各有雌雄。孔甲不能食，而未获豢龙氏。有陶唐氏既衰，其后有刘累，学扰龙于豢龙氏，以事孔甲，能饮食之。夏后嘉之，赐氏曰御龙，以更豕韦之后。龙一雌死，潜醢以食夏后，夏后飨之。既而使求之，惧而迁于鲁县，范氏其后也。"献子曰："今何故无之？"对曰："夫物，物有其官，官修其方，朝夕思之。一日失职，则死及之。失官不食，官宿其业，其物乃至。若泯弃之，物乃抵伏，郁湮不盲。故有五行之官，是谓五官，实列受氏姓，封为上公，祀为贵神，社稷五祀，是尊是奉。木正曰句芒，火正曰祝融，金正曰蓐收，水正曰玄冥，土正曰后土。龙水物也，水官弃矣，故龙不生得。不然，《周易》有之：在乾之姤曰，潜龙勿用。其同人曰，见龙在田。其大有曰，飞龙在天。其夬曰，亢龙有悔。其坤曰，见群龙无首吉。坤之剥曰，龙战于野。若不朝夕见，谁能物之？"献子曰："社稷五祀，谁氏之五官也？"对曰："少皞氏有四叔，曰重、曰该、曰修、曰熙，实能金木及水。使重为句芒，该为蓐收，修及熙为玄冥，世不失职，遂济穷桑，此其三祀也。颛顼氏有子曰犁，为祝融；共工氏有子曰句龙，为后土，此其二祀也。后土为社，稷田正也。有烈山氏之子曰柱为稷，自夏以上祀之，周弃亦为稷，自商以来祀之。"

这篇对话的起因，有龙降于绛郊，绛为当时晋国的国都，今当山西侯马市。是否有降龙的事，尚可有疑问，龙指何种动物，今难肯定。是秋或见到某种在当时已少见的飞禽，就认为是龙，亦有可能，至少在当时早已神化龙之为物。蔡墨的对话中，谓舜时有豢龙氏，夏时有御龙氏，可见当时对龙的重视。更以五行配五官，且合诸古人，或有所据。以龙当水官，其理尤可贵，实属东方青龙之本。详以下图示之：

南
火正祝融
犁（颛顼氏子）
中央
东木正句芒　　　土正后土（社）　　　西金正蓐收
重　　　　句龙（共工氏子）　　　该
（少皞氏叔）　　（稷）（田正）　　（少皞氏叔）
柱（烈山氏子）（夏以前祀之）
弃（周之祖）（商以后祀之）
水正玄冥
北
修及熙
（少皞氏叔）

此以少皞四叔及颛顼共工子当五正之祀，时在尧舜前。中央由社而稷，所以兴农业。夏以前祀烈山氏子柱，商以后祀周之祖弃，皆属三晋地区对古史的认识。孔子既定《书》始尧舜，其前皆不论。而易理产生在三晋地区，推本古史实先于尧舜，此必须认识。直接以《周易》的卦爻辞论，蔡墨以为当时尚朝夕见龙，故能取龙字以当乾坤的爻辞。计《周易》中龙字凡六见。于卦爻的变化以下表示之：

由上表示六个龙字的取象法，可推及整个卦爻的象数。此处的重要在乾之坤已兼及六爻，亦就是具备用九、用六的意义，乃可认识四百五十节文字的整体。故蔡墨之时，已可完成卦爻辞的编辑工作。

今须说明一个基本问题，自否定文王周公系卦爻辞后，作者问题所以未能解决，就在不能了解卦爻的结构。因系辞是编辑工作，于四百五十节的具体内容，约半数以上可能采取前人之辞。前人的时代与地点有很大差别，而编辑者能综合而纳入卦爻辞，使之成为一个整体。且于编辑时必多删节及增入本人的思想，故究其一字一句或一节卦爻辞，确可极早，非但是西周，夏商的情况亦可能散入其中，然未能视为当时已完成四百五十节卦爻辞。今取数字卦转化成阴阳符号卦的完成时期，就是《周易》卦爻辞的编定时间。主要关键须有乾之坤、坤之乾之用九用六。

凡读卦爻辞，必须认识任何卦任何爻皆可相通。究其原，则文本于卦，卦本于乾坤，故首先应了解乾坤卦爻辞，作为理解其他六十二卦卦爻辞的准则。

乾卦卦辞仅四字，曰"元亨利贞"，此有极深邃的哲学意义。如《春秋》这部编年史必分四时，于四时必记，所以重时。此周期的四分法，就是《周易》的基本概念。以时言为"春夏秋冬"，以位言为"东南西北"，以数言为"八七九六"，以人之德行言为"仁礼义知"。此基本的象在系卦辞前早已形成，而卦辞既编定，即以"元亨利贞"总结之。或未知象数在前，而深究元亨利贞的来源，则虽本甲骨文而为之解释，反于春秋末期的思潮未能相合，因果颠倒，宜对《周易》卦爻辞未能了解其本义。详以下表示之：

```
              夏   礼
              南   七
                   亨
   春  仁      元  乾  利    秋  义
   东  八               西  九
                   贞
              冬   智
              北   六
```

进而以乾卦的爻辞言，可极其明显地看到是三分法，凡初二当地，三四当人，五上当天。于天地间的生物，即以神化的龙象之。初在地下，故曰"潜龙勿用"。二在地上，故曰"见龙在田，利见大人"。三四为人，三曰"君子终日乾乾，夕惕若，厉无咎"，义谓君子应日乾夕惕，则虽危厉而无咎，所以勉励君子。四曰"或跃在渊，无咎"，义谓君子有才则跃之天位，无才则退入勿用之渊，或进或退人皆自取，何咎之有。五上当天位，故五曰"飞龙在天，利见大人"，上曰"亢龙在悔"。以二五言，义谓在天在田的龙可相应，人亦因时而处其位，且时位乃运行不息者，宜知其理的大人相互利见之。上则天之上，过高而亢，是以有悔。主要于乾卦说明时间的变化，初至上皆可变换，如全部变换则乾成坤，是谓用九，乃见群龙平等，不必有为首者，故曰"见群龙无首，吉"，这一现象有全任自然之理。

更观坤卦的卦辞，即大异于乾卦，主要由时间而及方位言，其辞曰："元亨，利牝马之贞。先迷后得主，利西南得朋，东北丧朋。安贞吉。"文字虽多，其义亦极明显。因有阴阳先后之辨，此首乾的大义，所以为《周易》，则乾之元亨利贞已掌握时间，坤宜顺承乾之时间为时间，故元亨同而利贞不同。牝马先于牡马将迷途，后则得其所主，唯在后当注意方位的不同。且乾重时以四分法，犹河图的纵横。坤则重位能辨四隅而八，是犹洛书的方位。且当时早已在利用十天干、十二地支的周天。故时重周天，位重时间的间隔，即河图四分当周天90°，洛书八分当周天45°，天干十分当周天36°，地支十二分当周天30°。

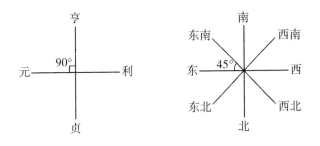

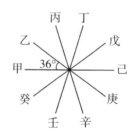

凡西南阴方，故坤与之为得朋。东北阳方，故坤与之为丧朋。当得则得，当丧则丧，同为有利，要能安于后得之贞则吉。由乾四时而坤八方，同为一个周期。推之如天干十地支十二，合干支为六十，皆属当时早在应用的周期变化。然自数字卦发展成阴阳符号卦后，周期的变化另创六十四的卦数。今既知阴阳符号卦得自数字卦，方知春秋早期尚无以六十四卦数为周期的概念。八数为周期极早，当逐步减少数字以产生六画的阴阳符号卦后，方有六十四卦数。而其来源，乃推原于二个八卦相乘。以数言，九九八十一数乘法表亦来源极早，八八六十四数早在其中。《管子》提及伏羲造九九数及八八卦，然尚无阴阳符号卦的卦象。当春秋末年系成卦爻辞时，已认识六十四卦数乃本诸八卦。这一先有六画的卦爻，然后产生六十四卦数而推本于八卦的史实，早为战国时作的《周礼》及《系辞》等所颠倒。因数字的确由简而繁，由八而六十四，当六个数字的数字卦的变化有五种，并非阴阳符号卦的变化只有阴阳二种。二种符号的六次组合，乃有六十四种卦象，此六十四卦卦象的六十四乃简化六个数字的数字卦而得，理解这一变化过程，方才可了解何人重卦实为没有答案的问题。事实是编辑成卦爻辞者，既准六画六爻而系以辞，又可分析六画成二个三画卦或三个二画卦而取象。且以坤卦的八方为主，即简化六十四卦成八卦，当成八卦后就可定八卦的方位。最早相传的方位，见于今本的《说卦》中，详示如下：

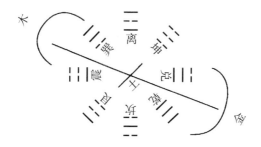

今于西北东南处加一划分之，则由东南巽起，经南离、西南坤西兑为阴方，由西北乾起，经北坎、东北艮、东震为阳方。确指西南则坤与坤方为得朋，确指东北则坤与艮方为丧朋。且此方位，土既分坤艮为阴阳相对，木亦分巽震、金亦分兑乾以阴阳相对，唯坎离则合阴阳水火为一象，此所以有坎离互根之说。

进而读坤卦六爻的爻辞，亦容易明白。以韵读之，最早的本子，可能仅有十二字，即初为"履霜"、二为"直方"、三为"含章"、四为"括囊"、五为"黄裳"、上为"玄黄"是其义。编辑时当为说明之，则见自然的发展，不可不承乾的时间。凡"履霜"之时，断之必为"坚冰至"。"直方"为直线与平方，继之必为具体而"大"，今名一维二维而成三维空间，此亦自然而然，不习而无不利者。三四亦言人事，三则坤阴当"含"其"章"而"可贞"，"或从王事"即"含章""无成"而"可贞""有终"。四更言"含章"之实，当在囊而括结其囊，庶能"无成有终"而"无咎"。五取黄中色，然裳为下饰，庶有后得之象而元吉。然乾上亢而坤上战，乃成天玄地黄相杂的其他六十二卦。凡其他卦象的六十二节卦辞，与三百七十二爻爻辞，基本就是根据时位德三者的意义而系。最后"用六利永贞"为坤卦之德，贵能贞下起元，犹待春雷之动。合而示之，即十二消息卦以当十二地支之象。

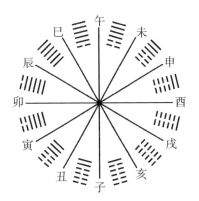

除乾坤以外，其他十卦的卦辞，并录于下，可见系卦辞者，已注意于十二地支的周期：

复，亨，出入无疾，朋来无咎。反复其道，七日来复，利有攸往。

临，元亨利贞，至于八月有凶。

泰，小往大来，吉亨。

大壮，利贞。

夬，扬于王庭，孚号有厉。告自邑，不利即戎，利有攸往。

姤，女壮，勿用取女。

遯，亨，小利贞。

否之非人，不利君子贞，大往小来。

观，盥而不荐，有孚颙若。

剥，不利有攸往。

其间观泰否之大小往来，消息之义确在其中。又复夬皆系

"利有攸往"，剥系"不利有攸往"，于消息之义亦自然可见其是非。他如大壮"利贞"而"亨小利贞"，又有消息之辩。况大壮及四，女壮仅及初，更见扶阳抑阴之义。凡此皆须并观而知其例。且有六画的卦象，亦已兼及二个三画卦的取象，故于复临二卦中，"七日来复"的七取下卦震，"八月有凶"的凶取下卦兑。故未知观象系辞之例，决不能理解所系卦爻辞的原始意义。

其外更以下上两个三画卦明之。

主要两卦为乾坤相对，此外六卦亦各各成三对。详如下示：

☰	☳	☵	☶
乾	震	坎	艮
☷	☴	☲	☱
坤	巽	离	兑

由是卦之阴阳已明，本其三画阴阳的组合有种种形象。故八卦可代入种种形象，贵能对外界已见其整体而又能分析其成八种类型，分析的原则本诸天地人。凡天地与生物各可取八分法，此为取卦象的方法。准此方法，方能读卦爻辞而知其蕴，乃能由一知十，由一知百而至无穷。以下先录八卦主要所取的象：

	☰	☷	☳	☴	☵	☲	☶	☱
天地之象	天	地	雷	风	水	火	山	泽
人伦之象	父	母	长男	长女	中男	中女	少男	少女
人身之象	首	腹	足	股	耳	目	手	口
动物之象	马	牛	龙	鸡	豕	雉	狗	羊
卦德之象	健	顺	出	入	陷	丽	止	说
	⋮	⋮	⋮	⋮	⋮	⋮	⋮	⋮

准此取象的标准，方能观卦爻象而系以卦爻辞。且初步系成卦爻辞，决没有《序卦》之次。究其最初的次序，不外二种

情况。其一因乾坤而及十二个消息卦，以当十二地支的周期。其二本乾坤三索之次。前者形成卦气图，后者有合于马王堆本的序卦方法。事实上系辞时可兼用之，并不一律。以卦名的意义观之，大半本诸下上两个三画卦的卦象而决定。至于具体卦爻辞的文字，今以最早的马王帛书本合诸世传本，差别甚大，即卦名亦颇多不同，故知以今本文字统一已在汉武帝后。且据稷下派的巨著《周礼》观之，于战国中期起，已存在三种不同文字的《易》，此尚可以《左传》所引及者证之。故原始文字的意义，须据《左传》加以考核（另详"论《左传》与易学"）。

于"论《左传》与易学"一文中，已遍及《左传》所论及有关易学的文献，凡三十四节。今逐节说明其时间的先后及所发生的地点，乃可基本了解卦爻辞的原始意义。又《左传》成书，约当三家分晋及田和为齐侯之间（前403—前386）。

由（一）桓公六年（前706），发生在鲁。此见当时重视卜筮，尚未见《周易》有卦爻辞。

由（二）桓公十一年（前701），发生在楚。此见"不疑何卜"的重要意义。内有《左传》作者有意宣传《周易》卦爻辞与卜辞的不同点，事实上楚国极重卜筮。

由（三）庄公二十二年（前632），发生在陈。此全属《左传》作者神其说，其事当在哀公十七年（前479）后，而是时确已有《周易》观四"观国之光，利用宾于王"的爻辞。且已理解"观之否"的之卦法，又之卦法甚早已了解。

由（四）闵公元年（前661），发生在晋。按（三）为田齐造天命，（四）为魏侯造天命，同为前推以神其说。辛廖未可考，卜偃实有其人，当晋文公时，而卦爻系辞略发展于是时。此辛廖提及遇屯之比，占之曰屯固比入。时间与（三）相近，已知之卦法，且以一字说明全卦的大义，亦当已见卦爻辞。曰"屯固"已理解"利建侯"，曰"比入"已理解一阳入于五阴之象。西汉中叶有《杂卦》出，实准《序卦》而变其次，以数字说明全卦的大义，即据于此。

由（五）闵公二年（前660），发生在鲁。此又为鲁季氏造"天命"。按（三）（四）（五）三节可见《左传》之旨，时间皆在蔡墨前后。此引大有之乾又曰"同复于父，敬如君所"，与今本"厥孚交如威如吉"完全不同，可见刊定四百五十节卦爻辞，必多反复。

由（六）僖公四年（前656），发生在晋。此见卜人先有繇辞，筮尚在初兴阶段，仅得筮吉而未引文字。

由（七）僖公十五年（前645），发生在晋。此筮得蛊卦而辞为"千乘三去，三去之余，获其雄狐"。与今本不同，乃初选之卦爻辞，或有得于卜之繇辞。然已知贞悔当内外卦。

由（八）僖公十五年（前645），发生在晋。此筮得归妹之睽，其繇曰"士刲羊亦无衁也，女承筐亦无贶也"，此与今本爻辞"女承筐无实，士刲羊无血，无攸利"已相近。其后发展以《小象》释爻辞，实本诸此。

由（九）僖公廿五年（前635），发生在晋。此筮得大有之睽，曰"吉，遇公用亨于天子之卦"，合诸今本爻辞"公用亨于天子，小人弗克"，其辞已同。

由上（六）至（九）四事，此证《周易》的卦爻辞，正在秦晋间形成。故最初略具规模的卦爻辞，约于公元前600年完成于秦晋地区。且本属取象，所谓观象系辞是其义。

由（十）宣公六年（前603），发生在郑。此见系卦爻辞后的作用，可不用筮而直接用卦爻辞的象，此属观象玩辞。

由（十一）宣公十二年（前597），发生在晋。此见晋国之用易，与（十）同，皆属观象系辞后，所起观象玩辞的作用。乃未知观象系辞者，决不能观象玩辞。而自有卦爻辞后，最大作用就是观象玩辞。今日读易，要在知其观象系辞，于观象玩辞可不言而喻，神而明之。由是卜筮之法仅存形式。

由（十二）成公十三年（前578），发生在周。刘康公之言，实为易理之本。此义数百千年积累而成，至此有文字记载。

由（十三）成公十六年（前575），发生在晋。此见当时在晋国，已有数种不同的卦爻辞，此遇复而曰"南国，射其元王，中厥目"，当为《连山》《归藏》之辞。

由（十四）襄公七年（前566），发生在鲁。此见鲁国已受晋国影响，将分辨卜筮为二，卜郊犹王正月定岁首之义。

由（十五）襄公九年（前564），发生在鲁。此见鲁国的筮法，除一爻变外，尚有一爻不变的方法。能从二种相反角度以解卦爻变，则筮法亦可成为形式而已。

由（十六）襄公廿五年（前548），发生在鲁。筮得困之大过，取困卦六三爻爻辞，之卦法与爻辞皆已与后世的用法相同，故知约五十年间，已由三晋之易遍及齐鲁，用筮法与解释卦爻辞已有不同。晋郑之用易可不待卜筮而直接应用卦爻辞以喻其时，齐鲁之易仍可借卜筮之法以得其卦爻辞，然解释卦爻辞可本诸卜筮者及其情况以判断之，决不为卦爻辞的吉凶所限。由是读卦爻辞可补过，而经学易确由此而形成。又《小象》之体例，实产生于陈文子之言。

由（十七）襄公廿八年（前545），发生在鲁。此记梓慎之言，可见当时已知超辰法，则利用十二辰次纪年，定已有数百年。合诸十二辟卦，则《吕氏春秋》尚未用，此不可不知数字卦来源极早。阴阳符号卦的全国应用，必须由汉之杜田生传出。

由（十八）襄公廿八年（前545），发生在郑。此与（十）（十一）同理。

由（十九）昭公元年（前541），发生在秦晋。此见中医与易理的关系，即上承天干地支之理以产生五运六气的方法。凡究《内经》的理论，当由此节为出发点，是年孔子仅十一岁。

由（二十）昭公二年（前540），发生在晋与鲁。此所谓"易象"，尚未可视之为《周易》的卦爻辞。

由（廿一）昭公五年（前537），发生在鲁。此又见鲁国新用《周易》的筮法，遇明夷之谦，内有极可贵的资料。

由（二十二）昭公七年（前535），发生在晋。此见岁首问题，可不待卜郊而定。孔子主张"行夏之时"，即起于此。

由（廿三）昭公七年（前535），发生在卫。此见《周易》之筮在立嗣时所起的作用，然未得系卦爻辞后的哲理，仍属传统的原理。

由（廿四）昭公十二年（前530），发生在鲁。此见齐鲁易的原则。不可以占险，尤为读易的基本认识。

由（廿五）昭公十二年（前530），发生在楚。倚相能读三坟、五典、八索、九丘，实为知古史而又知数。三才五行八卦九畴当时已流行于楚，是其义。

由（廿六）昭公十三年（前529），发生在楚。此见已有不信龟卜之君，可见卜筮者的地位已在楚国降低。

由（廿七）昭公十七年（前525），发生在郑。此见郑子产之识见。然正确的天文知识，未可混杂于迷信，凡三正与时空结合的坐标，迄今仍有其价值。

由（廿八）昭公十七年（前525），发生在楚。此见信卜筮者已在起变化，亦即将以筮代卜，且有用卦爻辞判断的新法。

由（廿九）昭公二十年（前522），发生在齐。此见象数易的发展情况，齐国文化将超过鲁国文化。

由（卅）昭公二十九年（前513），发生在晋。此初见六爻全变之例，则《周易》四百五十节的卦爻辞始可完成其体例。

由（卅一）昭公三十二年（前510），发生在晋。此史墨又为季氏造舆论，不可忽视史墨对作成卦爻辞的影响。

由（卅二）哀公六年（前489），发生在楚。此见卦爻辞完成，已由卜筮书而化成哲理书，然仍在保存确有价值的卜筮之象数。

由（卅三）哀公九年（前486），发生在晋。此见卜筮之同异，又见齐鲁易，必待《彖》与《小象》的完成。

由（卅四）哀公十七年（前478），发生在卫。此见卜筮者的地位，已由受尊重的太史，渐成各诸侯之弄臣。

由上三十四节的具体情况，庶见卦爻辞的原始意义及其逐步变化的痕迹。

十翼的形成

　　今日研究易学，最重要的问题，就是需要了解《易》的基本文献是什么。这一问题又需要以文献为证。读《汉书·艺文志》记述刘向（前77—前6）、刘歆（？—前23）所编定的《七略》，其中的资料是二千余年来现存最早的文献目录。而易学的文献，亦以此为准。有关易学的文献全部录于下：

　　①《易经》十二篇，施、孟、梁丘三家。（师古曰：上下经及十翼，故十二篇。）

　　②《易传》周氏二篇。（字王孙也。）

　　③服氏二篇。（师古曰：刘向《别录》云：服氏齐人，号服光。）

　　④杨氏二篇。（名何，字叔元，菑川人。）

　　⑤蔡公二篇。（卫人，事周王孙。）

　　⑥韩氏二篇。（名婴。）

　　⑦王氏二篇。（名同。）

　　⑧丁氏八篇。（名梁，字子襄，梁人也。）

　　⑨《古五子》十八篇。（自甲子至壬子，说《易》

阴阳。)

⑩《淮南道训》二篇。（淮南王安聘明《易》者九人，号"九师易"。）

⑪
- 一 《古杂》八十篇。
- 二 《杂灾异》三十五篇。
- 三 《神输》五篇，图一。（师古曰：刘向《别录》：神输者，王道失则灾害生，得则四海输之祥瑞。）

⑫
- 一 孟氏《京氏》十一篇。
- 二 灾异孟氏《京房》六十六篇。
- 三 五鹿充宗《略说》三篇。
- 四 《京氏》段嘉十二篇。（苏氏曰：东海人，为博士。晋灼曰：《儒林》不见。师古曰：苏说是也。嘉即京房所以受《易》者也。见《儒林传》及刘向《别录》。）

⑬《章句》施、孟、梁丘氏各二篇。

凡《易》十三家，二百九十四篇。

《易》曰："宓戏氏仰观象于天，俯观法于地，观鸟兽之文，与地之宜，近取诸身，远取诸物。于是始作八卦，以通神明之德，以类万物之情。"至于殷周之际，纣在上位，逆天暴物，文王以诸侯顺命而行道，天人之占可得而效。于是重《易》六爻，作上下篇，孔子为之《彖》《象》《系辞》《文言》《序卦》之属十篇。故曰：易道深矣，人更三圣（韦昭曰：伏羲、文王、孔子。师古曰：更，经也，音工衡反），世历三古（孟康曰：《易·系辞》曰：《易》之兴其于中古乎？然则伏羲为上古，文王为中古，孔子为下古）。及秦燔书而《易》为筮卜之事，传者不绝。汉兴，田何传之，讫于宣元，有施、孟、梁丘、京氏列于学官，而民间有费、高二家之说。（师古曰：费音扶昧反。）刘向以中古文《易经》校施、孟、梁丘经（师古曰：中者天子之书也，言中以别于外耳），或脱去"无咎""悔亡"，唯费氏经与古文同。

上录《汉书·艺文志》不取注解的文义，至迟为班固（32—92）所辑录，基本属于刘向父子之言，故可确信为距今二千年前有关易学的情况。而二千年来的易学，实未出此范畴。秦视为筮卜之事而传者不绝，更不可不认为是史实。且今日再研究易学，必须纠正三圣三古的概念。凡《汉志》所载《易》的文献，属于"六艺略"之首，已成为"六经之原"。因刘歆之卒在汉武帝（前140—前87在位）后六十余年，学风早为儒家的观点所统治，然尚能保存先秦的易学文献。且因近百年来，有以下三种事实，不可不对"六艺略"予以彻底改观。

（一）于光绪二十五年己亥（1899），王懿荣（？—1900）为第一人鉴定并收藏殷墟甲骨文。由于甲骨文的发现，对中国文化的认识起了根本的变化。

（二）蔡元培（1868—1940）于1912年发表《对于教育方针之意见》主张废读经。于教育上经此重要的改革，方能结束并无答案的今古文争论，纠正不合史实的尊孔，以利于恢复孔子的本来面目。

（三）顾颉刚（1893—1980）等能继承甲骨文的发现与废读经的原则，形成"古史辨"派的学风，对中国古代文化有现代的认识。

由上述三种事实，对中国文化不可不更弦易辙而再加研究。此以易学论，既属六经之原，故其研究与认识的原则，尤宜重视之。最近十余年来，对《易》的研究又引起兴趣，此不可不注意国际上的影响。然进而考察现代人的研究，目前尚处于探索阶段，对易学的史实尤多恍惚。以继承传统论，未能明确《汉志》所记述的史实及当时学者的思想，则对西汉的易学尚且不知，何能推究先秦的变化。以今日论，亦未能继承近百年来的三种思潮而进一步加以发展，何况事实上百年来的三种思潮早已变化。有关第一点，今天考古的发掘，已远远超过殷墟甲骨文的发现。于第二点，形同水火的今古文经学，的确不可不废。然经学史不可不知，形成经学前的学术思想更不可不知。且自废经后，早期的北大对中国哲学史，分成"先秦诸子、两汉经学、魏晋玄学、隋唐佛学、宋明理学、清代朴学"诸阶段，在当初有进步作用。然数十年来仍分段研究而不知中国哲学思想的整体，则东方文明的核心究在何处？虽知易学为六经之原的重要，仍未能深入研究易学可当东方文明核心的史实，且易学决不可为经学易所限。于第三点，"古史辨派"的方法今仍有可取处，而其结论大部分已被近年来的科学成就及考古所得否定。以易学论，仅知文字的考古而不知卦象的考古，于易学的内容早已隔靴搔痒。仅知史学而不知史鉴及其哲理（即经），决不可能了解易学经传的具体意义。且最近于先周及殷墟皆已发现数字卦，则对易学的客观史实，与传统认识已完全不同。由是对易学必须更进一步结合阴阳五行加以研究，重点在象数上，由象数而合诸义理，方可成为易学的整体。而具体文献仍须由《汉书·艺文志》说起，以下详论之：

"《易经》十二篇，施、孟、梁丘三家"，又有"《章句》施、孟、梁丘氏各二篇"。此二种文献，前者为"《易经》十二篇"原文，施仇、孟喜、梁丘贺三家的白文与句读，难免有不同，故有所谓"三家易"。而"三家易"不同的实质，各有二篇章句。此章句已失传，要在重视二篇经文，此二篇经文就是四百五十节卦爻辞。然而卦爻辞如何分成二篇，则二千余年来本诸《序卦》。应用《序卦》的二篇，或即始于三家易。施、孟、梁丘的三家易盛行，时当宣元之际。宣帝甘露三年（前51）有讨论经学的石渠阁会议，三年后即为元帝初元元年（前48）。故知编定《序卦》而重视《序卦》，约当昭（前86—前74在位）宣（前73—前49在位）之时。其后误认《序卦》为孔子作或文王作，完全错误。考《史记》认定孔子对《易》的贡献为"序象、系象、说卦、文言"四者。"序象"者，编定《象》的次序，与《序卦》的次序完全不同。故三家易以《序卦》之序，分卦爻辞为二篇，完全是当时的创见。今已有汉初马王堆帛书本出土，可证汉初在长沙地区于卦次何尝用《序卦》。或由是而小视《序卦》，则绝对不可。因《序卦》排列六十四卦的卦次，有其极深刻的思想结构（另详"论《周易·序卦》作者的思想结构"）。然视之为唯此一种而不知有他，则更不可。于"十翼"中尚有《杂卦》一篇，亦有其精微的思想，可补《序卦》之未足（另详"论《周易·杂卦》作者的思想结构"）。或视之为孔子所作，尤属不经之论。今存《杂卦》的作者，约在《序卦》作者之后。刘向、刘歆尚未提及《杂卦》之名，然《杂卦》确已存在于西汉。且自三家易后，凡四百五十节卦爻辞必以《序卦》分成二篇，今日可作为三家易读，决非汉武帝时《史记》所指的"序象"。自马王堆帛书本出土后，则知既非《序卦》亦非"序象",故对"序象"亦应了解其确切的意义(另见"论《周易·象》作者的思想结构")。至于马王堆的卦次,则是以贞悔排列的(另详"论马王堆帛书《周易》的卦次")。由上史实,可证凡视四百五十节卦爻辞为经,且以二篇分之而误为文王所作,今可彻底否定。其他十篇又视之为"十翼",认为孔子所作,上已证明《序卦》《杂卦》未尝与孔子有关。且先应认识"十翼"之名及其内容。按向歆父子仅曰"《易经》十二篇",由二篇章句为文王所作,故知其他十篇为孔子所作。然"十翼"之名为唐代颜师古(581—645)注出,在西汉向歆前决无"十篇"及"十翼"之名。《史记》仅记四篇,《汉书》谓"孔子为之《彖》《象》《系辞》《文言》《序卦》之属十篇",则仅记五篇之名,其他视之为孔子所作者尚有五篇。惜东汉时其他五篇逐步散失,亦有不计入十篇之中。今所认定的十篇(即十翼)已为郑学(郑玄,127—200)之徒所取则。详见孔疏《八论》之六,录于下:

> 第六论夫子十翼。其《彖》《象》等十翼之辞,以为孔子所作,先儒更无异论。但数十翼亦有多家,既文王《易经》本分为上下二篇,则区域各别,《彖》《象》释卦亦当随经而分。故一家数十翼云:"上《彖》一、下《彖》二、上《象》三、下《象》四、上《系》五、下《系》六、《文言》七、《说卦》八、《序卦》九、《杂卦》十。"郑学之徒并同此说,故今亦依之。

按孔颖达(574—648)与颜师古略同时,上距郑玄已四百数十年。郑玄上距刘向、刘歆父子约二百年，于二百年间读《易》者观点何能相同，故数"十翼"亦有多家。今仅以郑学之徒所取者为准，则十篇的内容已隘。故知于西汉时能由《史记》的四篇，增至《汉书》的十篇，虽视为孔子作有误，然易学的基本文献尚在增加，以见易道尚在发展。然由东汉初至郑学之徒，仅执一家之数"十翼"，主要有关阴阳五行者皆舍之，故易道由是而隘。凡分《易》为象数与义理二大派，二千年来未能再合，故易道无大发展，是皆失于过分尊孔而过分重视所谓"十翼"。再考"十翼"之名，于古书内仅为《参同契》中曾提及：

> 若夫至圣不过伏羲，画八卦，效天图。文王帝之宗，结体演爻辞。夫子庶圣雄，十翼以辅之。三君天所挺，迭兴更御时。

此节于《参同契》中主要为五字句，已可考得为青州徐从事所作，时间约当桓帝即位（147）前后。当时在青州，对认为孔子所作的十篇易著，已有"十翼"之名。惜数十翼之内容，未能提及。若京氏易的卦次、天象及乐理，京氏引及"孔子曰"的字句等，当时可能亦计入"十翼"之中。惟郑学之徒所从一家之说，既不计干支五行等，故十翼既定，与向歆所说的十篇相比，内容更为狭窄。今读郑氏易与虞氏易，已可认识郑氏与虞氏对十翼的认识有所不同。郑氏的重点在会通经学的今古文，于《易》的作用不大。然能知数学，于认识天象、乐理、注《易纬》等有其专长，惜以经学家观之，往往忽视。至于虞氏易有取于《参同契》，故对孟京之说独多保存。此见两汉的经学，于西汉尚在发展，至东汉已然收缩。然形成经学易以前的黄老易反在发展，于《太平经》、伏氏易（发展京氏易）、《参同契》诸书中可见一斑。先从郑学之徒所取一家之说的十翼，详论其内容及其著作年代。

一、二两翼当《史记》中的"序《彖》"，虽马王堆本及晋代发现的汲冢本皆无，然仍可信其属于战国作品，作成地点在齐，汉兴由杜田生传出。《彖》之序与卦气图有关，与其中的十二消息卦即辟卦更有联系，汉代起对卦变的种种解释，基本以《彖》为准。

三、四两翼当《史记》中的"系《彖》"，实即汉后名之曰《小象》，亦为汲冢及马王堆本所无，可肯定同时由杜田生传出。汉代起对爻变的种种解释，基本以《小象》为准。

凡以上四翼为齐易的代表，所以不同于三晋易。《彖》以说明"卦辞"的意义，重在"时"字，是之谓"卦时"。《小象》以说明"爻辞"的意义，重在"位"字，是之谓"爻位"。至于卦时爻位的意义，确属观象系卦爻辞时已决定，即卦数七八、爻数九六之象。由三晋易传至齐鲁（约在公元前 550 年），逐步轻卜筮而重义理，始有为之作《彖》《象》以进一步说明"观象玩辞"之理，而对卦爻辞方能有较确定的意义，其实质仍与编辑成卦爻辞的思想结构同。然可明确卦变爻变的原则，此与题十四爻名有关（另详"论爻名作者的思想结构"）。又见《左传》仅论"之卦"，尚未引爻名，而爻名之定已有兼及时位之义。故《彖》《象》之成，所以发展爻名以遍及卦爻（另详"论《周易·小象》作者之思想结构"）。

今本"十翼"中于《小象》外，每卦尚有一句《大象》。其实《大象》为独立的一篇文字，与《小象》毫无关系。由内容以究其成文时代，当在战国晚期，地点在洛阳，作者与吕不韦的食客有关。于汉初由洛阳的周王孙传出（另详"论《周易·大象》作者的思想结构"）。于司马迁所传的"四篇"及因法《易》而成的《太玄经》并无法《大象》的文字，则向歆所定的"十篇"中未必有此《大象》，似于东汉时增入。

《系辞上、下》为第五、第六两翼。今于马王堆出土，已包括《系辞上》及《系辞下》部分，且有《说卦》的前面一部分，可证皆属战国时的作品，尚多今本"十翼"所无的部分。其中在《系辞下》有最重要的一节，原文录于下：

> 古者庖羲氏之王天下也，仰则观象于天，俯则观法于地，观鸟兽之文，与地之宜，近取诸身，远取诸物。于是始作八卦，以通神明之德，以类万物之情。

凡向、歆所了解的《易》，及二千余年来所认识的伏羲画八卦的事实，完全根据这一段文献。此段文献又被认为是孔子所作，圣人之言何可不信。就此误传了二千余年，对伏羲的情况，尤其是"始作八卦"的事实根据，基本未作明确的考核。先以二千余年来文献记录观之，孔子好古，《书》始于三代前的尧舜，从《论语》及孟子宗孔而"言必称尧舜"可证。孔子的时间为公元前551年—前479年，其后田齐兴以代姜齐。田齐之祖为陈，逐步上推其始祖，由尧舜而至黄帝，时间约当齐威王即位前后（即位于公元前356年），亦即稷下派之形成。其后邹衍（前350—前280？）的学说，以黄老为主。然略前的孟子，已提及"有为神农之说者许行"，其根源是楚文化的北移。今知西北周氏族于三四千年前早已进入农业社会，故其祖后稷实当尧舜之时，距今为四千余年。然长江流域的进入农业社会，更早于龙山文化，以考古所得的河姆渡文化可证。此时间已在七八千年前，与黄帝相比更在其前。唯空间扩大，时间亦推前，此正为文化发展的标志。更依《老子》的理论，当及先天地生的混成之物，故黄帝未尝为始祖。由是推本农业生产之祖，尚当及后稷前的神农。且在战国时代尤其北方，本已存在游牧民族，可不赖农业而生存，乃于神农之前又有伏羲氏的推测。此见当时对自然科学的认识，也就是黄老道的进一步成就。今于《战国策》提及赵武灵王胡服射骑时，或有否定之，王即以"伏羲、神农、黄帝、尧、舜"之次说明古史之变化。此见《易·系辞》之作者，基本在赵国，时间在战国二三期之际。故知八卦之象，在那时就比较有固定的形象，而不一定视之为七八两数。此八卦之象是根据天地人三才之道而画，与变化数字卦成六七八九后所作的卦爻辞毫无关系。《周礼》一书，有归太卜所掌的三易，所谓"一曰连山，一曰归藏，一曰周易"，又曰"其经卦皆八，其别六十有四"。此见由三晋地区先成四百五十节卦爻辞后传至齐，齐即加以变化，始有由六十四卦及诸八卦，且认为《周礼》是周公所作，则"连山""归藏"当在"周易"之前。此皆属无稽之谈，事实上文王周公时仅有数字卦，决无八卦六十四卦之象，况文王周公之前。而天地四时之象，就是孔子之"天何言哉，四时行焉，百物生焉，天何言哉"（《论语·阳货》）。由人事本诸天时的思想，起源极早。这类思想归诸人事的具体文献《周礼》，由子贡从鲁传至齐以开创稷下派的文化。迨由齐更传至三晋，即于赵国更增入"伏羲神农"，此所以形成《周易》的系统。可见这节文字是易学的关键性文献。有此节文献，始可建立制器尚象的科学思想。

其后使伏羲、文王连联起来的是荀子（约当前318—前

238）。可见易学的完成，已当战国第三期。荀子已由齐归诸楚，地点兰陵，仍在东南地区（兰陵，县名，今在山东近江苏）。故八卦形象在秦国未见，仅知用数字之筮占。至于《系辞》全文亦在西汉编成，今以马王堆本可知。合而论之，马王堆本于《系辞上》未及"大衍之数"一章，因今传的筮法，可能在齐盛行。或以筮法的历史考之，已属杜田生经杨何传出，可能进一步复杂化（另详"论筮法的变化"）。于《系辞下》无后面数章，当然是西汉初所作或已由三家易所补入。如以"文王与纣之事邪"的推想，三家易后即认定为文王所作。尊经之弊流传二千年，大有碍于对古史的认识，令人浩叹。此外尚有今本"十翼"中所无者，则毫不奇怪，或为三家易所舍，或为一家取"十翼"者所舍。如认定孟氏京氏为异，实即三家易内的争论而孟氏失败，京氏再立博士而又遭弃市之冤，虽旋即重立博士，而东汉后已使京氏易不属于经学易，此为易学发展的最大损失。且迄今仍误认孟京易非《易》之正宗，其实孟京易尚能保存战国时的易学情况。又如《易林》一书，可确证非焦赣所作，应用史实已有昭君和番事，而其义所以足成"用九""用六"之象，当属王莽时的作品。同时最重要的易学著作，当推扬雄的《太玄经》。唯有《太玄经》迄今存在，始可肯定向、歆所谓十篇，必较今本十翼为多（另详"论扬雄《太玄经》的思想结构"）。至于马王堆帛书本的"易传"，虽粗粗过目尚未整理完成的初稿，然已能略见端倪。且保存有孔子、子贡对《易》的问答，可见《易》与孔子有关未必是空中楼阁，然已属战国时的传说，与《孔子家语》的情况同。故今本之"十翼"决非孔子所作，其间最有关系者，是《文言》《说卦》两翼。

以《文言》论，内容与子思之《中庸》基本全同，似当为孟子之前另一位子思门人所作（另详"《周易·文言》作者的思想结构"），尚可与子贡子弓相传的弟子有关。

以《说卦》论，今本有三部分内容，即"理""位""象"。其间"理"的部分，已收入马王堆帛书本。"位"的部分归诸八卦及其方位等，当于《系辞》伏羲章相近的时间著成。于"象"方面似属今存易学文献的最早部分，在四百五十节卦爻辞编成前已存在，且地点当在齐鲁，《左传》所谓"易象在鲁"即指此，尚为解释数字卦所遗存的资料（另详"论《周易·说卦》作者的思想结构"）。

总上所述，今本"十翼"的内容基本可喻，作者的时空条件亦可初步解决。其间最复杂的就是《系辞》（另详"论《周易·系辞》各章作者的思想结构"）。以今本论，可包括完成四百五十节卦爻辞之前已先有部分《系辞》，最迟肯定已在西汉约至三家易方能有定本。不日马王堆的"易传"即将发表，方能进一步详考。

更以《汉志》观之，论《易》的文献凡十三家，以上略论十二篇，实即第一与第十三两家。而后汉的易家，唯据此十二篇以成经学易，此经学易之所以已不足代表易学。然二千年来所发展的经学易，仍有其独特的作用。此先述其他十一家的内容。

于《易经》十二篇外，最应重视的是第九种《古五子》十八篇，此必为易学的阴阳与天干地支的关系。至迟在殷周之际，易象的数字卦可通于天干地支的阴阳五行与五行六位的象数。当西汉末尚保存此文献，今日仍然存在，惜历代为经学易小视而不属于易学的主流。事实上有关易学与今日的科学思想，皆宜重视此类资料。

于第十种《淮南道训》二篇，属黄老易的最后总结。原书已佚，今仍可于《淮南子》中见其纲领（另详"论《淮南子》的思想结构"）。此文献能继承《吕氏春秋》，属儒家思想统一中国文化前的最后一部重要作品。故易学的广大思维，于《淮南子》中可见其一二，决非形成经学易后的易学思想。其间的变化可以司马迁父子代表之。

于第十一种包括三种作品，早则可能属战国时的易说，亦包括西汉武帝后的说易文献。《灾异》属天人感应，《神输》属天命所在，皆可以易学主之。况共存百余篇，远远超过十二篇的经学易，可证经学易之前，易学早在流传。尤其是《古杂》八十篇，当记述战国时各国的易学情况。

于第十二种包括四种作品，即于三家易中不限于《易经》十二篇的孟氏易说及略后若干年亦立于学官的京氏易说。五鹿充宗属于孟京易而另有发展，段嘉为京氏之弟子。共有九十余篇，亦见孟京易的流传，大大超过施与梁丘易的流传。

此外第二至第八共七种文献，亦有《易经》十二篇之外的思想（另详"论西汉各易家的思想结构"）。

由是以今日的知识考察古代的情况及三圣三古的传说，以下文约记其时—空条件。

1. 上古易——由伏羲至文王

伏羲之形象，以可靠的文献记录，初见于《战国策》。约当赵武灵王胡服射骑时，时间为公元前307年，地点在赵国。所上推的时间，当北方游牧民族"以佃以渔"的事实。据今日的考古所得，仅知阴阳与四时八方，智慧极简单，三万年前当有此时代。

神农之形象，以可靠的文献记录，初见于孟子"有为神农

十翼的形成

之说者许行"，且提及许行是楚国人。孟子的时代约当公元前340年，地点在齐楚之间，故可肯定神农为开始进入农业社会的代表。据今日的考古所得，仅知农业知识与"日中为市"的情况，约万年前当有此时代。

黄帝之形象，以可靠的文献记录，初见齐威王的铜器。时间约当公元前380年，地点由陈而齐。所上推的黄帝形象，已知农业社会的上层建筑。知识较复杂，知养蚕制衣裳，约五千年前当有此时代。由后来之事实论，仅属黄河流域的史实。

尧与舜之形象，以可靠的文献记录，初见于孔子弟子所记录的《论语》。孔子当公元前551—439年，尧舜上距孔子仅一千数百年，当时已知天之历数，未足为怪。惜由于尊经，《尚书》已说得天花乱坠。与《史记》所引相比，可见其重视的角度完全不同，一以事实，一以文字之义。凡孔子记录千余年前的史实，当然可信，不必视之为尧舜时的文字。或孔子所删已加入本人之忆想，当时尚无此精邃的文字。以孔子有意托古改制，尤非"述而不作信而好古"的孔子形象。荀子之言已大异于孔子的思想，况东晋初梅赜的思想。且自宋起尊孟子后，尧舜的地位又进一步提高，而中国的古史又进一步后退。废经以恢复孔子的本来面目，实有助于认识中国古史的真实情况，当由尧舜孔子推及黄老。

夏、商、周三代之形象，今考古基本已有证明。中国国土上各处大部分已有新石器时代的居民，岂可限于龙山文化。安阳、西岐亦不足以代表当时全中国的文明。故夏禹究为何处人仍可研究，传说大禹陵在绍兴，非常可能。然长江上中游亦有大禹溪文化，洛阳有大禹的传说，皆可说明约同时在各地皆曾有兴水利以保护农业生产的神禹。若由安阳西岐之变以当商周之际，则出土的文物累累。然则上占易当以时代观之，早已有抽象的象数。最可代表的文化已有六十甲子表，于易学的符号能取六个数字的数字卦。且干支与数字卦的起源，尚应进一步上推以迫实物的验证，传说为大桡造甲子，殊可参考。然文王时既无六十四卦及八卦的形象，何能观象而系以四百五十节卦爻辞。

2. 中古易——由文王至孔子

文王既卒而武王伐纣，于伐纣前今于周原甲骨已发现有"伐蜀"二字的文字记载，故知约当今日的宝鸡与成都于三千年前早已相通。且武王能集合各地的民族灭纣，其路线今亦可确定，于易学阴阳五行的学说早已盛行。

今论西周约分三期。第一期当开国之初至成王之卒，基本卜筮一体，数当"一　Ⅹ　∧　十　)("五字，凡于五字中任取一字，共六字，为卜筮之象。

于穆王前为第二期，穆王更有向西发展的史实。今存的《穆天子传》虽多后人假托之辞，然可见在周民族之西，更有犬戎民族存在的史实。于数字卦约能利用九数。

于共和起为第三期，《史记》已利用干支，推设每年的干支纪年。故迄今为若干年，可毫无差错，较帝王在位的纪年有极大的进步。其时已较深入地了解象数与义理结合。

东周的情况，另详《东周的起讫与分期》。孔子当春秋所见世，故中古易约当西周三期及春秋序幕与公羊三世。变化的重点在春秋序幕的近五十年中，凡周公东征之德可云全部崩溃。实即西周中后期的情况，早已无力控制东南方诸侯。而洛阳以东的东方及长江流域的文化正在发展，且有以超过西周的文化。由是西周一旦为犬戎所毁，洛阳东部自然失却天子之位而实与诸侯同。以文化论，各国能各自发展以相竞争，故成为中国文化的灿烂时期。以易学论，抽象的象数，能由数字卦化成以数字结合的河图、洛书。实即阴阳五行的数字表示为河图、洛书，这二张高度抽象的数字结合图，今名之曰"组合数学"。虽仍可保存战国时的传说为伏羲氏则河图而画八卦，及大禹治洪水而演洛书，今以史实及数字卦的变化考核之，于东周初于东方民族已能画出河图、洛书，似可作为成此二数学模型的下限。宋易的可贵，对此二张数学结构图，能有较深入的认识。实则虽未知数字卦，已能理解卦象来源于数的事实。《洪范》的文字，亦当于东周初于宋国传出。

于公羊三世的情况，另详"论《左传》与易学"。此见卦爻辞完成于三晋地区，孔子虽可读到卦爻辞，然尚无爻名。而先于卦爻辞已存在的易象（今保存在《说卦》中），孔子早已见之。然至陈楚而有"不占而已矣"的观点，故知孔子能以义理为主，且孔子所认识的义理未尝不知"其或继周者，虽百世可知矣"的象数，况已高度抽象。故孔子所可知者，决非如"观国之光，利用宾于王"之占，而略如所谓"齐一变至于鲁，鲁一变至于道"的整体推测。合诸孔子身后的史实，则为"鲁一变至于齐，齐一变至于秦"。继周之秦，迄今仍在受其影响，此孔子等之读《易》，不可不重视之。是之谓"数往者顺，知来者逆，是故《易》，逆数也"。

3. 下古易——由孔子至扬雄

二千余年来，误认"十篇"为孔子所作，故《汉志》以孔子为下古之终。今亦已确认"十篇"易传非孔子作，况且并非一时、一地、一人的作品，完成的时空结构很复杂，部分在完成四百五十节卦爻辞之前，其后由战国可至西汉末。凡战国的分期，已见《东周的起讫与分期》。于"秦战国"统一后，由秦至西汉末（包括新莽及更始三年）共 246 年（前 221—25 年），可分二期。自秦始皇二十六年至太初元年（前 221—前 104 年）共 117 年为第一期，宜以岁首为准。凡秦定岁首建亥，汉初仍用之，至太初历始改成用建寅，故秦汉第一期凡 117 年皆建亥。第二期起尊儒，用孔子对颜渊所论的"行夏之时"为准，迄今已逾二千年未尝有变，早已深入民间习俗，而对孔子的认识，难免因建寅而造成迷信。今应明辨建寅的科学性，而于习俗不合理的部分不可不加改变。于第二期的 129 年，逐步形成儒家的经学。于易学即以三家易的十二篇为主，而以孟京为辅。所以应视扬雄之《太玄经》为下古之终，因《太玄经》法《易》而作，一人而兼法卦象、卦爻辞与易传，始可证实三家易的十二篇，于十篇部分实多于今本的"十翼"。下表列《太玄经》的内容，以见当时的《易经》十二篇。

易	太玄
卦象　六十四卦以《序卦》为次	八十一首准卦气为次
	玄首名　略
经文　卦名　卦辞	首分九次各有赞辞
卦分六爻各有爻辞	增踦赞嬴赞
传文　彖　象	玄首　玄测
	增"玄首都序"　增"玄测都序"
序卦	玄冲
杂卦	玄错
系辞	玄摛　玄莹　玄掜　玄图　玄告
说卦	玄数
文言	玄文

凡《系辞》说明卦爻辞之例，易学中最早作成部分《系辞》者，可能即为编辑成四百五十节卦爻辞者。《太玄经》中法《系辞》尚分五篇，可证当时认为孔子所作的《系辞》另外必有其他各篇，一如马王堆出土的文献中，尚有《要》《缪和》《昭力》诸篇。

论《史记》的思想结构

    秦始皇（前 259—前 210）与汉武帝（前 156—前 97）两人，在我国历史上起了不可磨灭的作用。从政治而及一切思想文化，迄今二千余年，尚在受其正反两方面的影响。至于两位古代帝王的思想结构，完全是政治家的作风。适当其特殊的时空条件，对我国思想文化的干扰，似无第三个帝王可与相比。本文观其干扰，以研究其反干扰的情况。若司马谈（前 190？—前 110）、司马迁（前 145—前 80？）父子一生皆在探讨我国客观的思想文化，所求得以易学为整体的思想结构，其实质恰在澄清秦始皇与汉武帝所兴起的干扰。凡司马谈的思想结构，因秦始皇而形成。司马迁的思想结构，又因汉武帝而形成。于不朽之作《史记》，除究其所记录的史迹外，当进而究其对易学的认识及其结构，足以见司马迁父子之志。

    观秦始皇与汉武帝同为好大喜功，然时空条件完全不同。秦始皇的作用，肩负统一六国的任务，因前人的条件基本已成熟，故完成此任务并不费力。干扰我国文化，主要在统一后的愚昧思想。具体而论，秦始皇的一生宜分三个阶段。第一阶段，由初生至亲政。当一岁至二十二岁（前 259—前 238），此阶段秦之朝政由吕不韦掌握，虽于十四岁已即位（前246），尚未起作用。考是时的天下形势，西北西南早为秦所有，白起拔楚郢的重要战役，在秦政出生前二十年（前278）完成。接受名义上的周天子赧王来归，当秦昭王五十一年（前256），政亦仅四岁，尚匿于赵。十岁时，祖父安国君即位（孝文王），政因其父楚为太子，始与其母由赵归秦。未久孝文王卒，翌年太子楚即位为庄襄王，时为东周君七年（前249）。东周君与诸侯谋秦，庄襄王使相国吕不韦诛之，尽入其国。秦不绝其祀，以阳人地赐周君，奉其祭祀。然周社已屋，名义上的周天子，实亡于是年。尚保存三代思想的吕不韦，自以为已完成灭周兴秦的大业，视庄襄王二年秦为天下之主，乃称之为秦元年（前248）。《吕氏春秋·序意》："维秦八年，岁在涒滩。"按涒滩当申，此年指庚申即始皇六年，而吕不韦必以秦八年视之，亦有轻视始皇以仲父自居之象，故自尊之，始皇早已不能容。自嫪毐事发，始皇亲政起为第二阶段，由亲政至统一天下，当二十三岁至三十九岁（前237—前221）。此阶段始皇虽亲政，然天下形势尚未统一，有客观条件的限制，决不能为所欲为自作不合理的主张，必须计划统一六国的策略。始皇确能沉着应付，步步为营以击破各国。最重要的原则，与齐国始终保持联系，及最后于廿六年（前221）轻取之，方完成统一天下的大业。此为连横术的最后胜利，秦占其执法之严、地势之利，然亦不能忽视始皇之确有卓见。及天下既定，始皇的愚昧毕现，误认天下一切莫不由我一人决定，根本忽视历史进程，由是作威作福。自三十九岁统一天下至五十岁死，当第三阶段（前221—前210）。此阶段中因政治胜利而干扰一切思想文化，核实而论，仍宜分正反二方面加以评价。

至于汉武帝的作用，肩负巩固和发展汉朝江山的任务，亦能善于继承刘邦家天下的基业，形成汉民族的生活方式。对二千年来我国文化的演变，汉武帝的干扰实大大超过秦始皇的干扰。合诸汉武帝的一生，亦宜分三个阶段。其一，初生至太皇太后窦氏崩，当一岁至二十二岁（前156—前135）。武帝于十七岁即位，初即位之六年中，虽早有以儒术代黄老之志，然碍于太皇太后窦氏性喜黄老，尚未能一心尊儒。迨建元六年（前135）窦氏死后，始能于元兴元年（前134）重视董仲舒的天人三策。于元兴元年至太初元年为第二阶段，当二十三岁至五十三岁（前134—前104），此三十年中为武帝完成尊儒术以开通西域的业绩，其作用不小于秦始皇的统一天下。其间于三十五岁当元狩元年（前122）逼使刘安自杀，死者共数万人，为全国统一思想行动的关键。自太初元年改历完成后，进入第三阶段直至死亡，当五十四岁至七十岁（前103—前87），其间于征和二年（前91）迫使太子自杀为关键。此阶段当武帝之晚年，思想进入愤恨郁闷，殊无作为。尤其于六十五岁宫中起巫蛊，六十六岁太子死，其实仍有其志而力不从心。太子的观念有其不可信任的焦点，一如秦始皇之于扶苏。然秦已统一天下，汉武尚未完成开发西域的大志且无继承者，此为武帝之终身遗恨。视其信巫蛊而杀妻儿，不啻已成疯人，然影响仅及于继位问题，故武帝对文化之干扰，主要在第二阶段之三十年中。

先列下表以见秦始皇与汉武帝一生的事迹，各分三阶段，可见其相似处：

秦始皇汉武帝事迹简表

		秦始皇	汉武帝
第一阶段	年龄 作用	1—22岁（前259—前238）。 14岁（前246）即位。 开始亲政。	1—22岁（前156—前135）。 17岁（前141）即位。 开始亲政。
第二阶段	年龄 作用	23—39岁（前237—前221）。 30岁（前230）灭韩，为统一 六国的基础。 统一六国（用水德）。	23—53岁（前134—前104）。 35岁（前122）迫使刘安自杀 （干扰文化）。独尊儒术，开通 丝绸之路。 颁行太初历（用土德）。
第三阶段	年龄 作用	40—50岁（前221—前210）。 47岁（前213）焚书，48岁 （前212）坑儒。 愚昧思想（干扰文化）。	54—70岁（前103—前87）。 65岁（前91）迫使戾太子自 杀。 愤恨思想(无人继承其事业)。

　　秦始皇卒后约二十年，司马谈生。从小成长时期的客观世
界正在渐趋稳定，政治气氛已完全不同于秦制的专横及秦汉之
际的混乱。然离战国末年尚未出百年，则父老相传之旧说、劫
后残存之文献必甚多。又司马氏夏阳人，今约当陕西韩城，战
国末年已属于秦。《史记·自序》："昔在颛顼，命南正重以司
天，北正黎以司地。唐虞之际，绍重黎之后，使复典之，至于
夏商，故重黎氏世序天地。其在周，程伯休甫其后也。当周宣
王时（前827—前782）失其守而为司马氏，司马氏世典周史。
惠（前676—前652）襄（前651—前619）之间，司马氏去周
适晋。晋中军随会奔秦（前620）(《春秋》文公七年："晋人
及秦人战于令狐，晋先蔑奔秦。"《左传》："先蔑奔秦，士会从
之。")，而司马氏入少梁。自司马氏去周适晋，分散，或在卫，
或在赵，或在秦……在秦者名错，与张仪争论，于是惠王使错
将伐蜀（前316）……错孙靳，事武安君白起，而少梁更名夏

阳……靳孙昌，昌为秦主铁官……昌生无泽，无泽为汉市长，无泽生喜，喜为五大夫，卒皆葬高门。喜生谈，谈为太史公。"以时考核之，自司马错伐蜀（前316）起，其孙靳及与白起于长平坑赵卒（前260）。靳孙昌而无泽而喜而谈，平均以三十年一代论，时间大致相合，可认为是司马氏之真实家谱。谈之祖父无泽约五十左右为汉市长，其家本有社会地位。昌仕秦为主铁官，属秦朝有大发展的工业。由无泽至谈三代，或已尚文。谈由典国史而重天象，欲直继西周宣王时。西周宣王时有天官国史，史迹可信，是否属于司马氏之祖，殊难肯定。以地域言，秦本西周而兴，汉既灭秦，一切尚可取则于西周之遗业，方能纠正秦政之弊，此正司马迁著《史记》对天官的认识态度。又自认天官起于"颛顼命南正重以司天……"，相传秦之祖即起于颛顼，故《吕氏春秋》之十二纪，吕不韦亦认为是《颛顼历》。此证战国时早已上推孔子所认识尧舜能掌握"天之历数"的时间。

更具体研究司马谈的思想结构，须考察其直接的老师。《史记·自序》："太史公学天官于唐都，受《易》于杨何，习道论于黄子。"此三种学问，足以认识一切。唐都、杨何、黄子三人，必属当时的有识者。

唐都的事迹，《史记·历书》中提及："……至今上即位，招致方士唐都，分其天部。而巴落下闳运算转历，然后日辰之度与夏正同，乃改元，更官号，封泰山。……"详读《史记》此节的文义，知唐都早于落下闳。武帝即位于公元前140年，招致方士唐都。以是年论，司马迁仅五岁，故为其父谈之师。唐都未必参与改元，然《汉书·律历志》记其事，认为唐都亦参与治历，其言曰："……愿募治历者，更造密度，各自增减，以造汉太初历。乃选治历邓平，及长乐司马可，酒泉侯宜召，侍郎尊及与民间治历者凡二十余人。方士唐都、巴郡落下闳与焉。都分天部，而闳运算转历。……"考武帝即位至议成太初历（前104），已隔三十六年。司马迁荐落下闳时当元封元年（前110），其父亦卒于是年。谈学于唐都，必早一二十年，正合武帝即位招致唐都之事。且都之分其天部，魏孟康曰："谓分部二十八宿为距度。"核实而论，当《史记·天官书》的内容。迁受于其父而谈学于唐都，其间每及天人相应之事，正方士所注意者。若观察客观的天象，如定天极星，明北斗与二十八宿的关系而曰"杓携龙角，衡殷南斗，魁枕参首"等，皆确有所得，足可代表武帝时所继承的天文水平，此为治历的基础。《史记》八书中，分《天官书》与《历书》为二，可见其义。而治历以落下闳为主，且迁为主持改历者，未提唐都亦参与改元。虽或都亦参与，年纪必高，而其"分其天部"的认识，于改元前数十年早已完成，故与落下闳的作用不同。此天文与历法的内容，以今而论，唐都所认识的天极星，其变化相应于岁差。落下闳所重视者，为日月的运行。计历代改历已超过百种，唯以建寅为岁首，自太初元年（前104）起，迄今二千年未变。此对我国汉民族的生活方式，有不可低估的潜意识影响。人的一生约百岁，基本不满百次的岁首，此一时间数量级，任何人莫不重视之，较岁差的影响尤大。至于恒星间的关系，谈学于唐都，以成流传于后世的《史记·天官书》，更属我国天文的基本坐标。天官的意识，实为我国的宗教。或仅准《汉志》的记载，未辨唐都和落下闳各有所主及时有先后，则都的天文知识每为人所忽视。且都属方士，虽未详其地域，似当与齐燕之风相应。落下闳巴人，改《颛顼历》作《太初历》，乃继承《吕氏春秋》而发展之，其学当由吕不韦及其门客传下。及武帝时之天文历法，由谈而迁，由唐都而落下闳，约以下表示之：

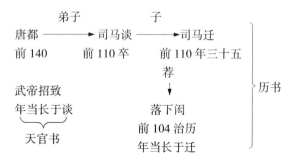

杨何的事迹，见《史记·儒林传》："……孔子卒，商瞿传《易》六世，至齐人田何字子庄而汉兴。田何传东武人王同子仲，子仲传菑川人杨何，何以《易》元光元年征，官至中大夫……然要言《易》者，本于杨何之家。"此见迁亦自认为得易学的正传。然商瞿传《易》六世，殊未能尽战国传《易》的情况。此文仅论汉兴的三代，亦属部分之《易》，迁尚忽视另有丁宽一系的传《易》，亦极重要。即以认识杨何论，谈与迁亦未必同。先以时间与地域核之，田何由齐徙关中，当汉高祖九年（前198）。《汉书·高帝纪》："……徙齐楚大族昭氏、屈氏、景氏、怀氏、田氏五姓关中，与利田宅。"考田何属齐之大族，徙关中后即传《易》，计其年约当五十许。且由田何授子仲更及杨何，何已学成而于元光元年（前134）征，官至中大夫，时间相距为六十四年。而子仲东武人当今山东诸城，杨何菑川人当今山东淄博，故田何、王同、杨何三传同为齐人，其易学当属战国晚期的齐易。以时间核之，王同当属田何的早期弟子，亦可能徙杜陵前所授。若田何所得的齐易，既有与燕的思想相近，亦可有与鲁的思想接近。经汉兴后的三传，虽同属杨何所授的齐易，于司马谈主要合诸阴阳道德，有重于齐燕易。其子迁已归

论《史记》的思想结构

155

诸儒，有重于齐鲁易。当杨何被征时，迁仅十一岁，其父或于被征前从之学。杨何与唐都专业不同，齐燕之学风当相似。至于战国的易学，决不限于燕齐鲁，故谓《易》本田何且不可，况本于杨何之家，此不可不辨。由杨何而上及田何，汉初易学之部分传授，约以下表示之：

田何 —弟子→ 王同 —弟子→ 杨何 —弟子→ 司马谈 —子→ 司马迁
齐人　　　　东武人　　　菑川人　　　重视齐燕易　重视齐鲁易
前198徙　　　　　　　　前134征
杜陵授易　　　　　　　官至中大夫
└────────────齐　易────────────┘

　　黄子的事迹其详已失考，其名亦未知。《汉书·儒林传》中作黄生，与辕固在景帝前争论汤武是否受命事。黄主张"汤武非受命乃弑也"，要在正君臣之名位。固则曰"是高皇帝代秦即天子位非邪"，要在论世事之是非。景帝曰："食肉毋食马肝未为不知味也，言学者毋言受命不为愚"，遂罢。此可见尚黄老与尊儒之异，当时窦太后即不以辕固为是。盖尚黄老以立本，能使世事安定为要，汉初当用之以休养生息，亦即汉代秦后所以能得民心。事实俱在，息事宁神，何必空论受命与否，宜景帝以不辨止之。然客观事实有不可不辨其是非者，此见于景帝末儒术已有将兴之象。若谈主汉初的黄老学，要在有本于黄子的道论。当窦太后卒（前135），武帝一心崇儒。于唐都的天官，有具体的应用价值。杨何的易学，其子迁又可使之变成儒术易而用之。唯黄子的道论，必主黄老，与尊儒不可并存，宜其失传。幸有谈已能使黄老之道德综合六家之旨以传之，虽当武帝时，犹"愍学者之不达其意而师悖，乃论六家要指"。此文仅戋戋七百五十六字，足以显谈一生之所学，非仅传黄子的道论而已。《史记》保存于《自序》中，实有其深意。凡家学主黄老，趋时从儒术，宜并行而不悖。唯能以整体之易学当之，此又为司马迁之旨。

综上唐都、杨何、黄子三家的学术思想，融入司马氏的家学，益以秦汉之际的时代背景，仅准《论六家要指》一文，已可概见谈的思想结构，亦可喻汉初黄老学的内容及所以必须尚黄老的客观条件。考秦始皇的统一天下，实有合于时代之所需。所谓秦以代周者，几在平王东迁（前771）。当东周自平王元年至东周君七年（前770—前249），凡五百二十一年。虽有"周天子"在上，客观主宰时代之权在诸侯，周室早已合久必分。秦继幽王（前781—前771）而兴于西陲，犹于五百年间再创文武之业。至秦始皇乃分久而合，完成统一。以地理形势论，我国思想文化的发展，三千年来的主要趋势，在由西而东，相应于水之东流，由北而南，相应于寒流之南下。合成西北和东南一线，然仍多因人事的反复，且有热流的存在，南北之争变化尤多。当殷周之际，周由西陲向南东北三向发展，主要方向为东南。今已得周原甲骨，知当时曾南向"伐蜀"，于秦相应于白起之拔郢（前221）。武王有牧野之誓以灭纣，用兵的路线，今由考古而得，于秦相应于长平之役（前260）。纣既灭，周公继之以东征，实继续纣之征东夷，唯形势所须，周公不得不东营洛阳，以建立东向的据点。且二南之化，南向继伐蜀又及汉水。周之东向南向之成功，此于秦犹依次灭六国。至于秦继周室之兴，相距约一千年，或以天地自然条件变化之时间数量级拟之，仍多相似。司马氏欲以继颛顼正宣王时之失，正谈、迁守太史主天官的可贵处。更合地势言，由关中而及天下，山川之险犹同，则周秦之兴何尝不可对比以明之。更合天地而以人事观之，则此千年中所以形成周民族为主的思想文化以布及天下，迄今仍在受其影响。司马氏父子的思想结构，实同以易道的三才为基础。今推原于周武王、成王的分封天下，正适合当时的条件。各国诸侯的始祖，结合相传的文献和近代考古所得，基本可信。距今三千余年前尚地广人稀，周民族的文化足以稳定当时的天下。然经历西周约三百年的发展，诸侯的国土各自扩大，且各国生产力的提高，思想文化的进步，于成康后可能速于宗周。若昭王南征而不复，已非"二南之化"。穆王的西征，以作用言亦在安其本土，以免西方民族的入侵。然穆王后，已无大有为的"天子"。厉王仅知严控本土，势必造成共和（前481）的局面。所谓"宣王中兴"（前827—前782）诗人多溢美之辞，于四十余年中仅起恢复正常生活的作用，殊无远虑。异族犬戎在旁而未加注意，宣王的不足贵可喻。及幽王即位后，又有继承之争，"哲夫成城，哲妇倾城"（《诗·大雅·荡之什·瞻卬》）"赫赫宗周，褒姒灭之"（《诗·小雅·节南山之什·正月》），当有其事，然非主因，此不可不辨。由是平王东迁而秦以代周，若东周后的事迹，幸存《春秋》等文献，正可观其逐年的变化。谈、迁父子所见的文献资料，必多于今日。然客观条件已经过秦始皇的干扰，虽有文献而人的思想意识大异于先秦之士，不先知此，仍将"师悖"。

今识天官之通于《易》，方可进一步以究司马谈的"论六家要旨"。此文的基本点为"务为治"，所以重视"务为治"者，全受秦始皇的影响。考东周所发展的学术思想具备各种学科，分门别类，有分有合。最重要的分类为天地人三大类，已可包括今日所分的自然科学和社会科学两大类，凡自然科学犹天地，社会科学犹人。以司马谈提及的六家观之，阴阳家、名家以自然科学为主而及社会科学，儒家、墨家、法家以社会科学为主而及自然科学。总合天地人三才之道以成整体，谈以道德家当之，且通于从杨何所学的齐燕易，故全文引《易大传》"天下一致而百虑，同归而殊途"为六家的总冒，即《易》兼三才之道。且谈所认识的《易》，尚与经学易不同。唯《易》未经秦火，故易学之理汉初与战国末没有划时代的变化。虽七雄各有学风，应用易学早有所偏重，然认为《易》本三才之道以卜筮，当时决不会有人否定。又《易》有制器尚象的重要作用，亦为先秦各国的制器者所重视。概而言之，秦楚易比较重视卜筮及尚象的应用。三晋易因卜筮而重视卦爻的象数，更能利用固定的卦爻辞以测吉凶，则较单纯的卜筮已有深一层的认识。今所存的文献，以部分《系辞》及《大象》为代表。齐易以《周礼》为代表，重视天地四时的卦气，稷下派的理论已北兼燕而南兼鲁，今以《彖》与《小象》为代表。以齐燕易论有方士气，然自邹衍后能进一步结合自然科学，五行之理已可结合于阴阳，此所以能形成龟卜衰而蓍筮盛，且已取三晋易的长处，今以《说卦》象数为代表。谈所学于杨何者，主要属齐燕易之整体，自然能合于唐都之天官，此为谈的认识基础。若齐鲁易有儒士气，今以部分《系辞》及《文言》为代表，由子思的后学传出。迁与其父谈于认识的变化，要在由齐燕易而齐鲁易。以上概述各国的易学，然经秦始皇的干扰，各国的学风消灭殆尽，幸易学尚存，犹可概见战国时代各国的思想。谈准杨何易学的整体作为一致同归，于六家之指视为百虑殊途，此见谈之深于易理。然易学整体的作用，可诚合外内而不仅"务为治"。要而言之，于内圣外王两部分中，"务为治"属外王，或不据于内圣之德，何能成外王之业。唯秦始皇赖其客观条件，既已统一六国而外王，但未久即亡，此与兴周的史迹完全不同。宜谈考虑六家的"务为治"，其中心思想系总结先秦六个学派的概貌，由其得失两方面，以正始皇的愚昧。或误认为先秦的学术思想即此截然分明的六家，则更为"师悖"。依时间上推以言之，准《韩非子·显学》"儒分为八，墨离为三"的"取舍相反"，则何能定"真孔墨"。准吕不韦《吕氏春秋》的内容，不得不更以杂家名之，可见秦将统一六国时，未尝有泾渭分明的六家。更如《荀子·非十二子》大非子思孟子之儒，则自认子弓之儒，未尝同于孔子之孙，即见子思已不同于其祖孔子。而墨子约生当子思之时，其后墨离为三。有重视《墨辨》者，实通名家。有通于自然科学者，可属阴阳家。有通于明鬼者，亦有方仙道之象。故巨子与墨子本人的思想又何可相同。秦始皇统一后，车同轨，书同文，惜东周的客观事实，各国不同的学术风气，皆不幸为秦始皇的统一所干扰，各种学派于各国的分辨，入汉已未能究其详。谈不得已而合论之，以六家之指概论各国所有学派之原，如能取六家之长，方可继秦以成代周之业，此所以有望于汉室者，亦所以恢复秦始皇所干扰的学术思想。然各民族与七雄的统一，这一历史的进步决不可忽视，宜谈亦不从各国的具体学风言，仅总结学派的同异，以归诸六家而畅论其得失。或未究谈之说所以反秦始皇的干扰文化，误认先秦的七雄皆有此六家学说，未能分辨各国的具体学风，此所以二千余年来对先秦的文化每有复杂错乱之感。故论先秦的学术思想，必须以六国为出发点，决不可以六家为出发点，乃可由《韩非子》《吕氏春秋》《荀子》等逐步上推，方能明确了解东周各国的学术思想。或忽视秦始皇的干扰，及司马谈的反干扰，仅扩充为九流十家，以研究先秦的学术思想，仍难正确了解当时的具体情况。进而观司马谈所论者，于六家中首论阴阳家，即太史公的本业，今属天文学。由天文的客观事实以观时间的变化，要在能从变化中见其不变的周期，此属自然科学的问题。继之论儒墨法名而总结于道德之能"因阴阳之大顺，采儒墨之善，撮名法之要，与时迁移，应物变化，立俗施事，无所不宜"，是即汉初文景之治尚黄老以休养生息之象。然《易》三才之道既可在六家之内，亦可出六家之外，是之谓"出入无疾"。唯宜归诸善于"与时迁移，应物变化"，是之谓《易》，实已得六家之要，当时宜以黄老易名之。依时而论，自汉兴而逐步平稳，人民能正常生活，经济自然有所发展，然对先秦的学术思想，包括所认识的自然科学理论及科技知识，可云一落千丈。主要以冶金术论，其冶金法基本全部崩溃。武帝得宝鼎，尚认为是天赐而改年号为元鼎，《考工记》的记录，必须以今日的化学知识加以论证方能知其内容，诚令人浩叹。又如秦兵马俑的出土，可见当时的雕塑艺术，而秦后即茫然不知。若非编钟的屡屡出土，何能认识先秦的音乐艺术水平。且七雄各有建筑工艺，秦之阿房宫犹能保存。历代工匠所继承之艺术，及秦统一而聚于秦，秦亡后无所施其技，一二代后什九失传。虽文献可存，惜以文字到文字，多糟粕而少能斫轮，故反诸实践者极有限。由是有科技价值的文献逐步散失而知识大步倒退，此二千数百年来，所以痛恨于秦，然汉亦未可辞其咎。若司马谈之认识道德，有其天官的基础，且能兼及六家之长，同时又可以黄老之术归诸《易》之整体，似已得先秦文化之要，斯诚能反秦始皇的干扰。惜继之又有汉武帝排斥百家、独尊儒术之干扰文化。由汉武帝后之一般思想仅知痛恨秦火，其实秦火确有不可恢复的损失，而汉武帝的独尊儒术，对中国二千余年的文化干扰并不小于秦火。

汉武帝独尊儒术以斥百家亦非偶然，有其历史根源。因战国末期的学术思想，基本以秦齐两国为主，秦既失败，当反求诸齐。齐学本为孔子之儒，然战国末期之儒，早已与方仙道合一。故武帝所尊之儒术，实同《吕氏春秋》以儒为主的杂家。进一步须认识秦皇汉武的同异。考秦始皇统一六国之势，由西北而东南，基点在西北"天极"。顺水而东，奇在海上之仙，最后至禹陵而返，已中途亡故。以事实论，幸有秦始皇之统一全国，方能形成今日之中国，其功亦未可忽视。所谓"功高三皇，德败五帝"者，能控制地域之广，实未有先例。惜各国的空间皆为破坏，且各有其时间，必欲以一人之子孙继之，何能有肖子。如扶苏继位兼重齐学，历史的进程或有所变化，然不必幻想，客观史事何能改变。而武帝之独尊儒术，在否定秦学以实行齐学，正有以继扶苏之志。更以司马谈论六家观之，同属"务为治"，实必须综合之。以《吕氏春秋》为证，当战国之末，各国之"务为治"，莫不具有杂家之风。及汉初休养生息以尚黄老，司马谈论六家，犹取黄老为主的杂家。武帝之愿反诸齐学，亦当取儒术为主之杂家。惜武帝之失与始皇同，当秦始皇大有作为时，其何能以《吕氏春秋》为是，乃专以严酷独断之制度为主，既统一六国，更肆无忌惮，自速其亡。汉武帝在将大有作为时，仍须专于一术，最不能容者，若司马谈之思想。然一人之言论，固不必介意，其重点必须消灭食客众多且求得民心之淮南王刘安。因淮南王不仅尚黄老，而且仍具战国末孟尝、平原、春申、信陵四公子及吕不韦的作风，此大不利于全国统一。更观汉武帝大有作为与秦始皇统一全国，于发展方向恰相反。汉武帝事业志在通西域，有以开拓秦始皇的"天极"。因刘邦起义于沛，对东南的地形基本已了解，海上既未可更求神仙，乃面向西北和西南。西南夷又为地势所限，唯西北之路确可前进，宜有见西王母的传说。武帝即位未久，即命张骞第一次通西域，骞于十三年后当元朔三年回国。武帝对之有极大的兴趣，乃于五年命卫青将兵十余万人出朔方，于六年封骞为博望侯，然将命霍去病及张骞第二次再通西域时，必先于国内消灭淮南王刘安，以稳定汉朝开国于东南的基础。因淮南的地位一如秦始皇的"天极"，东南一致后，方能一心开发西域。至于武帝能开拓西域以沟通丝绸之路，有不可磨灭的业绩，不仅直接导致了东汉以后往来不断的中印文化大交流，而且匈奴受汉之迫力逐步西迁引起的多米诺骨牌式的欧洲民族大迁徙，对欧洲西罗马帝国的崩溃有重要作用，后来竟间接造成了延续一千年的欧洲中世纪时期（476—1453）。唯武帝于国内独尊儒术，使尚能保存于黄老及其他诸子中的先秦文化，因刘安自杀而大量散失。且战国末期之秦学和齐学，同属黄河流域的两大杂家。而楚学之杂家，兼及长江流域的传统文化，当时唯刘安能收集之。故淮南王灭，对楚文化更有大损失。且汉武后尊儒之原则久久不变，《汉志》尚保存之书目中，凡有关专业学问之著作什之七八陆续失传，此尊儒所造成对思想文化之束缚因长期存在，宜较秦火之害尤大。若汉武帝所尊之儒术，实由鲁而齐，已结合方士为一。最有影响者，在孔子对颜渊论为邦中的"行夏之时"一语。自太初历（前104）恢复建寅为岁首后，迄今汉民族仍在"欢度春节"，此于民族感情确已深入人心。孔子重视农业春耕而有得于适当的岁首，太初历准之，固未可为非。然孔子有取于三代损益之事，允执其中之理，余欲无言之道，武帝何尝注意。况由孔子（前551—前479）至太初元年（前104）已经四百年许，其间殊多惊人的发展，而武帝一概否定之，尚从董仲舒以《春秋·公羊》断狱，等人事于天道，其何能有得。且由孔子而重视尧舜，妨碍对古史之研究。既斥黄老，亦即限于尧舜而孔子，以否定黄帝而老子。且从方士说，尊信神化的黄帝，实与秦始皇之愚相似。考孔子之《书经》所以始于尧舜者，取其已明天之历数而允执其中，且不为家天下所限，非谓尧舜之前无史。孔子卒后未久，田齐既兴，已自认其始祖为黄帝，当战国之时而上推，由尧舜→黄帝→神农→伏羲→燧人……足证对自然科学认识的提高，始能扩充时间长流，然贵能证实其为人，而不可视之为神。若方仙道视黄帝为神，实仿儒术以始祖配天之象。其后道术使黄帝老子结合，正有以破儒术之尧舜孔子，产生之时间约当孟子之时，且小视孟子言必称尧舜之说。在当时已见及黄帝之史实，司马迁《五帝本纪》认为百家言黄帝，其言不雅驯者即是，而秦亦自认为属颛顼之子孙。且方仙道之说既盛于战国晚期，秦始皇与汉武帝，莫不为其所囿。而汉初尚黄老之可贵，仍能视黄老为人。若医学经典著作《内经》必托名于黄帝与岐伯等的对言，正欲化《书经》虞廷之对言。虞廷分职以务治于外，属社会学的人，《内经》论人身的生死疾病，属生物学的人。以生物视人而发展医学，亦属汉初尚黄老的重要部分之一。其视黄帝为人而仙，非本属不可方物之神。而武帝之观点实以黄帝为神仙，故于"务为治"，必须以《公羊》之绝笔获麟。且田齐既可伐，宜灭淮南王刘安以及数万人而无憾。且西域有西王母，中土宜有色尚黄数取五之黄帝。由是黄帝之事迹已在有无之间，且宋学重视孟子后，更言必称尧舜而神化尧舜之治，则尧舜之事迹又在有无之间。故经过汉经学宋理学之二次推尊孔子，吾国各民族的古史消灭殆尽。直至西方考古学之发展，今尚在逐步证实古史之真实性。

而司马迁之《史记》，于十二本纪能始于五帝纪，其次为黄帝、颛顼、帝喾、帝尧、帝舜，实有以否定汉武帝以黄帝为神之干扰古史。于尧舜前当有黄帝，犹取尚黄老之长而不因尊儒术而废，此由尧舜而黄帝，实由鲁而齐。故以《易》而论，谈属齐燕易，迁属齐鲁易，父子相传，见整体易学之大义尚有所同，而当时之董仲舒似未知用《易》。以易理归诸儒，迁有其功，且使《易》与《春秋》之理相对，所谓"《春秋》推见至隐，《易》本隐以之显"（见《司马相如传赞》)，非司马迁之兼通黄老与儒术，何足以明此。唯其能取整体易理以补《春秋》之隘，庶足以正孔子之旨以反汉武帝之干扰文化。若准齐鲁易之认识情况，《史记·孔子世家》曰："孔子晚而喜《易》，序象、系象、说卦、文言。读《易》韦编三绝，曰：'假我数年，若是我于《易》则彬彬矣。'"此义于儒术，当属子思后所形成之易学。孔子晚年喜《易》可有其事，惜假年学《易》之愿，殊难有所创作，且所谓"序象、系象、说卦、文言"八字，当二字加逗，"序象"不宜包括《序卦》，读《象》自有其序，决非《序卦》之序。"系象"亦不宜包括《系辞》，实仅当《小象》。以《象》与《小象》解释卦爻辞，为齐易之特色，必由汉初齐杜田生始传及天下，宜汲冢本及最近出土的长沙马王堆帛书本皆无。成"说卦""文言"较早，于子思后不久即有，皆准《中庸》的思想，且"文言"不当限于乾坤两卦，凡《系辞》中有关解释爻辞者皆可属之，况解释者非一人，且认识之程度有深浅。如马王堆帛书本中的《二三子问》，亦可视作"文言"，义犹《系辞》中所谓"玩辞"，占卜者渐知玩辞，自然有哲理而非徒迷信。"说卦"者，亦未必全同于今本，其间最可贵及最早存在者为卦象，《左传》提及"易象在鲁"者或指此，然其原为数字卦之象，尚早于编成四百五十节卦爻辞，在战国之初改成八卦之象。故《史记》提及之四事，虽非出于孔子之手，成文可较早，且地点在齐。由商瞿之传，约于战国初起六传而及杜田生，时间乃合。至于必使上接于孔子，且明六艺皆出孔子，齐易中本有其说，况当武帝尊儒术之时，自然不可不信。况孔子曾见卦爻辞，虽未必全同于马王堆帛书本，亦确有其事。故司马迁之言决非杜撰，今深入考核之，则《彖》《小象》《说卦》《文言》之作者决非孔子，然《易》有其整体性，谓孔子已知亦未尝不可，是犹知禘之说。若《史记》既尊孔子为世家，必宜兼及六艺。《滑稽列传》首曰："孔子曰：六艺于治一也，《礼》以节人，《乐》以发和，《书》以道事，《诗》以述意，《易》以神化，《春秋》以道义。太史公曰：天道恢恢，岂不大哉，谈言微中，亦可以解纷。"此所引之"孔子曰"，必出七十子之徒。当子思后之儒家，不乏有兼善六艺者。取六艺中之《易》更兼六家之旨，始见整体之易理，故《易》归儒术，且能包括黄老道之旨。太史公又引及老子之"天网恢恢"，结合六艺与黄老，是之谓滑稽之解纷。且既置黄帝于尧舜前，又使老庄申韩同传，乃见黄老道分于两端之大用。秦始皇不用申韩之说，何能统一六国，汉起所尊之儒术，仍在利用秦制。及武帝晚年悲在乏人继承，秦赵高李斯之所为，汉武自作之。故秦始皇虽卒于途中，心尚坦然，武帝之死于五柞宫，何能信二日前仓猝所立年仅十二三岁的昭帝。外形似疯，内心实痛，不惜造成对叔父安、太子戾之两狱，然开通西域之事业，孰能继之。更观武帝使张骞出使西域之事，因属逆地球之旋，宜乏人后继。然丝绸之路既通，中国汉后文化之发展大半来自西域，故武帝之作用有大于始皇者。秦始皇以西而东统一六国，车驾东游，终于目睹沧海之波涛，可算心愿已了。汉武之志直欲上追秦始皇，自秦西北"天极"更西出，探索未知方向，已由海角而转"天涯"，海上缥缈之三神山，极西之西王母或可实之。然秦皇能亲自东游，汉武仅遣张骞，本人西出未远即惧而返。此为汉武终生之憾，严惩李陵，实有其不可忍者。此意司马迁尚有所不理解，太子戾自然更不理解。唯武帝对黄老儒术的重大干扰，司马迁能善继家学，以《易》兼六家之整体，归诸儒而反之。其"究天人之际，通古今之变，成一家之言"之志，经毕生之努力，已化为不朽之作《史记》。惜继之者未能发展易理之整体，反以儒术之思想囿之，此非但未知易理，尤未知司马迁在反汉武帝干扰下，有以保存古代思想文化之旨。最后参照唐司马贞《史记索隐》，宜说明全部《史记》的结构，亦有遵于易学的象数。特以下表示之，并明其所指：

本纪十二，当十二地支之数。首《五帝本纪》取五帝当五行，始黄帝终尧舜，以黄帝的五数明尧舜的执中，仍尊尚黄老之黄。

表十，当十天干之数。以时为准，立史学的基本原则，犹继《春秋》的编年体。

书八，取八卦之数，以此八者作为内圣外王的整体。

世家三十，结合纪、表、书之数。纪犹位属地，表犹时属天，书犹整体之务为治属人。又三十年一世犹人类之生物钟，当遗传一代的平均时间。尊孔子为世家，确认为圣之时者。

列传七十，合世家共百篇，以明百世可知之象。末篇为自序，自明其父子的思想结构，仍尚黄老而归诸易道三才的整体。

下更附秦始皇、汉武帝的年谱，以见当时的客观史迹，方可喻《史记》可贵的作用。

秦始皇年谱

公元	干支	秦纪年	周纪年		
前 259	壬寅	秦昭王四十八年	周赧王五十六年	1 岁	秦昭王四十八年正月生于赵邯郸，母赵豪家女，父楚，即秦庄襄王，或谓吕不韦。
前 258	癸卯	四十九年	五十七年	2 岁	
前 257	甲辰	五十年	五十八年	3 岁	父楚由赵亡赴秦军，遂得以归。
前 256	乙巳	五十一年	五十九年	4 岁	周赧王归秦。秦王受献，归其君于周。
前 255	丙午	五十二年	东周君一年	5 岁	赧王卒。周民东亡，九鼎入秦，周初亡。立东周君。
前 254	丁未	五十三年	二年	6 岁	
前 253	戊申	五十四年	三年	7 岁	
前 252	己酉	五十五年	四年	8 岁	
前 251	庚戌	五十六年	五年	9 岁	秋秦昭襄王卒。子孝文王立。
前 250	辛亥	孝文王一年	六年	10 岁	楚为太子，赵奉楚夫人及子政归秦。孝文王除丧，十月己亥即位，三日辛丑卒。子庄襄王立。
前 249	壬子	庄襄王元年	七年（周纪元亡）	11 岁	东周君与诸侯谋秦，秦使相国吕不韦诛之，尽入其国，秦不绝其祀，以阳人地赐周君，奉其祭祀。
前 248	癸丑	二年	吕不韦之秦纪元一年	12 岁	
前 247	甲寅	三年	二年	13 岁	
前 246	乙卯	四年始皇一年	三年	14 岁	五月丙午庄襄王卒，子政立，是为秦始皇帝。
前 245	丙辰	二年	四年	15 岁	
前 244	丁巳	三年	五年	16 岁	
前 243	戊午	四年	六年	17 岁	

前242	己未	五年	七年	18岁	
前241	庚申	六年	八年	19岁	秦八年，吕不韦成《吕氏春秋》。
前240	辛酉	七年	九年	20岁	
前239	壬戌	八年	十年	21岁	
前238	癸亥	九年	十一年	22岁	九月夷嫪毐三族。
前237	甲子	十年	十二年	23岁	免相国吕不韦，吕就国河南，始皇亲政。李斯上书止逐客令。
前236	乙丑	十一年	不用吕不韦之秦纪年	24岁	徙处吕不韦与家族于蜀。
前235	丙寅	十二年		25岁	
前234	丁卯	十三年		26岁	
前233	戊辰	十四年		27岁	韩非使秦，秦用李斯谋留非。非死云阳，韩王请为臣。
前232	己巳	十五年		28岁	
前231	庚午	十六年		29岁	
前230	辛未	十七年		30岁	秦灭韩，内史腾攻韩得韩王安。
前229	壬申	十八年		31岁	
前228	癸酉	十九年		32岁	
前227	甲戌	二十年		33岁	燕太子丹使荆轲刺秦王未成。
前226	乙亥	廿一年		34岁	得太子丹首。燕王东收辽东而王。
前225	丙子	廿二年		35岁	秦灭魏。王贲攻魏，引河沟灌大梁，大梁城坏，请降。
前224	丁丑	廿三年		36岁	虏荆王。荆将项燕立昌平君为秦王，反秦于淮南。
前223	戊寅	廿四年		37岁	秦灭楚，王翦、蒙武攻荆军。昌平君死，项燕自杀。
前222	己卯	廿五年		38岁	秦灭燕，使王贲将攻燕辽东，得燕王喜。
前221	庚辰	廿六年		39岁	秦灭齐，统一六国。废封建立郡县。称始皇帝，以水德王。一法度衡石丈尺，车同轨，书同文。
前220	辛巳	廿七年		40岁	巡陇西北地，作信宫更命为极庙，象天极。
前219	壬午	廿八年		41岁	东巡郡县。上邹峄山，与鲁诸儒生议刻石颂秦德。上泰山，封树为五大夫。又登之罘，南登琅玡，遣徐市

发童男女数千人入海求仙人。过彭城，渡淮水，之衡山，浮江之湘山，伐其树，自南郡由武关归。

前218　癸未　廿九年　　42岁　东游，博浪沙遇击，登之罘，之琅玡，道上党入。

前217　甲申　三十年　　43岁

前216　乙酉　三十一年　44岁　始皇与武士四人微行咸阳，夜出逢盗兰池见窘。武士击杀盗，关中大索二十日。米石千六百。

前215　丙戌　三十二年　45岁　始皇之碣石，使燕人卢生求羡门、高誓，刻碣石门。使韩终、侯公、石生求仙人不死之药。巡北边，从上郡入。卢生奏录图书曰："亡秦者胡也。"使将军蒙恬发兵三十万人北击胡，略取河南地。

前214　丁亥　三十三年　46岁　发诸尝逋亡人、赘婿、贾人，略取陆梁地，为桂林、象郡、南海。以适遣戍西北，斥逐匈奴。使蒙恬渡河，以逐戎人，徙谪实之。

前213　戊子　三十四年　47岁　谪治狱吏不直者筑长城及南越地。置酒咸阳宫，博士七十人前为寿，仆射周青臣为颂，博士齐人淳于越斥之，李斯议越非。下烧书令。

前212　己丑　三十五年　48岁　作阿房宫，为阙为复道。自阿房渡渭，属之咸阳，以象天极阁道。阿房宫未成，成欲更择令名名之。作宫阿房，故天下谓之阿房宫。卢生以恬淡劝说，又与侯生亡去。坑诸生四百六十余人。扶苏谏，诸生皆诵法孔子，重法绳之恐天下不安。乃使扶苏北监蒙恬于上郡。

前211　庚寅　三十六年　49岁　坠星下东郡，至地为石，或刻石曰："始皇帝死而地分。"尽取石旁居人诛之。华阴道有人持璧遮使者曰："为吾遗滈池君。"又曰："今年祖龙死。"使御府视璧，乃廿八年祈渡江所沉璧，始皇卜之卦，得游徙吉。

前210	辛卯	三十七年	50岁	（岁首）十月出游，十一月至云梦，望祀虞舜于九疑山，浮江下，过丹阳，至钱塘临浙江，上会稽祭大禹刻石。还过吴，从江乘渡并海上北至琅玡。及九年前徐市事，诈曰："为大鲛鱼所苦。"始皇梦与海神战。自琅玡至荣成山弗见，至之罘见巨鱼，射杀一鱼，遂并海西。至平原津而病。为玺书赐公子扶苏曰："与丧会咸阳而葬。"书已封，在中车府令赵高行符玺事所，未授使者。七月丙寅，始皇崩于沙丘平台。
前190	辛亥			始皇已卒二十年，当汉惠帝五年，司马谈约生于是年。

汉武帝年谱

前156	乙酉	景帝前元元年	1岁	景帝中子，母王美人。祖父文帝，祖母窦太后。司马谈约35岁。
前155	丙戌	二年	2岁	
前154	丁亥	三年	3岁	吴楚反。
前153	戊子	四年	4岁	四月立为胶东王。正月斩晁错以谢七国。
前152	己丑	五年	5岁	
前151	庚寅	六年	6岁	
前150	辛卯	七年	7岁	立为皇太子，母为皇后。
前149	壬辰	中元元年	8岁	
前148	癸巳	二年	9岁	
前147	甲午	三年	10岁	
前146	乙未	四年	11岁	
前145	丙申	五年	12岁	司马迁生。父谈约46岁。
前144	丁酉	六年	13岁	
前143	戊戌	后元元年	14岁	
前142	己亥	二年	15岁	
前141	庚子	三年	16岁	正月景帝崩。甲子太子即位。
前140	辛丑	武帝建元元年	17岁	卫绾奏请罢治申商韩非苏秦张仪之言。
前139	壬寅	二年	18岁	赵绾请母奏事太皇太后。绾及郎中令王臧皆

下狱自杀，丞相婴、太尉蚡免官。淮南王刘安入朝。

前 138	癸卯	三年	19 岁	张骞第一次通西域。
前 137	甲辰	四年	20 岁	
前 136	乙巳	五年	21 岁	春置五经博士。
前 135	丙午	六年	22 岁	五月丁亥，太皇太后窦氏崩。
前 134	丁未	元光元年	23 岁	初令郡国举孝廉各一人。五月诏贤良。董仲舒对策。
前 133	戊申	二年	24 岁	举兵伐匈奴。
前 132	己酉	三年	25 岁	
前 131	庚戌	四年	26 岁	
前 130	辛亥	五年	27 岁	皇后陈氏废。捕为巫蛊者，皆枭首，诛者三百余人。
前 129	壬子	六年	28 岁	卫青出上谷伐匈奴。
前 128	癸丑	元朔元年	29 岁	立皇后卫氏，卫青出雁门。
前 127	甲寅	二年	30 岁	赐淮南王、菑川王几杖，毋朝。卫青出云中。
前 126	乙卯	三年	31 岁	张骞出使十三年回国。
前 125	丙辰	四年	32 岁	
前 124	丁巳	五年	33 岁	卫青将兵十余万人出朔方。
前 123	戊午	六年	34 岁	封张骞博望侯。
前 122	己未	元狩元年	35 岁	淮南王谋反，刘安自杀，死者数万人，立皇太子。
前 121	庚申	二年	36 岁	公孙弘卒。霍去病出北地。
前 120	辛酉	三年	37 岁	穿昆明池习水战。
前 119	壬戌	四年	38 岁	李广自杀，张骞第二次通西域。
前 118	癸亥	五年	39 岁	
前 117	甲子	六年	40 岁	霍去病卒。
前 116	乙丑	元鼎元年	41 岁	得鼎汾水上。
前 115	丙寅	二年	42 岁	起柏梁台，张骞回国，董仲舒卒。
前 114	丁卯	三年	43 岁	
前 113	戊辰	四年	44 岁	
前 112	己巳	五年	45 岁	登空同西临祖厉河而还，西羌匈奴反。
前 111	庚午	六年	46 岁	李息平西羌。
前 110	辛未	元封元年	47 岁	祠黄帝于桥山行封禅。司马谈卒，约八十岁。迁荐落下闳。
前 109	壬申	二年	48 岁	击朝鲜。

前 108	癸酉	三年	49 岁	作角抵戏，三百里内皆来观。
前 107	甲戌	四年	50 岁	
前 106	乙亥	五年	51 岁	卫青卒。迁定《史记》论次。
前 105	丙子	六年	52 岁	京师民观角抵于上林平乐馆。
前 104	丁丑	太初元年	53 岁	五月正历，以正月为岁首，色尚黄，数用五。
前 103	戊寅	二年	54 岁	
前 102	己卯	三年	55 岁	
前 101	庚辰	四年	56 岁	
前 100	辛巳	天汉元年	57 岁	闭城门大搜。
前 99	壬午	二年	58 岁	大搜，李陵降。
前 98	癸未	三年	59 岁	东方群盗起。
前 97	甲申	四年	60 岁	令死罪人赎钱五十万，减死一等。立皇子髆为昌邑王。
前 96	乙酉	太始元年	61 岁	
前 95	丙戌	二年	62 岁	
前 94	丁亥	三年	63 岁	幸甘泉宫，飨外国客。登之罘，浮大海，山称万岁。
前 93	戊子	四年	64 岁	
前 92	己丑	征和元年	65 岁	巫蛊起。
前 91	庚寅	二年	66 岁	诸邑、阳石公主皆坐巫蛊死。掘蛊太子宫，死者数万人，皇后太子自杀。
前 90	辛卯	三年	67 岁	
前 89	壬辰	四年	68 岁	临大海。
前 88	癸巳	后元元年	69 岁	昌邑王髆卒。
前 87	甲午	二年	70 岁	二月幸盩厔五柞宫，乙丑立皇子弗陵为皇太子，丁卯武帝崩。
前 86	乙未	汉昭帝始元元年		司马迁约卒于是年。

详论《汉书·艺文志》，以见中国的"目录学"犹今日的"系统学"

道教是中国土生土长的宗教。在中国的文献上虽无宗教之名，却有宗教之实。方仙道深信人能长生不死而成为神仙，故绝对不能认为在战国时尚无宗教。长生不死的愿望由来极久，属于中国地域各民族的原始宗教早有此目的，如《山海经》等文献中皆已提及。今从《汉书·艺文志》而论，所包含的宗教信仰已非原始宗教可比，于文献分类有规模宏伟、纲领鲜明的整体结构，宗教的概念皆安排在适当的类别中。今详论这部最早的中国目录学，对道教的形成有重要作用。

班固（32—92）成《汉书》于建初七年（82），其中《艺文志》抄录刘向（前77—前6）、刘歆（？—23）所编的《七略》。有关编《七略》情况，始于成帝时（前32—前7）。《汉书·艺文志》有序言，分段录于下而详加说明：

> 昔仲尼没而微言绝，七十子丧而大义乖。故《春秋》分为五，《诗》分为四，《易》有数家之传。战国纵横，真伪分争，诸子之言，纷然殽乱。至秦患之，乃燔灭文章，以愚黔首。

孔子死于鲁哀公十七年（前479），至秦始皇焚书于三十四年（前213），其间凡二百六十余年。此时期中国文化大发展，且自孔子生前起，早已是有璀璨文化的文明古国。孔子所钦佩的古今学者极多，后世亦何可仅知孔子一人。此决非孔子之失，失在汉武帝之独尊儒术。在孔子去世后，所谓《春秋》分为五，《诗》分为四，《易》有数家之传，正见六艺的内容日在发展，此当求其故而何可否定之。所谓"战国纵横，真伪分争"，因相同或相似的一种学术思想，当某国的不同时空条件，自然可结合成不同的内容。韩非子（前298—前233）于《显学》中论及："儒分为八，墨离为三，取舍相反不同，而皆自谓真孔墨。孔墨不可复生，将谁使定世之学乎？"这就是真伪分争的情况，然仍可深入研究其发展的史实，韩非之言失于粗疏。至于秦患"诸子骰乱"而"燔灭文章"，实有其基本原因，此可推至孔子生前。《论语·雍也》："齐一变至于鲁，鲁一变至于道。"这二句话的内容非常复杂，亦可认为是孔子对世事的愿望。然而于身后事实完全相反，且虽相反而仍有其正确处，宜详为说明。因当时的齐，孔子尚敬仰桓公九合诸侯一匡天下，惜一切礼仪齐未及鲁，故希望有齐之国力增入鲁之文化，可为诸侯取法，最后则恢复西周文王之道。然于孔子身后，全部事与愿违。先以齐鲁言，齐之田氏将改姜齐之政，孔子年七十有余，尚沐浴以朝，然鲁之国力何能攻齐，空留孔子的愿望而已。及此愿不成，孔子绝笔《春秋》于"十有四年春，西狩获麟"，实不愿继续记载"夏四月，齐陈恒执其君，置于舒州"及"齐人弑其君壬于舒州"。其后孔子对子贡曰："予欲无言。"子贡曰："子如不言，则小子何述焉。"子曰："天何言哉，四时行焉，百物生焉，天何言哉。"（《阳货》）此节之义精邃之至，似可悲，亦豁达，更可认为孔子始得老子之旨。子贡独旅墓六年，似在化此无言之言。其后子贡之事业和学说基本在齐，齐成《周礼》之六官，不得不思及属孔子、子贡之所传矗。天地四时以当吏户礼兵刑工，可云易简而得天下之理。由是"齐一变至于鲁"竟成"鲁一变至于齐"，然仍能相应于恢复文周之德。其后齐与秦相对，直至战国末年。秦灭六国以统一天下，仍有大批齐人为秦博士，此见齐秦关系的密切。然齐之稷下派不期有二大派，一属鲁学，主张郁郁乎文哉以从周，上则及尧舜孔子，是谓儒士；一属齐燕之学，有邹衍总结为黄老，信仰方仙道，是谓方士。秦始皇封禅泰山时，不论儒士与方士，同时参加并叙述封禅仪式。然儒士好执古，方士贵执今，造成秦始皇疯狂行为的"焚书坑儒"实为古今之争（另见专文）。至于焚坑之事，绝无可取之处，而其古今之争的原则，又有不可全部否定的地方。凡秦之建国全准方仙道的理论，及身止而崩溃随之，又未可与其建国理论并为一谈。凡李斯的思想，决不可不认识与荀子的观点有明显联系。荀子不见容于齐之稷下，即在从另一角度理解方仙道的内容。荀子属子弓之儒而为赵国文化，能继三晋的易学，即由尧舜前推至黄帝，又从黄帝前推至伏羲。今日古文献中，于《荀子》能见到伏羲文王并言。引用《道经》"道心惟微，人心惟危，惟精惟一，允执厥中"，其实已有执今之义。后为梅赜引入《古文尚书》，作为舜授禹的十六字心传，是有意识的引用，今可证明其为战国时方仙道等所发展的思想。凡此等古今的变化，李斯继之而开秦国的天下，惜其心术未正而自食其果，亦未可与其理论并言，于是造成"齐一变至于秦"。虽然如此，秦国的地势仍占有西周开国的本土，此所以能统一天下。

上述孔子所谓"齐一变至于鲁，鲁一变至于道"，而于身后的事实，因子贡而能使"鲁一变至于齐"，又因荀子而能使"齐一变至于秦"。其间之微妙处，在于永远有古今之争。况能控制的空间在扩大，认识时间何能不延长，故孔子之《尚书》托始于尧舜未尝非，由邹衍推广之道由黄帝始亦未尝非。赵国有伏羲氏之认识，而荀子取之，仍属有见。要能"执今之道，以御今之有，以知古始"，由此黄老提出"道纪"，方能明辨古今之辩，而何必偏执于古今。凡纠缠于法先王、法后王之是非者，同属义不及质，绝不足取。凡整个战国之变化，于黄河流域尽在其中。以地区分之，实不外上游之秦，中游之三晋，及下游之燕齐鲁，其间燕赵已偏北。而更重要的变化，是在长江流域及其以南。由战国及秦之统一，其文化思想有极可贵的发展，决不可误认为孔子后的文化日在倒退中。继续研讨《汉书·艺文志》：

> 汉兴，改秦之败，大收篇籍，广开献书之路。迄孝武世，书缺简脱，礼坏乐崩，圣上喟然而称曰："朕甚闵焉！"于是建藏书之策，置写书之官，下及诸子传说，皆充秘府。

按汉兴此指于汉高帝乙未（前206）起，可认为止于太初历寅正（前104），其间约一百年的情况。且上继秦始皇之焚书坑儒，尚有五六年之间隔。产生焚书坑儒之祸，决不可与古今之辨的是非混为一谈。秦始皇自陷于穷途末路，欲以一人之子孙传至万世，其愚且昧，令人悲叹。最终为心术不正的赵高、李斯所欺，扶苏死，秦安得不亡。此结果咎由自取，并不足惜。

且当时有谣："楚虽三户，亡秦必楚"，盖除东西黄河流域上下游之相争外，又有南北长江、黄河之间的矛盾。事实上今已得先周有"伐蜀"的甲骨，故武王伐纣时有蜀人参与。且长江流域除上游巴蜀外，中游荆楚、下游吴越各有极早的文化，今知农业社会的开始尚早于黄河流域，当整个周代亦发展极快，足以与黄河流域的民族争牛耳。宜秦统一后楚汉皆起于江南，同为面向西北以亡秦，与秦起西北，面向东南以灭六国，方向相反。今研究道教文化，不可不注意长江流域各地区的民族情况。当刘邦受秦之降，旋即有楚汉之争。项羽卒于刘邦六年（前201），韩信被杀于十一年（前196），翌年刘邦即亡。故刘邦之世根本无暇顾及兴文，唯一之事就是于九年（前198）徙齐田何至关中授《易》。于是重在"彖""象"之齐易，始为天下所知，与秦楚及三晋易似有所不同。所谓"大收篇籍，广开献书之路"，已当文帝即位后（前179）。且汉初之尚黄老，决非汉初所改，在战国后期及秦治天下的时期中，基本就用黄老理论，唯执法有一猛一宽之变。大批属于方仙道的黄老文献，并不违秦禁而未焚。当1972年，在长沙马王堆出土了大批黄老文献（下葬于公元前168年），庶可重睹方仙道在战国中后期及秦汉间盛行于荆楚间的情况，此类文献安得不以道教视之。而孔子之六艺，于《诗》《书》《春秋》部分确经秦始皇焚毁，幸未及十年即已恢复。然汉初尚未重视六艺，当武帝即位（前140）始加珍藏，上距汉兴已约六十年。且武帝虽独尊儒术，仍能"下及诸子传说，皆充秘府"，斯为可贵。于元狩四年（前119）第二次遣张骞通西域以开丝绸之路前，先灭淮南王刘安以安东南。刘安不得已而自杀于元狩元年（前122），有关黄老道的文献大量损失，再一次消灭战国时的文风。黄老道有专业知识的资料失传更多，主要如冶炼技术、工艺方法、医学养生、音乐理论等等，实不小于秦始皇之焚书坑儒。及武帝（卒于公元前87年）卒后约五十年，当成帝（前32—前7在位）即位后，方才又有求书之事。继续抄录《汉书·艺文志》：

> 至成帝时，以书颇散亡，使谒者陈农求遗书于天下。诏光禄大夫刘向校经传、诸子、诗赋，步兵校尉任宏校兵书，太史令尹咸校数术，侍医李柱国校方技。每一书已，向辄条其篇目，撮其指意，录而奏之。会向卒，哀帝复使向子侍中奉车都尉歆卒父业。歆于是总群书而奏其《七略》，故有"辑略"，有"六艺略"，有"诸子略"，有"诗赋略"，有"兵书略"，有"术数略"，有"方技略"，今删其要以备篇籍。

此为当时大事，对保存古代文献有重要影响，似当成帝即位未久，陈农就外出求遗书。及河平三年（前26），刘向已校中秘书。其他任宏、尹咸、李柱国，当亦同时参加校书。然经二十年尚未完成，向卒于哀帝即位之年（前6），故又命其子歆继承父业。哀帝在位六年（前6—前1），歆奏《七略》正当其时。此为第一部有原则、有结构的目录学，莫不属于二千年前的古文献。今读其目录，书虽佚失过半，仍可见其纲领。东周文化之灿烂，确非秦汉以后可比。以下先叙述其结构，然后详评其思想。最重要的特点，已能明辨今所谓社会科学及有专业知识的自然科学。先为《七略》绘制总表，示如下（见下页）：

深入观此《七略》的总表，始信中国诚不愧为文明古国。向、歆父子为此花费毕生精力，惜二千年来什九仅注意其"六

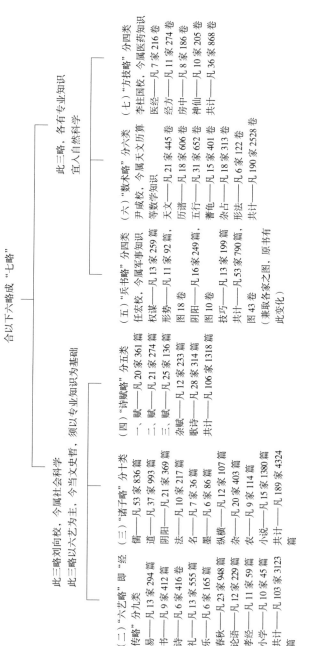

（一）刘歆总其书成"辑略"
合以下六略成"七略"

此三略，各有专业知识
宜入自然科学

此三略刘向校，今属社会科学
此三略以六艺为主，今当文史哲，须以专业知识为基础

（二）"六艺略" 即"经传略" 分九类
易——凡13家294篇
书——凡9家412篇
诗——凡6家416卷
礼——凡13家555篇
乐——凡6家165篇
春秋——凡23家948篇
论语——凡12家229篇
孝经——凡11家59篇
小学——凡10家45篇
共计——凡103家3123篇

（三）"诸子略" 分十类
儒——凡53家836篇
道——凡37家993篇
阴阳——凡21家369篇
法——凡10家217篇
名——凡7家36篇
墨——凡6家86篇
纵横——凡12家107篇
杂——凡20家403篇
农——凡9家114篇
小说——凡15家1380篇
共计——凡189家4324篇

（四）"诗赋略" 分五类
一，赋——凡20家361篇
二，赋——凡21家274篇
三，赋——凡25家136篇
杂赋——凡12家233篇
歌诗——凡28家314篇
共计——凡106家1318篇

（五）"兵书略" 分四类 今属军事知识
任宏校，今属军事知识
权谋——凡13家259篇
形势——凡11家92篇
图18卷
阴阳——凡16家249篇
图10卷
技巧——凡13家199篇
共计——凡53家790篇
图43卷
（兼取各家之图，原书有此变化）

（六）"数术略" 分六类 今属天文历算
尹咸校，今属数学知识 等数学知识
天文——凡21家445卷
历谱——凡18家606卷
五行——凡31家652卷
蓍龟——凡15家401卷
杂占——凡18家313卷
形法——凡6家122卷
共计——凡190家2528卷

（七）"方技略" 分四类 今属医药知识
李柱国校，今属医药知识
医经——凡7家216卷
经方——凡11家274卷
房中——凡8家186卷
神仙——凡10家205卷
共计——凡36家868卷

大凡书六略，38种，596家，13269卷

艺略"。清中叶后始知由治经而治子，仍未及质。其实全书结构的重要性，应注意有专业知识的后三略，进一步则必须了解专业知识与六艺诸子之关系。传统理解《易》有象数，故其理能包括各种知识，此决非空言。深入研究《易》何以能成为六艺之首，又与诸子各有何种关系，必须理解当时的文化水平，尤其有专业知识的三略。观此有专业知识的"兵书""数术""方技"三略，其共同点就是以数术为主。中国在二千余年前，已知利用数术作为专业知识的基础，这一原则迄今二十世纪仍同。凡任何科学必须利用数学语言，方可评定其作用及价值，至于所利用的数术形式，当然应根据时代进化而改进。故二千余年前的数术，自然仍有适用者，亦有不适用者，此何足为怪。然知用数术的原则绝对正确，何可加以否定。其间极多仍有作用者应珍视之，有不足取者当然应加以扬弃。惜时至今日，对这一问题仍多恍惚，以精华为糟粕，以糟粕为精华者，比比皆是。此所以造成对古代文化的认识，产生极大的分歧。总之，能保持有专业知识的三略，对自然科学的发展大为有利。后世分成四部，凡有关专业知识者，全部纳入"子"类，其作用大为逊色。故《七略》去古未远，尚能见先秦遗风确与汉以后不同。以下更须说明，"六艺略"所以取《易》为之原，及《易》与儒道之关系。《汉书·艺文志》又言：

> 六艺之文，《乐》以和神，仁之表也。《诗》以正言，义之用也。《礼》以明体，明者著见，故无训也。《书》以广听，知之术也。《春秋》以断事，信之符也。五者，盖五常之道相须而备，而《易》为之原。故曰《易》不可见，则乾坤或几乎息矣，言与天地为

终始也。至于五学，世有变改，犹五行之更用事焉。

　　此节之义，确有深刻的睿思，殊非泛泛之言。凡六艺者，犹阴阳五行之象数。《史记·司马相如传赞》"太史公曰：《春秋》推见至隐，《易》本隐以之显"，恰当阴阳与五行的联系处。详以下图示之：

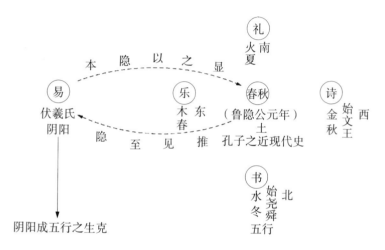

　　凡《乐》与《诗》当东西之旋转，以见人的心理变化，恰当精神情状的瞬息万变。达者固有其人，什九难免成为悲秋善感之诗人。《礼》与《书》当南北极之轴，"天之历数在尔躬"，由盖天而浑天，自然知"日月运行"而有"六位时成"之理。凡礼以定时空之变，乐以示人生之情，以礼乐治天下之原则，可云已得孔子之道。且纵横之际以《春秋》当中央土者，所以示孔子处世之准则。虽然，一人之思想，固足为万世师表乎？定《春秋》二百四十二年之是非，确只有孔子一人能当之乎？且武帝时董仲舒之对策，实以《春秋·公羊》为主。当刘向父子之定《七略》，不得不更重视《春秋·左传》史实。然则《公羊》之义例，固为孔子一生之思想行动乎？《左传》有意是非史实而大力宣扬之，固足为信史乎？然则孰能推见至隐，以见孔子之衷曲。奈自汉武帝至清末二千年的漫长岁月，基本消沉在恍惚迷离之中，以使先秦的高度文化消失殆尽，确极可惜。详察六艺的结构，何能不钦佩当时的睿思。况有阴阳五行的数学结构，尚任其浮沉于迷信中，而不知其本具之科学理论，尤足悲叹。以下由六艺而诸子，由儒而道，更能合诸道教论，则有据于自然科学，情况大不相同。凡由尧舜孔子与黄老思想，同为以人为主。以今日概念分辨之，儒重社会科学的人，道重生物学的人，宜儒以六艺为本，道当以专业知识"方技略"观之。方技者犹指方士之技术，这种技术就是医药。中国的医理出于道教，观此《七略》可信而有征。其间所用的象数，仍以阴阳五行为本，宜与易理有密切的关系。凡《易》与黄老医理之象，当以下图示之：

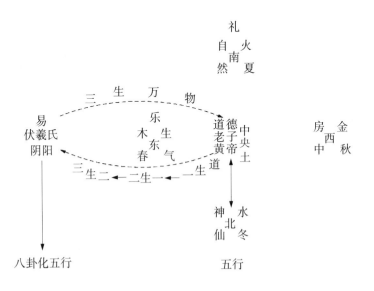

由上图庶知医重阴阳五行之理，即医理与易理结合。此理战国时已盛行，六艺以《易》为首，亦取此阴阳五行之义。凡阴阳五行之理由来极早，孔子是否重视之，无明确的文献可证。由是而谓易理无关于阴阳五行，则为绝大的错误。战国起所认识的易理，决无舍去五行者。亦见易理本通黄老，后合于六艺，似在汉代亦配以阴阳五行。凡春木之乐，于医理就是生气，也就是生命起源。人参天地而生，本具此理。故东西之旋转，西属"房中"，即生生之理，以见生物之传嬗及其进化。至于南北之轴，礼贵自然，北即神仙。此黄老当中央之土，贵能扩大限于二百四十二年《春秋》的时空数量级。而道之生一生二生三，即天地人三才的易道。然则道归于数，所以由显而隐，三生万物，亦由隐以显。此即今日所谓"数学语言"的作用，较六艺以《易》与《春秋》互为隐现，自然不可同日而语。且易老贵反身的医理，方可切合人参天地的三才之道。而儒术亦有以始祖配天的概念，乃见儒道对宗教的认识未尝不可相通。事实上同为接受原始宗教的理论，而各自发展成儒道的哲理。推至殷周之际观之，早具阴阳五行卜筮之形式，于殷墟已得天干地支的六十甲子表，足可证明当时所认识的象数较阴阳五行复杂。观其哲理早已超过盲目的原始宗教，然何尝有儒道之分，而儒道皆由此出。故今日对道教的认识，如不本古史的史实，把方仙道与黄老道皆排斥在外，则自然会产生道教是不是道家，儒家是不是宗教等无答案的问题。因仅须对道教下一某种定义，其内容全部可变化。对儒家是不是宗教的问题，亦全在对儒家的定义问题，是皆不可必之事，何必必之。今以文献推其本，道教实由方仙道的"方技略"而来，且战国时与儒术本可相通。更合诸殷周之际言，中国宗教实有其以人体为出发的基本点，亦就是道教的特色。今由《汉书·艺文志》所编的目录观之，虽无宗教之名，确有宗教之实。因有具体的文献，故决非无稽之空谈。易学象数合以黄老，方为道教的基本教义。

《参同契》作者及成书年代考

　　《参同契》一书，在我国文化史中，今当属于科技史，有其特殊地位，且有现实的意义。而对其成书及流传的原委，尚未见全面的考核，对其内容的理解，尤多恍惚。因综合前人之说以考核之，要在能明辨全书之旨。然近二千年来变化情况殊复杂，此文仅考核《参同契》的作者及成书时间。

　　《周易参同契通真义》三卷，《四库提要》曰："诸家注《参同契》者，以此本为最古。"此见已成定论，因自乾隆四十六年（1781）迄今，未能发现早于此本之《参同契》。故凡论《参同契》者，必以此本为主。今据明正统十年（1445）刊成的道藏本，注者自署为"朝散郎守尚书祠部员外郎赐紫金鱼袋昌利化飞鹤山真一子彭晓注"。晓字秀川，永康人，任后蜀孟昶。宋正一道士陈葆光撰集《三洞群仙录》，引成都景焕所撰《野人闲话》云："祠部员外郎彭晓，字秀川，自号真一子。常谓人曰：'我彭篯之后，世有得道者。余虽披朱紫，食禄利，未尝懈怠于修炼。去作一代之高人，终不为下鬼矣。'宰金堂县，则恒骑一白牛于昌利山往来，有会真之所，往往有白鹤飞鸣前后。晓注《阴符经》《参同契》。每符篆，谓之铁扇子，有疾病者，饵之则愈。"读此可略见彭晓之情况。自署中"化飞鹤"三字，亦知其所指。晓既事修炼，宜其详读《参同契》而注之。于全书分三卷为九十章，三卷当为原次，九十章晓所分。计上卷分四十章，中卷分三十八章，下卷分十二章，每章各取章首数字为章名。九十章外，尚有《鼎器歌》自为一章，末有赞序。晓注毕而总作《明镜图诀》，列八环明二象以喻全书之旨。自序于"孟蜀广政十年岁次丁未九月八日"（947）。此分章而注之，加《明镜图诀》以明之，皆属彭晓所理解之《参同契》，有其心得而不可认为是《参同契》之本义。自此本后，注《参同契》者甚多，不乏有发展其理论者，亦多考核其原委者。合而言之，须了解《参同契》的作者情况及其内容。于文献已无他本，不得不准此九十一章原文，然不必为分章所限。于个别文字的订正，他家采晓本时殊多出入，宜斟酌取用。且考核原委时，决不可舍此文献而空评前人观点之是非。

下录"会稽鄙夫章第八十八""务在顺理章第八十九""审用成物章第九十"。

会稽（邻国）鄙夫，幽谷朽生。挟怀朴素，不乐欢（落权）荣。栖迟僻陋，忽略利（令）名。执守恬淡，希时安平。晏然闲居（远客燕间），乃撰斯文。歌叙大易，三圣遗言。察其旨（所）趣，一统共伦。（八十八章）务在顺理，宣耀精神。神化流通，四海和平。表以为历，万世可循。序以御政，行之不繁。引内养性，黄老自然。含德之厚，归根返元。近在我心，不离己身。抱一毋舍，可以长存。配以服食，雌雄（雄雌）设陈。挺除武都，八石弃捐。（八十九章）

审用成物（功），世俗所珍。罗列三条，枝茎相连。同出异名，皆由一门。非徒累句，谐偶斯文。殆有其真，硌砾可观。使予敷伪，却被赘愆。命《参同契》，微览其端，辞寡意大，后嗣宜遵。委时去害，依托丘山，循游寥廓，与鬼为邻。化形而仙，沦寂无声，百世一下，遨游人间。陈敷羽翮，东西南倾，汤遭厄际，水旱隔并。柯叶萎黄，失其华荣。吉人相乘负，安稳可长生。（九十章）（按：文录自道藏本，括号中字录自朱熹考异本。）

此三章实为一文，乃魏伯阳的自序。彭晓为之三分，文旨混乱，精义晦涩，全文不可卒读。此证晓于《参同契》的原委，毫无所知，今依文义为之分段：

首至"乃撰斯文"十句为第一段，自述作此书之目的，"希时安平"，实为全书之旨。以下分三小节，明全书有三种内容。其一自"歌叙大易"至"行之不繁"十二句，所以明大易；其二自"引内养性"至"可以长存"八句，所以明黄老；其三自"配以服食"至"世俗所珍"六句，所以明服食。继以"罗列三条"至"皆由一门"四句，所以总结以上三小节，明三种内容之同出一门。计自"歌叙大易"至"皆由一门"共三十句为第二段，义明同此三种内容，庶几可望"安平"。以下"非徒累句"至"后嗣宜遵"十句为第三段，所以明命书名为《参同契》，且贵实践而切忌执文。最后自"委时去害"至"安稳可长生"十六句为隐语，实自署名字。宋末俞琰（1258—1324？）已猜得三字，凡四句射一字，委邻鬼为魏，百下一加人为伯，陈去东汤去水隔并为阳；最后四句或猜作歌字尚不切，好解字谜者可一思之。且最末二句为五字，似未是；以全文观之亦当为四字，或作"各相乘负，安稳长生"，可备一说。又"乘负"二字得自大易无疑，《解》："六三，负且乘，致寇至，贞吝。"《象》曰："负且乘，亦可丑也。自我致戎，又谁咎也。"《周易·系辞上》："子曰：作《易》者其知盗乎。《易》曰：'负且乘，致寇至。'负也者，小人之事也，乘也者，君子之器也。小人而乘君子之器，盗思夺之矣，上慢下暴，盗思伐之矣。慢藏诲盗，冶容诲淫。《易》曰：'负且乘，致寇至。'盗之招也。"此节文辞，魏氏必已熟读，宜用"乘负"二字。

由上原文，可确证《参同契》为魏伯阳撰，且用四字句"谐偶斯文"。继之当详考魏伯阳之一切，庶可了解《参同契》之内容。

考彭晓之序，既据葛洪《神仙传》，尚另有所据于旧闻。综合言之，谓魏氏之学："不知师授谁氏，得古文《龙虎经》，尽获妙旨。乃约《周易》撰《参同契》三篇。未尽纤微，复作《补塞遗脱》一篇，继演丹经之玄奥。所述多以寓言借事，隐显异文。密示青州徐从事，徐乃隐名而注之。至于后汉孝桓帝时，公复授与同郡淳于叔通，遂行于世。"此旧闻自桓帝（147—167在位）传至彭晓约已八百年，当知其是否属实，且非仅魏氏一人，宜并考徐从事与淳于叔通。

当彭晓前，唐玄宗（712—756在位）时《参同契》已流传于蜀，有绵州昌明县令刘知古著《日月玄枢篇》，所以论《参同契》之旨。其言曰："抱朴子曰：'魏伯阳作《参同契》《五相类》凡二篇，假大易之爻象以论修丹之旨。'玄光先生曰：'徐从事拟龙虎天文而作《参同契》上篇以传魏君，魏君为作中篇传于淳于叔通，叔通为制下篇以表三才之道。'《参同契》者，参考三才，取其符契者也。"（见《道枢》中录存的《日月玄枢篇》）此引抱朴子之言，本诸《神仙传》，若玄光先生之说未知所本，而彭晓之言与之略同，唯徐从事和魏伯阳的授受不同，可能在师友之间。以历代书目观之，《唐书·经籍志》始著录《周易参同契》二卷，《周易五相类》一卷，皆魏伯阳撰。若刘知古读时，当然未分九十章，极可能所谓三篇即《唐志》之三卷，似即彭晓本的三卷。卷上、卷中为《参同契》，卷下为《五相类》。然晓之注对此有不同的见解，其注曰："晓按：诸道书或以真契三篇，是魏公与徐从事、淳于叔通三人各述一篇，斯言甚误。且公于此再述《五相类》一篇，云'今更撰录《补塞遗脱》'，则公一人所撰明矣。况唐蜀有真人刘知古者，因述《日月玄枢论》进于玄宗，亦备言之，则从事笺注淳于传授之说，更复奚疑。今以四篇统分三卷，为九十章，以应阳九之数也。"考晓之分章皆以意而言，由魏氏之自序，已见其一斑。故晓之功，贵能保存旧文献，且所作《明镜图诀》尚有所得，若对于魏氏与徐从事、淳于叔通之情况及成书之始末，可云一无所知。然于诸道书所保存之古义，竟以意否定之，实不足为训。且亦提及刘知古，然又未用《日月玄枢篇》所引及之说，可证诸道书当属唐以前，三篇各为一人所撰，必有所据。自晓起认为凡《参同契》之言皆出魏氏，未免武断。且晓亦信徐从事有笺注，唯淳于叔通是否有注，所见始不同。晓据《五相类》认为亦属魏氏之言，尚合文义。然下卷中非仅《五相类》一篇，故晓之断言仍未可信。

至于魏氏、徐从事、淳于叔通三人之关系，可取唐以前古文献《真诰》为证。《真诰》卷十二中言及徐与淳于："定录府有典柄执法郎是淳于斟，字叔显（《御览》卷六百六十六引作字叔颎），主试有道者。斟会稽上虞人，汉桓帝时作徐州县令。灵帝时，大将军辟掾。少好道，明术数，服食胡麻黄精饵，后入吴乌目山隐居，遇仙人慧车子，授以虹景丹经，修行得道，今在洞中为典柄执法郎。"陶弘景（456—536）自注云："《易参同契》云，桓帝时，上虞淳于叔通受术于青州徐从事，仰观乾象，以处灾异，数有效验。以知术，故郡举方正，迁洛阳市长，如此亦为小异。"余嘉锡《四库提要辨证》推之而曰"乃知彭晓之说，源出于此"，且认为："晓谓伯阳以示青州徐从事，至桓帝时复以授同郡淳于叔通。……是叔通之术为伯阳所亲授，而弘景所引《参同契》谓叔通受术于徐从事，二说不同，疑晓误也。弘景既未言徐从事作注，则彭晓所谓徐乃隐名而注之者，事之有无，亦在疑似间矣。"余氏能以《真诰》及弘景之说以证《参同契》之情况，极有见地，可证《参同契》与徐从事有关。然未及刘知古及所引玄光先生之说，且叔通之术既受于徐从事，未尝不可再受术于魏伯阳。合诸知古与晓之说，极可能徐与魏为同辈，而魏且略小于徐，二人既相知，宜叔通能兼受二人之术。至于徐从事是否有注，不可妄猜，应于《参同契》原文观之。据彭晓本，宜录《鼎器歌》后《赞序》一文：

　　《参同契》者，辞陋而道大，言微而旨深，列五帝以建业，配三皇而立政。若君臣差殊，上下无准，序以为政，不至大平；服食奇（其）法，未能长生；学以养性，又不延年。至于剖析阴阳，合其铢两，日月弦望，八卦成象。男女施化，刚柔动静，米盐分判，以经为证，用意健矣。故为立法，以传后贤，惟晓大象，必得长生（按《考异》本此句后多"强己益身"四字），为吾（此）道者，重加意焉。

今以文义观之，此文殊非魏氏自言。对《参同契》之三者，皆有所抑，更有所扬，且愿为之立法，正合徐从事之口气。故晓据旧说认为"徐乃隐名而注之"，知古据玄光先生而谓"徐从事拟龙虎天文而作《参同契》上篇以传魏君"，其义可通，实即徐从事读魏氏《参同契》后，为之提纲立法，总以此《赞序》。此义朱子已见及，于《周易参同契考异》曰："此似注序，后人所作，今注亡而序存耳。立法即立注，字转写误耳。"又曰："或云后序，或云魏君赞词，其文意乃是注之后序。彭晓序云：'魏君密示青州徐从事令笺注，徐隐名而注之。'恐此是徐君语也，其注则不复存矣。"此"立法"与"立注"，或确为写误，或亦可视为应于"服食奇（其）法，未能长生"之"法"字。

幸有此文在，合诸陶弘景之说，可确证《参同契》一书，原作者虽为魏伯阳，内已有徐从事为之立法（注）而晓其大象，总以"健"字为评，可云已道出魏氏"希时安平"之情。至于徐氏之立法（注）是否尚在，以下更将深入考核之。

此外淳于叔通尚多事迹可考，余嘉锡于《四库提要辨证》基本已为收集，然不信叔通亦受术于魏氏，亦未用玄光先生之言，故考得之事实，未合《参同契》原文之义。今特重为考核淳于叔通之事迹，以见其确与魏氏有关。

《搜神记》今本卷六：

> 汉桓帝即位，有大蛇见德阳殿上。洛阳市令淳于翼曰：蛇有鳞，甲兵之象也。见于省中，将有椒房大

臣受甲兵之诛也。乃弃官遁去。至延熹二年，诛大将军梁冀，捕治家属，扬兵京师也。

《后汉纪》卷二十二：

尚字博平，初为上虞长。县民故洛阳市长淳于翼，学问渊深，大儒旧名，常隐于田里，希见长吏。尚往候之，晨到其门，翼不即相见。主簿曰还，不听，停车待之。翼晡乃见，尚宗其道德，极谈而还。

《后汉书·孝女曹娥传》：

元嘉元年，县长度尚改葬娥，为立碑。

《御览》卷三百八十五引吴谢承所撰《会稽先贤传》：

淳于长通年十七，说《宓氏易经》，贯洞内事万言，兼《春秋》，乡党称曰圣童。

《开元占经》卷百二十引《会稽典录》：

淳于翼字叔通，除洛阳市长。桓帝即位，有大蛇见德阳殿上，翼占曰：以蛇有鳞，甲兵之应也。

《元和姓纂》卷三：

　　会稽上虞《列仙传》有淳于斟，字叔孙。

　　据上资料，可概见淳于氏之情况。据《会稽典录》，可知淳于叔通名翼。若《元和姓纂》作斟字叔孙，《会稽先贤传》作长通，皆传写之误，所指为同一人。年十七有圣童之称，因已得《易》《春秋》二端之学，《史记·司马相如传赞》"《春秋》推见之隐，《易》本隐之以显"是其义。所学之《易》为《宓氏易经》，《隋志》："《周易集林》十二卷，京房撰。又引《七录》云：伏万寿撰。"此因伏氏易传京氏易，所撰之《周易集林》，有题为京房撰，乃以《七录》证之，此书实为伏氏撰。伏万寿为伏恭（前6—84）之子，琅玡东广武人，官至东郡太守（见《后汉书·儒林列传·伏恭》）。父恭于青州举为尤异，太常试经第一，拜博士，迁常山太守。由是北州多为伏氏学。恭治《诗》，寿治《易》，恭九十多岁卒，故其子寿之《周易集林》约成于其父卒年前后，系继京氏易以兴起，京氏易于东汉初可包括在伏氏学中。四五十年后翼既习当时盛行于北州之伏氏易学，乃能复从青州徐从事以受术。以时考之，徐从事极可能为寿之弟子。当翼于会稽本地郡举为方正而迁洛阳市长，其时当在桓帝前，乃有桓帝即位（147）以占大蛇之异，且有圣童之称，翼之年龄可能在三十至四十岁间。从徐从事受术，时当在回会稽前。核实大蛇之占，似已见及梁冀专权之事，故必须离洛阳以避祸。冀被刺于延熹二年（159），翼当早在会稽。度尚于元嘉元年（151）为曹娥立碑，可证在桓帝初确为上虞长，常往翼门候之，正当其时。以《参同契》论，魏伯阳亦可能于是时以授翼，翼既有名于会稽，更有度尚之愿受教，宜徐从事、魏伯阳的《参同契》可赖翼之力以行于世。至于翼与《参同契》之关系，应重视其所学之伏氏易及其他诸术。凡魏氏之取诸大易基本用京氏易，然其间略有不同，极可能已本诸伏氏易。今虽未能详考，合诸翼与徐从事的情况，可得间接的证明。可见魏氏与徐从事、淳于翼三人所学皆相似，故最具体的考核，当从原文观之。晓本"补塞遗脱章第八十四"更宜录之：

> 《参同契》者，敷陈梗概，不能纯一。泛滥而说，纤微未备，缺略仿佛。今更撰录《补塞遗脱》，润色幽深，钩援相逮，旨意等齐，所趣不悖。故复作此，命《五相类》，则大易之情性备矣。五位相得而各有合：

甲	丙	戊	庚	壬
沈石	武火	药物	世金	真汞
一	二	三	四	五
木	火	土	金	水
乙	丁	己	辛	癸
浮石	文火	物	世银	真铅

此章之义本极明白，至少是成《参同契》后更为撰录，与《参同契》为另篇。《唐志》分为二书，皆认为魏伯阳撰。更求《唐志》之源，则《神仙传·魏伯阳传》已分为二，原文为："……伯阳作《参同契》《五相类》凡二卷，其说似解说《周易》，其实假借爻象以论作丹之意。而儒者不知神仙之事，多作阴阳注之，殊失其奥旨矣。"可见读《参同契》后，亦当读此《五相类》。所谓《五相类》者，明《周易·系辞上》"五位相得而各有合"一句之义，准此可尽大易之情性。下记十天干与《洪范》五行数的关系，汉世早已盛行，配以金银铅汞、沈浮石

药、文武火候，方属《参同契》的纲领，亦为更撰《五相类》之旨。惜朱熹作《考异》时未予收入，或误认为是晓之注，由是朱熹注《五相类》曰"此篇五章，一参同、二大易、三象彼、四郐国、五委时"，可云大误。乃《参同契》之文字，既误于彭晓之分章，更误于朱熹之解五相，故使原文进一步晦涩。今核实以言，凡《五相类》仅指晓本之第八十四章，所以准"五位相得"之理，"以类万物之情"，乃取名为《五相类》，同类相合，庶能尽大易之情性。情性云者，说明《参同契》之"推情合性"。此本属魏氏之主旨，亦属《赞序》中以"健"字称之之象。故此《五相类》既可视为魏氏晚年更撰，亦未尝不可视为与精通易学之叔通有关。凡此《五相类》，当属于《参同契》之外，而有以深入阐明《参同契》有关大易之义。或忽视此与叔通极有关系之《五相类》，决不能全面了解魏氏之志。惜此《五相类》之旧文，为朱子妄为删削而以意解五相。继之有宋末俞琰又肯定朱本之删削，而即以《参同契》之参字为准，进而妄改《五相类》为《三相类》，变本加厉，正解全失，何能更见大易之情性。然俞氏固为深究《参同契》者，对作者问题深思久之，仍未能解决。有言曰：

　　愚尝绅绎是说，窃叹世代寥远，无从审定，是邪非邪，皆不可知。忽一夕于静定中，若有附耳者云：魏伯阳作《参同契》，徐从事作笺注，简编错乱，故有四言、五言、散文之不同。既而惊寤，寻省其说，盖上篇有乾坤坎离屯蒙，中篇复有乾坤坎离屯蒙；上篇有七八、九六，中篇复有七八、九六；上篇曰"日辰为期度"，中篇则曰"谨候日辰"；上篇曰"震受庚西方"，中篇则曰"昴毕之上，震出为征"；其间言戊己与浑沌者三，言三五与晦朔者四。文义重复如此，窃意三人各述一篇之说，未必不然。而《经》《注》相杂，则又不知孰为《经》，孰为《注》也。愚欲以四言、五言、散文各从其类，分而为三，庶《经》《注》不相混淆，以便后学参究。然书既成，不复改作，姑诵所闻于卷末，以俟后之明者。

考自宋末元初至东汉中晚期，实仅一千一百余年，然从事道学者每多忽视史迹，以致难于考核。今已由《真诰》证之，殊可深信徐从事、淳于翼皆与《参同契》有关。然有关之情况，必须合诸具体的文献，俞氏既已注毕《参同契》，则熟谙全书已不待言，且思之不已，始可于静定中似闻耳语，实仍为俞氏脑中起判断作用的脑细胞在判断。可信者《参同契》确应属三人之作品，且总上徐从事与淳于翼之事迹，方可较正确地见及魏伯阳之生平及著成《参同契》之始末。

魏氏为会稽上虞人，与翼为同郡。因于自序中隐有"魏伯阳"三字，故当为《参同契》的主要作者。至于作书之情况，自序中云："远客燕间，乃撰斯文。"经具体考核全书之内容，《道藏》本"晏然闲居"不及朱子《考异》本作"远客燕间"为宜。唯其在中年客居时所作，宜于晚年归故乡后须"今更撰录"，况魏氏有"健"意在，日在尽其情性，不仅"晏然闲居"。且因魏氏曾"远客燕间"，始可以撰于客地燕间之《参同契》密示于青州徐从事。至于"徐乃隐名而注之"，今以《赞序》观之，当有其事。然其注是否已佚，须重视俞氏所悟得者，更宜从原文中考之。上已提及《五相类》一篇出于《参同契》之外，进而于《参同契》中观之，是否尚有徐从事与淳于翼之言，是否徐从事之注尚在，是否有上中下三篇之辨。

今核诸文句，魏氏之自序为四字句，中篇确以四字句为主，而上篇中实多五字句，惜其间略有混淆。尤可注意者，于上中二篇之中，以四字句五字句并观，其内容相似，竟可视之为全同，故恰合徐从事作上篇，魏氏作中篇，亦即徐从事有以印证魏氏之说，基本肯定之，与《赞序》之内容全合。当魏氏"远客燕间"而作，特造徐从事之门而密示之，徐之德与齿似高于魏，宜魏氏得之，敬而置于上篇，自作之《参同契》置于中篇，合诸情理丝毫未悖。上已提及，徐从事与魏氏之关系可能在师友之间。日后魏氏归于乡里，又遇同郡之叔通，所以授以《参同契》者，魏氏之地位不外师叔或同门，若更撰《五相类》，当又受叔通之影响。叔通之于《参同契》，是否亦有所作，更未可武断，须合诸原文而观其文义。俞氏悟得四言五言极是，曰散文则未合。更读晓本第七十九章，实为乱辞之序。以下第八十、八十一、八十二、八十三等四章为乱辞，殊有总结《参同契》之气势，然与魏氏自序有拘束之文风不类。昂首畅言，颇合使度尚久候而又能与之极谈之神情，圣童叔通，至老未改。"天道无适莫兮，常传与贤者"与"使余敷伪，却被赘愆"，决非一人之言。且读乱辞之序言，有曰："……吾甚伤之，定录此文，字约易思，事省不烦。披列其条，核实可观，分两有数，因而相循。故为乱辞，孔窍其门，智者审思，用意参焉。"此"吾"字不似魏氏之口气。又曰"定录此文"，可肯定为他人录此《参同契》者所言。此人合诸古传之说，即淳于氏为《参同契》作乱辞，所以介绍其旨，以使其能通行于世。故旧说三人各述一篇者，或指下篇中之乱辞，包括乱辞之序，且《鼎器歌》

之文气亦具乱辞之象，义与《五相类》可通。故此乱辞序、乱辞、《鼎器歌》宜属诸淳于氏，亦合"叔通为制下篇以表三才之道"之古义。此外于卷下，仅存第八十五、八十六、八十七等三章。先宜录其文而观其义：

> 大易情性，各如其度；黄老用究，较而可御；炉火之事，真有所据。三道由一，俱出径路。（八十五章）枝茎华叶，果实垂布，正在根株，不失其素。诚心所言，审而不误。（八十六章）象彼仲冬节，竹木皆摧伤，佐阳诘贾旅，人君深自藏。象时顺节令，闭口不用谈。天道甚浩广，太玄无形容。虚寂不可睹，匡郭以消亡。谬误失事绪，言还自败伤。别序斯四象，以晓后生盲。（八十七章）

凡八十五、八十六两章，正属魏伯阳自言著《参同契》之旨，较之自序更中肯有实。或更撰《五相类》后，再次叙述《参同契》之纲领。因《五相类》的确重要，然不可徒以《五相类》代替《参同契》。至于八十七章似当为徐从事之言，归诸乾坤坎离四象，不谈之谈，以待剥而复，正合当时之时代，亦合徐从事之地位。由此两小节一为四字句，一为五字句，恰可证明上篇为徐氏之言，中篇为魏氏之言。由是略为移动上中篇的四字五字句，此二节亦可分入上中篇，则晓所传之三卷方可文气通贯。此步整理工作，前人基本已完成。当俞氏悟得后二百余年，俞氏的同乡有云岩道人杜一诚字通复者，始为分四言者魏之经，五言者为徐之注，赋、乱辞及歌当《三相类》为淳于之补遗，乃其精思所得，其言曰："经文三篇为一册，笺注三篇为一册,《三相类》二篇为一册。经文、笺注、《三相类》篇末,各自有序。经文多四言,间有散文。注虽五言,或有四字句。《三相类》文体,无待更订。而经注节次,或有差错,以待后贤。"自序于正德丁丑(1517)八月,其从父五存于正德己卯(1519)为之跋,十余年后有王围山人某捐俸以刻,时当嘉靖二十五年(1533)。此本大体可取,惜承俞氏妄改《三相类》之误,且以赋、乱辞、歌三者当之尤非。未久杜之抄本及刻本,皆为蜀杨慎(1488—1559)所得,乃为编成《古文参同契》,序于嘉靖丙午(1546),且称:"近晤洪雅杨邛崃宪副云:'南方有掘地得石函,中有古文《参同契》。魏伯阳所著上中下三篇,叙一篇;徐景休《笺注》亦三篇,后叙一篇;淳于叔通补遗《三相类》上下二篇,后序一篇。合为十一篇,盖未经后人安紊也。'亟借录之。未几,有人自吴中来,则有刻本,乃妄云苦思精索,一旦豁然,若有神悟,离章错简,雾释冰融。其说既以自欺,又以欺人,甚矣。及观其书之别序,又云有人自会稽来,贻以善本。古文一出,诸伪尽正,一叶半简之间,其情已见,亦可谓掩耳盗铃,藏头露足矣,诚可笑也。"读杨慎之序,令人啼笑皆非,凡事之以误传误是非颠倒一至于此。然所谓《古文参同契》,实有杜一诚完成俞玉吾之所悟,有功于古文献之整理,更有益于后人之学习《参同契》,其何可小视之。一诚或更受会稽某人之启发,亦可能有其事,然决非会稽尚有古本或有石函可得。且杨慎为徐从事定名景休,或有得于以休黄庭之内外景,庶得《参同契》之象,则其理可取。如确信汉代之徐从事名景休,未免唐突古人。继之蒋一彪得之而作《古文参同契集解》,自序于明万历甲寅(1614),且以古文之次,集彭晓(947)、陈显微(1234)、陈致虚(1329)、俞琰(1248)

四家之注，为之"节集于各段之下，以显明其义"，则非但有功于原著，亦有以纠正四注之误，"且得彭陈诸人之所未睹，真一大快事也"。虽然，由明迄今，未察古文之原委者甚多，且杜本亦未必肯定无误，况蒙以"石函"之伪，故既为徐渭（1521—1593）非之于前，《四库提要》亦斥之于后。惟蒋一彪能确有所见，而其后似未闻更有用古本者。若余氏之《四库提要辨证》考核已精，惜未能合诸晓本以究之，结论仍误。故不得不详为叙述其原委，专为《古本参同契》张目。《参同契》一书，实为三人之言。主要作者为魏伯阳，内容为四字句的《参同契》。魏在燕间以《参同契》示徐从事，徐氏为之印证而更作五字句为主的《参同契》。当魏氏回乡里，更以示淳于翼，翼为之作乱辞与《鼎器歌》，宜魏氏又为之补作《五相类》。如是以观彭晓所保存的原本，始能文句通顺，与古传之说亦合，进而可考核三人之年龄及成书之时间。

淳于翼之年龄基本可确定。魏氏授以《参同契》，当在梁冀被刺前后。即以梁冀被刺之年论（159），翼五十岁左右，伯阳可能长十岁左右，徐从事可能更长于伯阳二十岁左右。而《参同契》之书，约当顺帝（126—144在位）末成于燕间，徐氏之上篇亦成。魏氏归会稽后，与翼相见而更撰《五相类》，即在梁冀被刺前后。经叔通之力，可于桓、灵之际（167）行于会稽。不先考得此作者及时间，不论如何注解《参同契》，决难确切理解其内容。因三人之学既有相通处，亦各有其重点，混而观之，自然其旨恍惚。历代传其说者，更因时而为之注，皆未能直探其原以明之。今以时代观之，则东汉中晚期之著作，比比皆是。故以时代思潮合诸徐、魏、淳于三人之所学，方能客观说明《参同契》之内容。贵能认识其在当时及历史上的影响，要在说明迄今犹有之现实意义。

当刘邦元年虽犹有楚汉之争，然秦已灭，故以是年起至汉武帝建元六年窦太后卒止（前206—前135），为汉初崇尚黄老的时期。汉初所以尚黄老者，要在否定秦之专制，有以休养生息，且重视人法自然之道。1973年既得长沙马王堆汉墓的大量文献，该墓下葬于前元十二年（前168），至少可确定在长沙地区崇尚黄老的情况。《周易》一书，本可与黄老并读。墓中尚多医药气功书，间接可证今仅存的中医理论书《内经》，至迟当在武帝前完成。该书旨在说明医学之理，必托名于黄帝与岐伯等的对言者，正有以发展《尚书》虞廷之对。考孔子的儒学发生于鲁，其主张托始于尧舜，要在以社会学为主。由春秋而战国，由鲁而齐，齐燕产生的方仙道，即以黄帝之理为主，所以发展尧舜之说。以《内经》论，由社会学为主已变成以生物学为主。且孔子所谓尧舜之历数，亦发展利用干支五行之说，能进一步说明历数之理，且以之反身作为治疗疾病的方法。故发展至汉初，凡干支术数、阴阳五行、医书天文等皆可总于大易与黄老，此一学风经武帝尊儒术斥百家而大变。然武帝本人仍信方仙道，故汉之尊儒，实已与方仙道合一，要在否定黄老崇尚自然之理。计自西汉武帝（前140—前87在位）至东汉顺帝（126—144在位）二百七八十年间，学风正经历一次反复。由兴儒而又见兴黄老，当其压黄老，主要为武帝之灭淮南王安（自杀于元狩元年），明帝之灭楚王英（自杀于永平十四年）。然武帝后黄老道之理日在民间发展，于易学中重视孟喜、焦、京之《易》，东南沿海尤盛行，及两汉之际谶纬盛行，总结合成楚王英所奉祀的黄老与浮屠。而徐从事、魏伯阳、淳于翼三人所继承之学术，正属汉初的大易黄老思想，益以方仙道及淮南王安、楚王英等兼及易学思想的黄老道，故自然与律历医学术数相合，成为黄老道的理论基础。魏氏好之而一生专研之，然徐从事既属青州刺史之副，其何可直斥儒家经学而为奉行黄老道的著作作注，而心实好之，故不得不隐名。而淳于翼已弃官，故能"定录此文"以使行于世。且唯其在桓、灵之际尚可流传，十余年后即有太平道取法于黄老道理论以掀起大规模的黄巾起义（184），却惨遭镇压，而黄老道理论亦受致命的打击，大量文献损失殆尽，而《参同契》属仅存的一种，尚可考核黄老道的思想。要而言之，取大《易》的律历为天，黄老的道德为人，用炉火以格物为地，三才同契，以自然之理正东汉末年世法的失道。其间音乐原理、天文历算、黄老养生、炉火炼丹、生理医药，今皆可属于自然科学，且能重视自然科学之理，作为治国平天下之标准，斯为黄老道之可贵处。

《参同契》的易学与服气之道

　　《参同契》作者魏伯阳，浙江会稽人，中年时曾北至燕间，燕当今之河北。此书因在燕地得《古文龙虎经》而作，作后曾与青州（今山东一带）徐从事印证。从事是汉代的官名，位仅下于刺史，且徐精通丹道与天文，读后必有所得而充实之，然碍于地位不便留名，事迹更未详，仅知为北海人。或谓《龙虎上经》本出徐从事。要而言之，会稽魏伯阳的《参同契》，已与北海徐从事的丹道相互交流结合而成，此可免地域性的偏见。其后魏伯阳南归，于桓帝时授淳于叔通。叔通名翼，或作斟，亦会稽上虞人，郡举方正，迁任洛阳市长，治宓氏易。桓帝即位（147），有大蛇见德阳殿上，翼认为蛇有鳞应甲兵象，乃弃官遁去，隐于故里。事实上，翼已见及梁冀的专权，必须避之。冀被刺于延熹二年（159），故翼归故里当在其前。时上虞长度尚常往翼门候之，宗其道德，极谈乃退。尚曾改葬曹娥，为立碑，时在元嘉元年（151）。此见尚的事迹，亦见翼的地位。翼亦受术于青州徐从事，魏伯阳以《参同契》授翼的时间，当在梁冀被刺前后，估计魏的年龄已六十左右。《参同契》一书，赖翼以传于世，翼或亦更有所作，故全书极可能合有三人之言。

时有世传孟氏易的虞氏，亦会稽望族，传至虞翻（170—239），重视《参同契》所发展的纳甲说及消息卦，用以注《易》，作为虞氏易组成部分之一。虞翻的易著曾上呈献帝，且以示孔融，时约当建安十年（205）。上《易》表时有言："臣郡吏陈桃梦臣与道士相遇，放发披鹿裘，布《易》六爻，挠其三以饮臣，臣乞尽吞之。道士言：'易道在天，三爻足矣。'岂臣受命，应当知经。"此所谓"尽吞三爻"及"易道在天，三爻足矣"之义，即指《参同契》的纳甲。可见虞氏易与道教有密切关系。由以上史实，可确证《参同契》一书在桓灵之际（167）已流传于会稽。其后《参同契》与虞翻易注同传之蜀，西晋末有劝李雄称尊号的范长生（？—311），久居青城山，能传虞氏易，更为之注。详论虞氏易的卦变本于消息卦，与《参同契》之易理同。其后《参同契》与《虞氏易注》各地皆散佚，唯存于蜀。唐玄宗（712—756在位）时，蜀绵州昌明县令刘知古，曾以《参同契》之理作成《日月玄枢篇》以言于玄宗，颇能得《参同契》之旨，其间有"徐从事拟龙虎天文而作《参同契》上篇以传魏君，魏君为作中篇传于淳于叔通，叔通为制下篇以表三才之道"等语。当安史之乱，玄宗避于蜀（755），接驾中有资州人李鼎祚，善《周易》，辑成《周易集解》一书，当代宗即位时（762）上于朝。今日尚能见虞翻及范长生的易注，全出于《周易集解》。而《参同契》虽有刘知古传之，其原文仍仅传于蜀。直至五代孟昶时的彭晓为之分成九十一章，书前增作《明镜图》，自序于丁未（947），由是已晦七八百年的古籍，方能复行于世。张伯端在蜀悟道（1069）后作《悟真篇》（1075），当与《参同契》有关。及朱熹（1130—1200）晚年为之作《参同契考异》，始引起学者重视。宋末俞琰（1258—1325？）详为注释，理较中肯，注成后方悟得当分三言四言五言的作者，然已不及改。至明始有为之重编者，由杨慎《古文参同契》（自序于1546）、蒋一彪《古文参同契集解》（自序于1614）等完成，妄言掘得古本，实何必多一作伪。又为徐从事取名景休，于古无据，然示人休止诸景，庶可了解内外统一的《参同契》。此明人为徐从事取名之义，故景休之象未可忽视，或信徐从事名景休则大误。至于虞翻及范长生等易注，虽有《周易集解》通行于各地，然能确切深入了解其内容者，需至清惠栋（1697—1758）及张惠言（1761—1802）等，汉易方能复明于世。而《参同契》中所引用的易象，必须以东汉郑玄（127—200）、虞翻等的义例加以说明。当桓灵之际，汉朝已近崩溃，学术思想虽以儒家的经学为主，然民间仅重视六经之原《易经》，且合以黄老。1973年得汉初马王堆的帛书《周易》，同时又得黄老文献（下葬于前168），更可确证《周易》之理本通于黄老之说。《易》合黄老，汉初已成风气。及魏有王弼（226—249）注《易》、注《老》，与《参同契》中所谓"大易""黄老"截然不同。故今不取汉代《易》《老》之义，决难了解《参同契》的原义。

"参"者谓三，指"大易""黄老"与"炉火"，"炉火"亦名"服食"。此三者之旨可同而契合于一，为书名《参同契》的含义。或加"周易"二字殊觉未妥，大易仅当三者之一，非以《易》概三者。

今人重视《参同契》皆注意其第三者炉火与服食，此确为该书的特色，然必须取大易黄老的思想，才能深入了解《参同契》的炼丹法。要而言之，取诸大易者，实以卦象符号表示阴阳消息，示人客观的律历。律以明音乐的原理，自然界的天籁，可影响人身的精神境界。历以明时间与方位，合诸自身，今名"生物钟"。此律历二者，属易学的基本应用之处，而为《参同契》所取则。黄老云者，黄取托名黄帝与岐伯等对言的《内经》，且重视天干地支与五行生克制化之理。老取其"上德不德"以归于"上善若水"之道，合诸人身，水犹体内的种种内分泌。识此准大易黄老之理，乃知《参同契》的炼丹法。凡所炼成的丹，有身内、身外二种。身外的炼丹，就是制药。服食所制成的药，健身延年益寿，属医的本职。身内的炼丹，就是今日所谓的气功。气功云者，就是服气，故包括在服食之中。隋唐起渐有内外丹之分，汉末尚未分。以《参同契》论，确在炼外丹，信有长生药，然并不主张服八石等。要在利用炼外丹的术语，反身以明炼内丹的方法。本文不论炼外丹，专论《参同契》本诸大易黄老的服气法。

《参同契》所应用的易学，基本取诸京氏易。京氏名房，字君明（前77—前37），善律历，其《易》立于学官，惜房于元帝末为石显所谮而弃市。及成帝即位（前32）为之昭雪，京氏易复立学官。迄汉末约二百年，京氏易极流行，然魏氏继承之，已有变化。于律取十二消息卦以当十二律吕，郑玄亦同，此为炼内丹的基本思想，非经学家所知。依《参同契》原文，示以下图（见图1）：

凡炼服气，先须知气。气即呼吸，由一般呼吸而调成均、细、长的呼吸，今有深呼吸、腹呼吸诸名。至于均、细、长的标准，可因人而异。如能保持均、细、长的呼吸，经一段时间后，宜感觉呼吸的声音，尤其在呼吸转变时，闻呼吸声音的周流，应有听音乐的感觉。当服食的气周流于五脏时，有宫商角徵羽五声。据三分损益律的乐理，其次为宫—徵—商—羽—角，

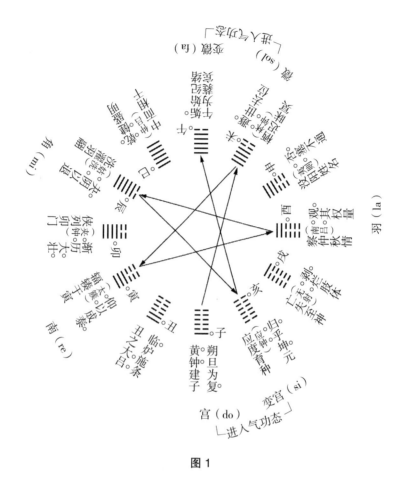

图1

人人各有乐曲可闻，相似而并不相同。然角至宫有音差。角当至变宫，变宫当至变徵，此即由五音制发展成七音制。然七音制仍有音差，且吾国在东周时（或更早）已取六律六吕为基调，孟子曰"不以六律不能正五音"是其义。汉之京房，更辨知仲吕至黄钟的音差，特取"执始"之名，有五十三律的发现。然音差永远存在，要在能闻自然之天籁及人体内气血周流之乐音，庄子所谓"合于桑林之舞，乃中经首之会"。魏氏即准其理，本诸五音与七音之辨，反身体验之。若能闻宫与变宫、徵与变徵之音差而有以同之，始得混然之物，以今日名词言之，可谓已进入"气功态"。亦即均、细、长的呼吸，已达自然周流的境界，此为《参同契》服气的基础，此基础可因服气之功力而增高。《参同契》的服气法，必本此义作基，当基础已达相当厚实时，始可明易学所及的"日月运行"，即由律而历。

魏氏于六十四卦中，特提出乾坤离坎四卦以当天地日月，其他六十卦之次用《序卦》。可见东汉后已重视《序卦》，与传统的卦气图取震春离夏兑秋坎冬的四时卦不同。又能合二卦以当昼夜十二时，此见当时计时法已与今日同，每一时即今之二小时，于卦象当一爻。以昼夜言当卯酉周天，合诸今日的时间，仍以屯蒙为例示如下：

夜　　蒙

酉 17—19 时——申 15—17 时

戌 19—21 时——未 13—15 时

亥 21—23 时——午 11—13 时

子 23—1 时——巳 9—11 时

丑 1—3 时——辰 7—9 时

寅 3—5 时——卯 5—7 时

朝　　屯

又以三十日当一月为周期，由朝屯夜蒙当朔，朝既济夜未济当晦，晦朔各当一日为大月三十日，合晦于朔成一日为小月二十九日。此为《参同契》中所独有，其他易著中未见，能表示明确的时间，且有潮水的涨落为事实根据，重要性可喻。以下图示之（见图2）：

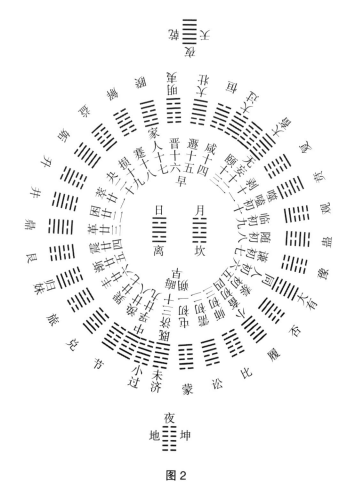

图 2

　　以上为一日分十二时的周期，又积三十日取《序卦》作为一月的周期。至于月的盈虚消息，贵能合诸方位，且仅用三画八卦表示，要在有据于易学中早已流传的天干坐标（见图3）。

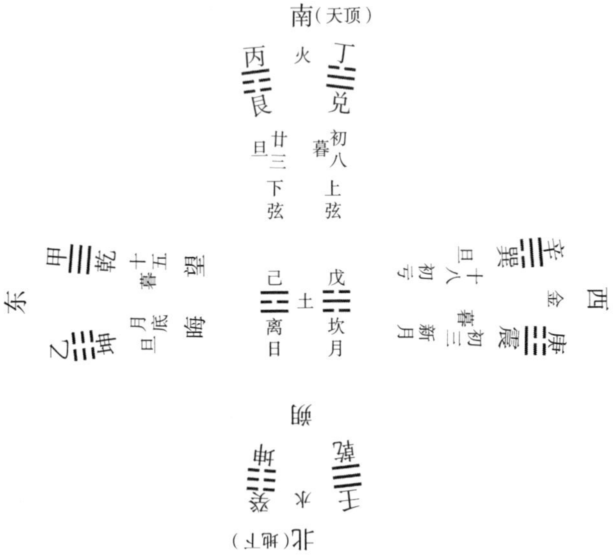

南（天顶）

火

丙 丁
艮 兑

廿三 初八
旦 暮
下弦 上弦

辛 巽
金 震
旦十八暮初三新月
初亏

甲 乾
十五
望
暮
月底旦 晦

戊
坎月

庚
震

己
离日
土

东

乙 坤

申
水
壬 癸
北（地下）

朔

图3

上图以阳代表所见之月光，其方位指周天环行，南指天顶，北当地下，凡每日的月行，为东出经南而西入。再合一月而观之，其向逆行，初一未能见月光为合朔。于坤（☷）癸北，积二三日逆行，由北而渐西，初三暮见新月于震（☳）庚。又积四五日逆行，由西而渐南，初八暮见上弦月于兑（☱）丁。又积七八日逆行，由南而渐东，十五暮见望月于乾（☰）甲。望月由暮而旦（晨），一夜的方位为顺行，由东而南而西，又积二三日逆行，于十八旦在西方，已见初亏月于巽（☴）辛。又积四五日逆行，由西而渐南，二十三旦见下弦月于艮（☶）丙。又积六七日逆行，由南而渐东，月底旦，月晦无光于坤（☷）乙，继之即合朔于北。此月光相应于潮汐，谚云"初一月半，子午潮来；初八十三，潮夜没滩"是其象。涨落的时间虽有地域性的不同，然必以一月为周期。此以八个三画卦合诸十天干，是谓纳甲，京氏易中已用之。魏氏更以一月月相的盈虚，旦暮的时间和顺逆旋转的方位加以说明，实有功于京氏易。虞翻采用之，殊非贸然。要在能见月之逆行，以调其已厚实的呼吸，始可进入与一般不同的呼吸，使气功态又起变化。不同云者，呼吸与吸呼相合，间有定象。

　　进而观一年的周期，乃用十二消息卦。究此十二卦之消息，可认为编辑成《周易·卦辞》者已知之，流传亦早。其合诸气象学，始成代表一年的卦气图。由卦气图以见四时及日出方位之往复，而逐步定二十四气。其间最重要的卦象即此十二消息卦，是名爻辰，以示日出的时间。当太阳视运动到达冬至点，日出的方位，由南回归线向北移而日渐长为复（☷☳）；夏至点日出的方位，由北回归线向南移而日渐短为姤（☰☴）；二分位于赤道，春分为泰（☷☰）而大壮（☳☰），秋分为否（☰☷）而观（☴☷），其他诸卦可例推（见图4）。

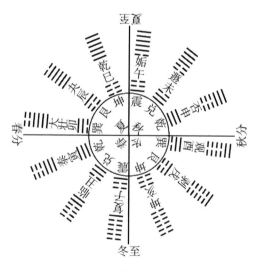

图4

上图示一年中太阳周年视运动的周期，此六画卦的消息，可合成二次三画卦的消息。原文曰"春夏据内体，从子到辰巳，秋冬当外用，自午讫戌亥，赏罚应春秋，昏明顺寒暑"是其义。故以内外体分春夏秋冬四时，当周正建子。且此图以六画爻辰阳为主，合以三画纳甲阴之消息，其间宜分辨日月运行的同异。凡以地球为主以观日月的运行，则日月同为东出经天顶南而西入。若以一月的纳甲观之，月之运行逐日在逆行。更以一年的爻辰观之，日出没的方位，乃往来于南北回归线。然则于月行须知其顺逆，于日行更须知有两个相互垂直的平面。此一现象，我国当时的天文学水平早已知之。魏氏即准此天象以反身，借以描写体内气血周流的自然变化。所谓周天者，当了解在体内有种种周期平面，故既得与一般不同的呼吸后，宜观其象。周期平面的变化，唯由平面的旋转，始成"类如鸡子"的立体。此体本无，"因气托初"而生人。人当自究其气之初，则尚非日月运行所可尽，乃更以二十八宿为准。且爻辰以阳为主，此合诸二十八宿，又可取三画的纳甲以阴为主，而以阳合之，是之谓"用九翩翩，为道规矩"（见图5）。

此图明二十八宿的周期合于纳甲的周期，则"乾坤括终始"的形象，正当箕斗之间。其间不可见的"真一难图"犹今名之"人体黑箱"，实即整体的人，魏氏即以老子之"上善若水"当之。且此左右旋转之变，使八卦纳甲之方位亦可不论方位而仅以消息视之，则不可见之真一，犹"结括终始"的用六，"真人潜深渊，浮游守规中"，此所以必准五行生克制化之理，亦即由大易的律历达黄老的医学。

考《汉书·艺文志》的书目录自刘向刘歆的《七略》，其间有侍医李柱国校《方技略》，凡分四类：一、医经七家，二、经

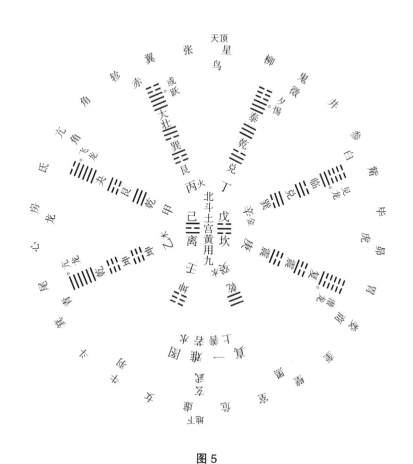

图 5

方十一家，三、房中八家，四、神仙十家。此属西汉末对医学
的认识，东汉时基本相同。若《参同契》之内容，宜属于神仙
家，不可视之为房中。魏氏自序云"引内养性，黄老自然，含
德之厚，归根返元，近在我心，不离己身，抱一毋舍，可以长
存"是其义。其间利用大易的阴阳卦象，所以明律历，切忌猜
测。义由炼气筑基以知时之顺逆，既得阴阳，所以观全身气血
之运行。凡气阳而生于肺金是谓"龙西"，血阴而生于肝木是

谓"虎东"，由肝木生火为父生女，由肺金生水为母生子。心火肾水，以当"两孔穴"。水者由气以成精，火者由血以成神。精神何如？生于气血。原文曰"肝青为父，肺白为母，肾黑为子，脾黄为祖，三物一家，都归戊己"，理确圆融而反身尤善。凡父女之神为一物，母子为精为一物，此二物莫不本诸脾黄之祖，亦为一物。潜深渊、归戊己、守规中，庶为两孔穴的合一，是谓"天地之雌雄兮，徘徊子与午，寅申阴阳祖兮，出入复始终"，理当脾土既合而又分，乃入寅申，土位在申为坤，寅即箕斗之乡（见图6）。

图6

最后尚可概而明之。不知北方河车，何以见服气之功。未睹鸡子之象，又何以能得深渊之潜，环中之守，则何功可成。深渊年老，生命起源之地。环中色黄，庶免"四七乖戾"，以睹"四海和平"之天。合上六图，或可喻全书之旨，似较文字有更多的信息。一言以蔽之，准天地宏观之万象，反身以喻微观之万象，可分可合，可行可止，服气之道其何可有定法、定象以自囿。张伯端曰"读《参同契》不在乎泥象执文"，安得遇景休者共论之，然则与王弼之扫象，其同耶异耶。

《易》与《华严》

引　言

　　二十余年前，耳《华严》有"经王"之名，往佛学书局请得八十《华严》一部。然略加翻阅，实一无所知，束之高阁者数年。慈母弃养，曾延请十余僧众为诵《华严》，予间或随喜。奈心绪郁塞，何能了解经义，唯印象殊深。其后一心学《易》。己亥冬，发心读《华严》，藏之几近二十年，至此始日日亲之，反复研习，年余而毕。当悟法界之精妙，不期心通乎易象，乃于辛丑夏著《〈易〉贯〈华严〉颂》。其后又读四十《华严》及《华严疏钞》等，数年内更成三文。一以河图十数明《华严》之十方世界及善财之五十三参；一以洛书九畴当《华严》九会之理；一以易义显普贤之十大行愿。凡此四文，大纲具焉。若其详，如每一回向、每一地，或一地中之一义等等，莫不可通。盖物物一太极，一即一切，一切即一，将言不胜言。又如二千行门，恰当一卦变六十四卦，成四千有九十六卦之象。能心得其本，莫不可变，莫不可行。于象行之相合，在有心者之自悟耳，岂待言哉。故即此四文已足，合名曰《〈易〉与〈华严〉》，特缀数语于卷首，以叙缘起。

丙午（1966）夏潘雨廷述

《易》贯《华严》颂

　　《易》者庖牺氏作卦而成，盖觉世牖民以参人于天地；迨文王法阴阳而系二篇，孔子准河图十数而赞十翼，易道大备矣。《华严》者，吾佛之一乘圆教，八万四千法门皆由所出，诚内典之王。幸龙树自龙宫忆下品归，娑婆乃承法雨，所谓龙宫者，其潜龙之渊乎。若《易》与《华严》，经义全同，唯名言因境而异，如能用九以见天则及明辨《如来名号品》《四圣谛品》等，必将由异显同，圣、佛之心，岂有二哉。

　　观八十《华严》，凡七处九会。按九当九畴，内三会于普光明殿，犹洛书纵横三数之合。以六爻之正言，须三次始成既济。《易》言"既济"与佛言"涅槃"同，宜于一处三会，则所应度者皆已度讫矣。若初会之依正法，犹各正性命保合太和之义，现华严界为十方，河图之象也。二会明信，犹卦气起中孚。三会说十住，住犹象。四会说十行，行犹爻。五会说十回向，犹发挥旁通以推情合性。六会说十地，犹成象渐进，《序卦》之不终既济而终未济，即菩萨之慈悲无尽也。七会说等觉、妙觉犹阴阳。佛亲宣之《阿僧祇》《随好光明》二品，前者当太极之未可以大小限，犹乾为圜之天体；后者放炽盛光，其气乃通，所以成终而成始。述天鼓能照，卦象当出震见离，生生之谓《易》也。八会普贤说二千行门，殊切黄裳元吉美中畅外之旨。九会叙善财之证入法界，犹刚反而长之。初以七日见德云于别山，密合七日来复而乾刚出于坤柔之象。凡见一善知识，犹历一卦一爻，义皆神妙，总合于弥勒楼阁之境，实与六十四卦三百八十四爻之变化一致。其后见文殊而解圆，见普贤而行圆，言思之道绝焉。《易》曰"无思无为"，佛曰"不思议"，若感通之道，其唯自强不息以致力于普贤之十大行愿也夫。

　　猗与盛哉，噫嘻美哉。观易象之变化不测，庶可见《华严》之自在神境；悟《华严》之法界无碍，始可喻易象之氤氲天地。因述《〈易〉贯〈华严〉颂》。

　　颂曰：

庖牺氏作卦赞幽　　上通神明下类情　　时历三世更三圣
二篇十翼易道备　　吾佛世尊无伦比　　自觉觉他说《华严》
一切法门皆具足　　龙树诵忆娑婆传　　七处九会阐妙谛
十方世主赞庄严　　河图五合天地数　　洛书经纬畤离祉
普光明殿再三会　　三锡三驱之既济　　无上正等正觉法
端赖初发菩提心　　三千大千华严界　　毗卢遮那显宿因
乾乾上出南征升　　保合太和时位成　　大方广犹直方大
敬义善世如来现　　含物化光遍三界　　二乘习气悉消灭
无首咸宁寂不动　　真如法界证智智　　菩萨问明起中孚
贤首崇信为道元　　有孚先亨住有十　　第十灌顶法慧言
住以观象悟如如　　知者观象思过半　　忉利天升夜摩天
功德林说十种行　　欢喜顺次至真实　　无尽坤藏出震行
行以观变来随缘　　六爻之动三极道　　五会兜率说回向
善念金刚藏功德　　始曰救度众生相　　终入法界无量境
扔谦发蒙觉有情　　匪彭交孚厉无咎　　他化天宫不退转
金刚藏说十地品　　菩萨德厚莫不载　　波罗蜜多安贞吉

依持正法善资粮
师出以律当尸罗
日乾夕惕极难胜
方便远行超二乘
不动善慧至法云
羽用为仪不可乱
略以毛端喻洛叉
入一毛孔未盈缶
寿星因位爻有等
随好炽盛艮兑气
妙觉终始贞下元
普贤畅说二千行
世间法界离与入
师子频申天地心
南行人间福城东
妙峰山中有德云
积小高大南狩志
利涉大川见大人
君子夬夬遇法雨
含弘光大后有常
四十二字飞鸟音
德生有德感和平
六十四卦贯法界
渴仰普贤行可遍

一握为笑萃有位
信住不拔确乎忍
静虑反复天地际
动贞乎一终未济
愿力与智为最胜
渐进等觉三昧通
足容一切诸世界
如来亲宣阿僧祇
小大往来否泰旋
天鼓劝海震巽薄
平等因果枢机发
六相十玄妙万物
化裁推行变而通
文殊辞出逝多林
安慰开喻善财童
善财七日来复见
甘节有尚出门交
咸临中行观国光
信解行证决而和
善说解脱主夜神
鸣鹤子和中心愿
指引弥勒大楼阁
种种变化正性命
十大行愿不思议

欢喜离姤乃发光
乐行精进焰慧地
般若现前了缘起
菩萨慈悲不可穷
智助般若鸿渐陆
精义入神无碍忍
不可说不可说转
《易》有太极乾为圜
九十七相知神化
能照向明坎离逮
黄裳元吉文在中
事物圆融积善庆
出入无疾以顺行
六千比丘刹那觉
发心应求善知识
利有攸往五十三
用拯马壮涣奔机
大壮利贞履以礼
首出庶物天行健
大转法轮度群生
资始资生习坎孚
楼阁广博自在藏
文殊按顶解己圆
易道至神无思为

岁在重光赤奋若（1961）释迦牟尼佛诞日
潘雨廷撰

河图与《华严》十方五十三参

河图者，圣人则之以作《易》。其本十数，《系》上曰："天一、地二，天三、地四，天五、地六，天七、地八，天九、地十。"又曰："天数五，地数五，五位相得而各有合。天数二十有五，地数三十，凡天地之数五十有五。此所以成变化而行鬼神也。"夫数分天地犹阴阳，今所谓奇数偶数，其数止于十，有至理存焉。天数五者，指一、三、五、七、九；地数五者，指二、四、六、八、十。五位相得者，必兼天地数，如一与三同为天数，不可谓相得；必一与二或一与四等，始为相得。计五位相得之法有五，示如下：

一二相得	三四相得	五六相得	七八相得	九十相得
一四相得	三六相得	五八相得	七十相得	九二相得
一六相得	三八相得	五十相得	七二相得	九四相得
一八相得	三十相得	五二相得	七四相得	九六相得
一十相得	三二相得	五四相得	七六相得	九八相得

以上五法，皆为"五位相得"，然未皆为"各有合"。"有合"者，宜取相得而中者。凡任一数之上下二数（不分奇偶）为两端，当顺逆各隔一数（分奇偶）以取之，始为中而有合。如一之两端为十与二，十隔八，二隔四，中而合者，一得于六也。又如四之两端为三与五，三隔一，五隔七，中而合者，四得于九也。故"五位相得而各有合"者，其法唯一，更示如下：

一六相得有合，三八相得有合，五十相得有合，七二相得有合，九四相得有合。

上为相得有合之五位。其中位五与十，所以处中；其他四位当四方，凡一六北、三八东、七二南、九四西，是即为河图。

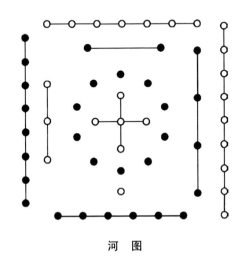

河　图

观河图四方之天数，由一北三东七南九西当一周，西而北其数十一。以下十三东十七南十九西又当一周，西而北其数二十一焉。如是辗转不已，天数之无穷也，而末位数必为一三七九。至若四方之地数，由二南四西六北八东当一周，东而南其数十二。以下十四西十六北十八东又当一周，东而南其数二十二焉。此亦辗转不已，为地数之无穷，而末位数必为二四六八。于中位数五与十后，又为十五、二十、二十五、三十等之无穷，而末位数必为五与十。故天地虽无穷，此十数殊无变化，舍末归本，执简御繁，河图之神也。

又以消息论。阳息天一，位由北至东北，天一息天三，位由东至东南，以下天七天九之位不变。阴消地二，位由南至西南，地二消地四，位由西至西北，以下地六地八之位不变，即生数由四正移至四隅耳。乃八数之位，盖当先天八卦之位。凡阳息天一，当一阳生于下，其卦震；天三当二阳，其卦兑；天七当三阳，其卦乾；天九阳极为息象之原，其卦坎。阴消地二，当一阴生于下，其卦巽；地四当二阴，其卦艮；地六当三阴，其卦坤；地八阴极为消象之原，其卦离。中数天五地十为太极，五阳之半、十阴之半是也。夫河图八卦之象数，吾国哲理之精，更观贝经《华严》亦有此理。凡《华严经》中，自《世主妙严品》起以迄普贤之十大行愿，不论问答、说法、叙物、写景，莫不以十数为计，所谓十方世界，是犹河图之象。特摘录《入法界品》中之十方佛号等，以见一斑。

《入法界品》第三十九：

> 尔时世尊在室罗筏国逝多林给孤独园大庄严重阁，与菩萨摩诃萨五百人俱……尔时世尊知诸菩萨心之所念，大悲为身，大悲为门，大悲为首，以大悲法而为方便，充遍虚空，入师子频申三昧。入此三昧已，一切世间普皆严净。于时此大庄严楼阁，忽然广博无有边际……尔时东方过不可说佛刹微尘数世界海外，有世界名金灯云幢，佛号毗卢遮那胜德王。彼佛众中有菩萨名毗卢遮那愿光明，与不可说佛刹微尘数菩萨俱，来向佛所……南方过不可说佛刹微尘数世界海外，有世界名金刚藏，佛号普光明无胜藏王。彼佛中有菩萨名不可坏精进王，与不可说佛刹微尘数菩萨俱，来向佛所……西方过不可说佛刹微尘数世界海外，有世界名摩尼宝灯须弥山幢，佛号法界智灯。彼

佛众中有菩萨名普胜无上威德王，与世界海微尘数菩萨俱，来向佛所……北方过不可说佛刹微尘数世界海外，有世界名宝衣光明幢，佛号照虚空法界大光明。彼佛众有菩萨名无碍胜藏王，与世界海微尘数菩萨俱，来向佛所……东北方过不可说佛刹微尘数世界海外，有世界名一切欢喜清净光明网，佛号无碍眼。彼佛众中有菩萨名化现法界愿月王，与世界海微尘数菩萨俱，来向佛所……东南方过不可说佛刹微尘数世界海外，有世界名香云庄严幢，佛号龙自在王，彼佛众中有菩萨名法慧光焰王，与世界海微尘数菩萨俱，来向佛所……西南方过不可说佛刹微尘数世界海外，有世界名日光摩尼藏，佛号普照诸法智月王。彼佛众中有菩萨名摧破一切魔军智幢王，与世界微尘数菩萨俱，来向佛所……西北方过不可说佛刹微尘数世界海外，有世界名毗卢遮那愿摩尼王藏，佛号普光明最胜须弥王。彼佛众中有菩萨名愿智光明幢，与世界海微尘数菩萨俱，来向佛所……下方过不可说佛刹微尘数世界海外，有世界名一切如来圆满光普照，佛号虚空无碍相智幢王。彼佛众中有菩萨名破一切障勇猛智王，与世界海微尘数菩萨俱，来向佛所……上方过不可说佛刹微尘数世界海外，有世界名说佛种性无有尽，佛号普智轮光明音。彼佛众中有菩萨名法界差别愿，与世界海尘数菩萨俱，发彼道场来向此娑婆世界释迦牟尼佛所……如是等一切菩萨满逝多林，皆是如来威神之力，于时上首诸大声闻……皆悉不见……如是皆是普贤菩萨智眼境界，不与一切二乘所共……

以上十方世界配合河图八卦，可不言而喻，详下图（图见下页）。且凡十数者皆同，虽不言方位，亦可以数次合之，全经莫不然，故《易》与《华严》之理，确可通焉。若河图、《华严》之皆取十数，绝非偶合，盖有精义。考物之成形必具长、阔、厚三度：一度为线，其边界两端；二度为面，其边界四线；三度为体，其边界六面；此三度为空间。四度者，时间也。以多度图形象之，四度体之边界为三度体八。五度者超绝时空之谓，五度体之边界为四度体十，此四度体十即河图之十数。《华严》之十分，不着时空之相，不为时空所囿，不亦神矣夫。当世尊入师子频申三昧，大庄严楼阁忽然广博无边，犹达五度之象。其边界为四度体十，宜十方诸佛世界咸来而成此五度体。故十数之妙阴阳不测，尚醒悟不尚言语，诚为不思议之境界。试观佛成此象，除菩萨外，诸大声闻悉不知见，盖无其德也。《易》重时位德，时谓时间四度，位谓空间三度，有德以处时位，驾驭之、控制之、变化之、合一之，始得五度之理。此与无德而局蹐于三、四度时位者，何可同日而语哉。佛教大、小乘之辨亦然，何怪二乘之不与焉。

再者天数二十有五，当一、三、五、七、九之和。地数三十，当二、四、六、八、十之和。天地之数五十有五，一至十之和也。凡言河图之十数，不可不知更有五十五数。若易卦生著于大衍之数五十，即河图五十五洛书四十五之中数也。今观《华严》亦有准五十五数者，善财童子之五十三参是也。或谓五十三非五十五，何可合言。未知虽曰五十三参，实经五十五象，细诵经文，必能知之。其一，善财童子于福城东参见文殊师利菩萨，乃五十三参之前奏，因最后第二参（第五十二参）

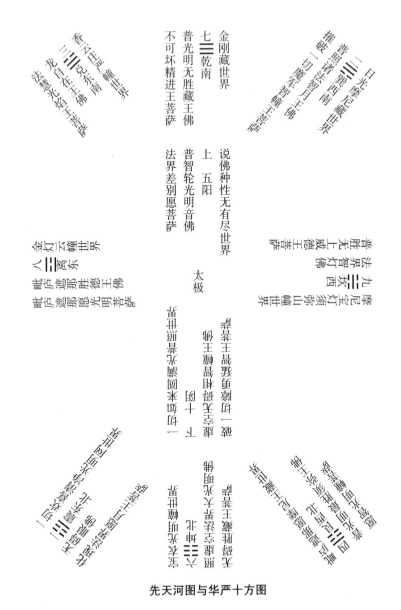

先天河图与华严十方图

仍为文殊，故不计此第一参。实则前参表信，后参表智，且五十三参中，善财童子必首言"我已发阿耨多罗三藐三菩提心"，此心即发于初参文殊之时，其重要可见。况微此一参，以后之五十三参皆无，然则此数奚可不计。其二，于第五十参，乃参见童子德生、童女有德二位善知识。总观五十三参中，其他五十二参皆参见一位，唯此参为二位。故参数虽一，以所参者论，其数实二。由上二点，则虽曰"五十三参"，数通天地之五十五，是岂巧合耶。下请详述之。

夫《华严经》之显佛教教义，至矣尽矣，蔑以加矣。举凡自觉觉他之蕴，出入三界之途，莫不具足。盖显密兼容，禅净并蓄，性相有归一之法，事理得无碍之门。可小可大，三千大千世界之入一毛孔；亦顿亦渐，三大阿僧祇劫之化为刹那。一乘圆教，内典之王，非虚誉也。若全经纲领，可概以信、解、行、证四分，且此四者重重互摄。以次而言，信为道元，解当本之，由解而行，以行得证，证者证佛果云。曰"信"者，信此正法耳。菩提场中现妙严之相，窥华藏世界，悟因果之杂而不乱，识法界之变化无穷。其幸何如，其缘何如，可不信乎。"解"分十信、十住、十行、十回向、十地与等觉、妙觉，层层登临，一如乾元之上出。"行"有二千行门，其道畅达，何天之衢，庶几似焉。"证"乃文殊入世以度善财童子，经五十三参而归于阿弥陀佛。此五十三参之象，即善财童子于信解行之一一心证，凡每位善知识所说之法，皆与上文相应。广大法门，渊博佛海，自然分成天地五十五数，攒聚辐辏于善财一身，犹善财之遍历天地数也。

初参文殊师利菩萨，以发阿耨多罗三藐三菩提心为信佛之本，寄十信位，当二会普光明殿所说之法。以河图论，其数一，属中央五数之中，此参尚不在五十三参内。

由比丘德云至童女慈行十参，寄十住位，当三会忉利天宫所说之法。以河图论，此十数为一与九。

由比丘善见至外道遍行十参，寄十行位，当四会夜摩天宫所说之法。以河图论，此十数为二与八。

由鬻香长者优钵罗华至主地神安住十参，寄十回向位，当五会兜率天宫所说之法。以河图论，此十数为三与七。

由主夜神婆珊婆演底至释种女瞿波十参，寄十地位，当六会他化天宫所说之法。以河图论，此十数为四与六。

以上参文殊一当十信。其后四十参，应于十住、十行、十回向、十地，每参各当一住、一行、一回向、一地而已。于河图之象，指信生于中，以起四方之环行，周流无阙，又将归中。此四十一参，名寄位修行相。

由佛母摩耶夫人至童子德生童女有德十参，参十一位善知识，名会缘入实相。以河图论，数为十一，当中央之十数，及中央五数之西。此中央之十与五，犹太极之阴阳。所妙者第五十参兼二位善知识，以德生当中数之一，则中央之十数已满，有德自然配于中央五数之一。此二位在一参，义犹太极合五十阴阳为一。且德生童子而处于阴数十，有德童女而处于阳数五，正当太极图黑中之白、白中之黑。《易》与《华严》之象数，密合无间如是，叹为观止矣。若有德位于中央五数之西者，西于四德属利，当阴象云。

其后参弥勒菩萨，名摄德成因相。于易义切近四德之亨，楼阁中备众象之变化，亨通孰其。以河图论，宜当中央五数之南。参文殊师利菩萨，名智照无二相，于易义一如四德之贞。以河图论，乃当中央五数之北。夫善财以初参文殊起，其向以南行为主，至弥勒菩萨，可谓南极。而文殊菩萨首以居中信位开悟善财，今处智位，实当北极。凡天地之数五十五者，犹中心至边界之单位长度，以圆言即半径；乃南北极之距，当为直径，其数一百一十。宜"善财童子，依弥勒菩萨摩诃萨教，渐次而行，经游一百一十余城已，到普门国苏摩那城，住其门所，思维文殊师利"。然其身虽至，其心尚在南，相距仍为一百一十单位，故"文殊师利遥申右手，过一百一十由旬按善财顶"。必申右手者，右当西方，盖善财已参过德生、有德，其道可通。左当东方，善财尚未参普贤菩萨，则或申左手，善财未必能知也。

以上十二参，参十三位善知识，皆当七会普光明殿所说之法。然此二相，与寄位修行相不同，非明指一位。此十三位善知识，于七会诸品之说法，已神而明之，乃综杂以相呼应，其位已过十地而发等觉也。

最后参普贤菩萨，名显因广大相，当八会普光明殿所说之法，属行分。普贤自说之二千行门，此归纳成十大行愿，于易义犹四德之元，元者仁也，力行近乎仁，不其然乎。夫元为四德之首，解必由行以证，此五十三参之所以殿于普贤菩萨欤。于河图当中央五数之东，亦恰满天地五十五数。噫嘻善哉，噫嘻善哉。此既非偶然，又非妄合，自然之数，天地之理，何莫由斯道也。特列"五十三参表"及"河图与五十三参"以示之：

五十三参表

天地五十五数	河图之位	五十三参	善知识名	说　法	寄　位	备　注
一	天五之中	五十三参之首	文殊师利菩萨	发阿耨多罗三藐三菩提心	十信位	二会普光明殿所说之法

天地五十五数	河图之位	五十三参	善知识名	说　法	寄　位	备　注
二	天一	第一参	比丘德云	忆念一切诸佛境界智慧光明普见法门	十住位之一发心住	
三	天九之一	第二参	比丘海云	普眼法门	十住位之二治地住	
四	天九之二	第三参	比丘善住	普速疾供养诸佛成就众生无碍解脱门	十住位之三修行住	
五	天九之三	第四参	大士弥伽	菩萨妙音陀罗尼光明法门	十住位之四生贵住	
六	天九之四	第五参	长者解脱	入出如来无碍庄严解脱门	十住位之五具足方便住	
七	天九之五	第六参	比丘海幢	般若波罗蜜三昧光明	十住位之六正心住	
八	天九之六	第七参	优婆夷休舍	离忧安隐幢解脱门	十住位之七不退住	
九	天九之七	第八参	仙人毗目瞿沙	菩萨无胜幢解脱	十住位之八童真住	
十	天九之八	第九参	婆罗门胜热	菩萨无尽轮解脱	十住位之九王子住	以上十参三会忉利天宫所说之法
十一	天九之九	第十参	童女慈行	般若波罗蜜普庄严门	十住位之十灌顶住	
十二	地二之一	第十一参	比丘善见	菩萨随顺灯解脱门	十行位之一欢喜行	

天地五十五数	河图之位	五十三参	善知识名	说　法	寄　位	备　注
十三	地二之二	第十二参	童子自在主	一切工巧大神通智光明法门	十行位之二饶益行	
十四	地八之一	第十三参	优婆夷具足	菩萨无尽福德藏解脱门	十行位之三无违逆行	
十五	地八之二	第十四参	居士明智	随意出生福德藏解脱门	十行位之四无屈挠行	
十六	地八之三	第十五参	长者法宝髻	菩萨无量福德藏解脱门	十行位之五无痴乱行	
十七	地八之四	第十六参	长者普眼	令一切众生普见诸佛欢喜法门	十行位之六善现行	
十八	地八之五	第十七参	王无厌足	如幻解脱	十行位之七无著行	
十九	地八之六	第十八参	王大光	菩萨大慈为首随顺世间三昧门	十行位之八难得行	
二十	地八之七	第十九参	优婆夷不动	求一切法无厌足三昧光明	十行位之九善法行	
二十一	天三之一	第二十参	外道遍行	至一切处菩萨行	十行位之十真实行	以上十参四会夜摩天宫所说之法
二十二	天三之一	第二十一参	鬻香长者优钵罗华	调和香法	十回向之一救护众生离众生相回向	
二十三	天三之二	第二十二参	船师婆施罗	菩萨大悲幢行	十回向之二不坏回向	

天地五十五数	河图之位	五十三参	善知识名	说　法	寄　位	备　注
二十四	天三之三	第二十三参	长者无上胜	至一切处修菩萨行清净法门	十回向之三等一切佛回向	
二十五	天七之一	第二十四参	比丘尼师子频申	成就一切智解脱	十回向之四至一切处回向	
二十六	天七之二	第二十五参	女人婆须蜜多	菩萨离贪际解脱	十回向之五无尽功德藏回向	
二十七	天七之三	第二十六参	居士鞞瑟胝罗	菩萨所得不般涅槃际解脱	十回向之六入一切平等善根回向	
二十八	天七之四	第二十七参	观自在菩萨	菩萨大悲行门	十回向之七等随顺一切众生回向	
二十九	天七之五	第二十八参	正趣菩萨	菩萨普门速疾行解脱	十回向之八真如相回向	
卅	天七之六	第二十九参	神大天	云网解脱	十回向之九无缚无著解脱回向	
卅一	天七之七	第三十参	主地神安住	不可坏智慧藏法门	十回向之十入法界无量回向	以上十参五会兜率天宫所说之法
卅二	地四之一	第卅一参	主夜神婆珊婆演底	菩萨破一切众生痴暗法光明解脱	十地之一欢喜地	
卅三	地四之二	第卅二参	主夜神普德净光	菩萨寂静禅定乐普游步解脱门	十地之二离垢地	

天地五十五数	河图之位	五十三参	善知识名	说　法	寄　位	备　注
卅四	地四之三	第卅三参	夜神喜目观察众生	大势力普喜幢解脱门	十地之三发光地	
卅五	地四之四	第卅四参	夜神普救众生妙德	菩萨普观一切世间调伏众生解脱门	十地之四焰慧地	
卅六	地六之一	第卅五参	主夜神寂静音海	菩萨念念出生广大庄严喜解脱门	十地之五难胜地	
卅七	地六之二	第卅六参	主夜神守护一切城增长威力	甚深自在妙音解脱门	十地之六现前地	
卅八	地六之三	第卅七参	主夜神开敷一切树华	菩萨出生广大喜光明解脱门	十地之七远行地	
卅九	地六之四	第卅八参	夜神大愿精进力救护一切众生	教化众生令生善服解脱门	十地之八不动地	
四十	地六之五	第卅九参	妙德圆满即岚毗尼林神	菩萨于无量劫遍一切处示现受生自在解脱	十地之九善慧地	以上十参六会他化天宫所说之法
四十一	地六之六	第四十参	释种女瞿波	观察一切菩萨三昧海解脱门	十地之十法云地	以上共四十一位名寄位修行相
四十二	地十之一	第四十一参	佛母摩耶夫人	菩萨大愿智幻解脱门		
四十三	地十之二	第四十二参	天女天主光	菩萨无碍念清静庄严解脱		

（续表）

天地五十五数	河图之位	五十三参	善知识名	说法	寄位	备注
四十四	地十之三	第四十三参	童子师遍友	（不说法）		
四十五	地十之四	第四十四参	童子善知众艺	善知众艺解脱		
四十六	地十之五	第四十五参	优婆夷贤胜	无依处道场解脱		
四十七	地十之六	第四十六参	长者坚固解脱	无著念清净庄严解脱		
四十八	地十之七	第四十七参	长者妙月	净智光明解脱		
四十九	地十之八	第四十八参	长者无胜军	无尽相解脱		
五十	地十之九	第四十九参	婆罗门最寂静	诚愿语解脱		
五十一	地十之十	第五十参	童子德生	幻住解脱		以上十参名会缘入实相
五十二	天五之西 四德属利		童女有德			
五十三	天五之南 四德属亨	第五十一参	弥勒菩萨	入三世一切境界不忘念智庄严藏解脱门		此参名摄德成因相
五十四	天五之北 四德属贞	第五十二参	文殊师利菩萨	阿僧祇法门	以上十二参皆为等觉位	十二参七会普光明殿所说之法
五十五	天五之东 四德属元	第五十三参	普贤菩萨	十种广大行愿	二千法门	此参名显因广大相当八会普光明殿所说之法

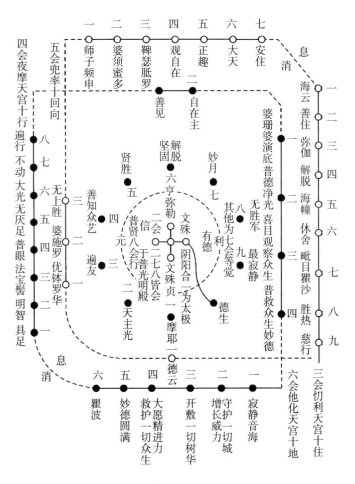

河图与五十三参

　　若善财所参之善知识，类别不一，盖天人并及，事理无碍。除菩萨、佛母、比丘、比丘尼、童子、童女、优婆塞、优婆夷外，如长者、神仙、王者、女人、外道婆罗门等皆兼参，可云神妙。内以菩萨为主，虽仅六参，且文殊化二，然序次初中终，已得要领云。凡初终二参文殊，中参观自在、正趣，终则文殊前后更参弥勒、普贤是也。考天地数五十五，参数五十三，而所参之善知识，实五十四位，故第二十七参参观自在菩萨，第二十八参参正趣菩萨，正当中数。详示如下图：

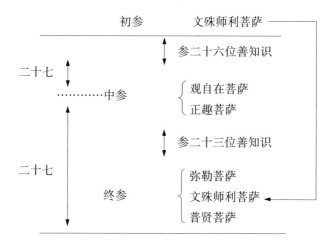

更以会处观之，又有大义可言。凡二、七、八三会皆在普光明殿者，正当中央之五与十。四天宫者，当四方消息之上出：由普光明殿升至忉利天宫，由中而息成一九。忉利天宫升至夜摩天宫，一九消成二八。夜摩天宫升至兜率天宫，二八息成三七。兜率天宫升至他化天宫，三七消成四六。若此上升不已，犹消息不已，何能穷河图辗转之数。盖尚在三界中，好自为之者，或未免生有涯随无涯之殆，况芸芸众生浮沉无主者乎。故一周不可不游，既游不可不反，鸿鸟渐陆，硕果反生，动植如此，况为人乎。七、八二会之又在普光明殿，其理可明，中起消息而复于中，保合太和之象也。凡消息归诸佛母摩耶夫人，阴阳合诸德生、有德，事理尚有不亨者乎，弥勒楼阁之基在焉。乃文殊而普贤贞下又起元，绵绵不断，若存若亡，有已而无已，无已而有已。有穷乎？无穷乎？太极乎？阴阳乎？重玄乎？因缘乎？奈何奈何，如是如是。佛法如是，易道如是。天何言哉，天何言哉。

洛书与《华严》九会七处

　　洛书数九，河图之用，河图数十，洛书之体。体、用一原，十、九相辅，不可不分，不可不合。合以观性，分以见情，《系》上曰："河出图，洛出书，圣人则之。"则之者，则十、九分合之体用耳。凡性命之理，万物之情，至赜之变，至精之化，尽在其中，鸣乎神矣。夫诵《华严经》者，莫不知有十方世界。十者河图体数，显体在用，其数当九。全经以九会阐扬之，始体无遗佚，情有所归。《洪范》大义，九畴大用，又得证于兹。图书之数，诚何往而不利哉。

　　考洛书之成形，其法有二：一以九数三分而斜行，如自上而下，则四正旋一百八十度。如自下而上，则四隅旋一百八十度。一以九数当自下而上之太极曲线，更易其二八，犹太极图黑中之白、白中之黑也。此二法三式皆成洛书（图见下页）。

　　凡四正之旋，其向顺时针，于洛书数为北一、东三、南九、西七。盖由一起，每以三乘之，末位数必为一、三、九、七。即三一得三，三三得九，三九二十七之七，三乘二十七又得八十一之一，是谓参天。于四隅之旋，其向逆时针，于洛书为西南二、东南四、东北八、西北六。盖由二起，每以二乘之，末位数必为二、四、八、六。即二二得四，二四得八，二八十六之六，二乘十六又得三十二之二，是谓两地。《说卦》曰："参天两地而倚数"，非谓此乎。又《系》上曰："蓍之德圆而神，卦之德方以知"，谓蓍数七卦数八。以洛书观之，其四正之向，变

一甲，自上而下之斜行　一乙，自下而上之斜行，二，自下而上之太极曲线

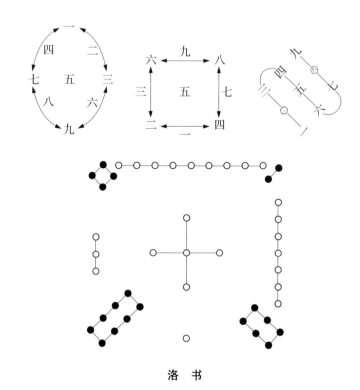

洛　书

为逆时针。盖由一起，每以七乘之，末位数必为一、七、九、三。即七一得七，七七四十九之九，七乘四十九得三百四十三之三，七乘三百四十三又得二千四百零一之一，是谓蓍德。其四隅之向，又变为顺时针。盖由二起，每以八乘之，末位数必为二、六、八、四。即八二十六之六，八乘十六得二百二十八之八，八乘一百二十八得一千零二十四之四，八乘一千零二十四又得八千一百九十二之二，是谓卦德。此参、两、蓍、卦之旋，皆顺逆配合，相反相成，周匝无穷。事有难尽，理无二致，洛书之消息也。且此九数中，三横数为"四九二""三五七"

"八一六"，三纵数为"四三八""九五一""二七六"，二斜角数为"四五六""二五八"，其和皆十五。十五者三五也，是谓"参伍以变"，以中数五为之平衡，皇极立焉。范围天地，经纶三才，窥阴阳，明盛衰，损有余，补不足。众象粲然，有秩有叙，舍短取长，有命有功，九畴之时用大矣哉。

再者，九畴者，尚可一化为九，成九九八十一畴，犹八卦之重成六十四卦。凡一至九，咸可处中，非徒中五耳。其他八数，终始周行，彝伦攸叙，穷时位之升降，呈物物一太极之理。其法以洛书之次，逐数移位：如中五为戴九履一，则中四减一，当为戴八履九；戴八者九减一为八，履九者一减一，始接终，又退于九。又中六加一，当为戴一履二；戴一者，九加一，终接始，又进于一，履二者一加一为二。其他可例推。图见下，名之曰"九畴周行图"云。

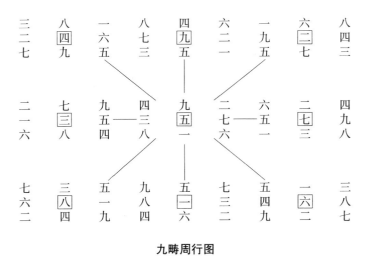

九畴周行图

上述诸理，皆洛书所固有，所以致河图之用，与《华严》以九会显十方法界，其旨同。观析其详，尤有不思议之妙谛存焉。

考《华严》有上中下三本，贮于龙宫铁塔中。佛灭度后六百年许，有龙树菩萨，已读毕世间经典，遂赴龙宫入铁塔读之。计上本有十三千大千世界微尘数偈，一四天下微尘数品；中本有四十九万八千八百偈，一千二百品；下本有十万偈，四十八品。于上中二本，殊非娑婆世界众生所堪诵习，故龙树菩萨忆下品归。究其来源，与图、书之出于河、洛，如同一辙。盖天一生水，觉人觉世之理，蕴蓄其中，待几缘而见，奚足怪哉。后四百年许流传至我国，译本有三：一、晋佛陀跋陀罗译，凡三万六千偈三十四品，分六十卷，因名六十《华严》，亦曰旧译。二、唐实叉难陀译，凡四万五千偈三十九品，分八十卷，因名八十《华严》，亦曰新译。三、唐般若译，凡一品，分四十卷，因名四十《华严》。以上新旧两译，规范相似，然新译较备。其大者如旧译仅得七处八会，新译始成七处九会；且旧译三十四品，皆在新译三十九品中。宜新译兴而旧译衰焉。若四十《华严》，唯于《入法界》一品加详耳。最后之普贤十大行愿，足补新旧两译之阙。计其未译者，尚有九品五万五千偈，未识仍在尘世否，令人渴念遐想不已。幸三十九品四万五千偈，已成全经之体例。况已译未译之偈数，正合河图五十五洛书四十五之比数，用数既全，体数可喻。善财之五十三参，正当河图以自证，则此后之九品五万五千偈，定为善财准普贤十大行愿以觉三界众生与夫转小成大之情状也。今以已译者论，偈数同乎洛书，九会切于九畴，是岂巧合哉，实经义之大用莫外焉。

夫九会者，初会菩提场。佛于面门众齿之间，放佛刹微尘数光明，又放眉间光，名一切菩萨智光明，普照耀十方藏。此会普贤为会主，入一切诸佛毗卢遮那如来藏身三昧，说如来依正法。凡六品：曰《世主妙严品》一，《如来现相品》二，《普贤三昧品》三，《世界成就品》四，《华藏世界品》五，《毗卢遮那品》六。大义属信解行证四分之信分，信为解之本，宜首之。于洛书数一，位北。二会普光明殿。佛从两足轮下放百亿光明，照此三千大千世界。此会文殊为会主，不入定，说十信法门。凡六品：曰《如来名号品》七，《四圣谛品》八，《光明觉品》九，《菩萨问明品》十，《净行品》十一，《贤首品》十二。于洛书数二，位西南。此会不入定者，信之为德，虽未入定者，已当信之。其后《入法界品》，文殊出逝多林至福城东以说法，应于此位。惟文殊之不入定，故能亲度善财，且善财既信之，即发阿耨多罗三藐三菩提心，不待入定后始发也。三会忉利天宫。佛从两足指放百千亿妙色光明，普照十方一切世界。此会法慧为会主，入菩萨无量方便三昧，说十住法门。凡六品：曰《升须弥山顶品》十三，《须弥顶上偈赞品》十四，《十住品》十五，《梵行品》十六，《初发心功德品》十七，《明法品》十八。于洛书数三，位东。四会夜摩天宫。佛从两足上放百千亿妙色光明，普照十方一切世界。此会功德林为会主，入菩萨善思惟三昧，说十行法门。凡四品：曰《升夜摩天宫品》十九，《夜摩宫中偈赞品》二十，《十行品》二十一，《十无尽藏品》二十二。于洛书数四，位东南。五会兜率天宫。佛从两膝轮放百千亿那由他光明，普照十方尽法界一切世界。此会金刚幢为会主，入菩萨智光三昧，说十回向法门。凡三品：曰《升兜率天宫》二十三，《兜率宫中偈赞品》二十四，《十回向品》二十五。于洛书数五，位中。六会他化天宫。佛从眉间出清净光明，名菩萨力焰明，百千阿僧祇光明以为眷属，普照十方一切世界靡不周遍。此会金刚藏为会主，入菩萨大智慧光明三昧，说十地法门。凡一品：曰《十地品》二十六。于洛书数六，位西北。七会普光明殿。佛从眉间白毫相中放大光明，名如来出现，无量百千亿那由他阿僧祇光明以为眷属，其光普照十方尽虚空法界一切世界；又于口中放大光明，名无碍无畏，百千亿阿僧祇光明以为眷属，普照十方尽虚空法界一切世界，此光又入普贤口。此会如来为会主，入刹那际诸佛三昧，说等觉、妙觉法门。凡十一品：曰《十定品》二十七，《十通品》二十八，《十忍品》二十九，《阿僧祇品》三十，《寿量品》三十一，《菩萨住处品》三十二，《佛不思议法品》三十三，《十身相海品》三十四，《随好光明品》三十五，《普贤行品》三十六，《如来出现品》三十七。以上二会至七会，大义皆属解分，信解已圆，将为以下行证之基。于洛书数七，位西。八会普光明殿。佛此会不放光。普贤为会主，入佛华严三昧，说二千行门。凡一品，曰《离世间品》三十八。大义属行分。此会不放光者，上会佛所发之口光，已入普贤口，故此会普贤说二千行门，即佛光所化，乃不必另放他光，亦即行依于解也。于洛书数八，位东北。九会逝多林。佛从眉间白毫相放大光明，其光名普照三世法界门，以不可说佛刹微尘数光明而为眷属，普照十方一切世界海诸佛国土。此会如来善友为会主，入师子频申三昧，说果法界。凡一品，曰：《入法界品》三十九。大义属证分。于洛书数九，位南。以上九会三十九品，合诸洛书，示如下图：

洛书与华严九会图

佛放二足上光　功德林为会主 四会夜摩天宫　四　凡四品属解分 入善思惟三昧　说十行法门	佛放眉间光　　如来善友为会主 九会逝多林　　九　凡一品属证分 入师子频申三昧　说果法界	佛放两足轮光　文殊为会主 二会普光明殿　二　凡六品属解分 不入定　　　　说十信法门
佛放二足指光　法慧为会主 三会忉利天宫　三　凡六品属分 入无量方便三昧　说十住法门	佛放二膝轮光　金刚幢为会主 五会兜率天宫　五　凡三品属解分 入智光三昧　　说回向法门	佛放眉间光口光　如来为会主 七会普光明殿　　七　凡十一品属解分 入刹那际诸佛三昧　说等觉妙觉法门
不放光　　　　普贤为会主 八会普光明殿　八　凡一品属行分 入佛华严三昧　说二千行门	佛放齿间光眉间光　普贤为会主 初会菩提场　　　　一　凡六品属信分 入如来藏身三昧　　说如来依正法	佛放眉间光　　金刚藏为会主 六会他化天宫　六　凡一品属解分 入大智慧光明三昧　说十地法门

　　若此九会，每会各有其义。然一会可赅九会，九会又可归一。盖一即一切，一切即一，帝网重重，相入无碍。是犹九畴周行，则任何一会皆具九会，亦任何一会咸可处中为主。详见下图：

九畴周行与华严九会图

三会　八会　初会 忉利天宫 普光明殿 菩提场 二会　四会　六会 普光明殿 夜摩天宫 他化天宫 七会　九会　五会 普光明殿 逝多林 兜率天宫	八会　四会　六会 普光明殿 夜摩天宫 他化天宫 七会　九会　二会 普光明殿 逝多林 普光明殿 三会　五会　初会 忉利天宫 兜率天宫 菩提场	初会　六会　八会 菩提场 他化天宫 普光明殿 九会　二会　四会 逝多林 普光明殿 夜摩天宫 五会　七会　三会 兜率天宫 普光明殿 忉利天宫
二会　七会　九会 普光明殿 普光明殿 逝多林 初会　三会　五会 菩提场 忉利天宫 兜率天宫 六会　八会　四会 他化天宫 普光明殿 夜摩天宫	四会　九会　二会 夜摩天宫 逝多林 普光明殿 三会　五会　七会 忉利天宫 兜率天宫 普光明殿 八会　初会　六会 普光明殿 菩提场 他化天宫	六会　二会　四会 他化天宫 普光明殿 夜摩天宫 五会　七会　九会 兜率天宫 普光明殿 逝多林 初会　三会　八会 菩提场 忉利天宫 普光明殿
七会　三会　五会 普光明殿 忉利天宫 兜率天宫 六会　八会　初会 他化天宫 普光明殿 菩提场 二会　四会　九会 普光明殿 夜摩天宫 逝多林	九会　五会　七会 逝多林 兜率天宫 普光明殿 八会　初会　三会 普光明殿 菩提场 忉利天宫 四会　六会　二会 夜摩天宫 他化天宫 普光明殿	五会　初会　三会 兜率天宫 菩提场 忉利天宫 四会　六会　八会 夜摩天宫 他化天宫 普光明殿 九会　二会　七会 逝多林 普光明殿 普光明殿

　　由上图，始可喻九会之变化。且以会次之数当洛书数外，凡此九种位次，又可各当洛书。则四正四隅之顺逆周流，以诸法观之，庶达不思议之境焉。下依次列表示之：

华严九会说法表

会次	四正	四正之法（中心图）	四隅	四隅之法
依正法为主 初会菩提场处中	四正之法	上：十回向；左：行门；右：十住；下：十地	四隅之法	果法界 ← 等觉妙觉 十行 ← 十信
十信为主 二会普光明殿处中	四正之法	上：十地；左：果法界；右：十行；下：等觉妙觉	四隅之行	依正法 ← 行门 十回向 ← 十住
十住为主 三会忉利天宫处中	四正之法	上：等觉妙觉；左：依正法；右：十回向；下：行门	四隅之法	十信 ← 果法界 十地 ← 十行
十行为主 四会夜摩天宫处中	四正之法	上：行门；左：十信；右：十地；下：果法界	四隅之法	十住 ← 依正法 等觉妙觉 ← 十回向
十回向为主 五会兜率天宫处中	四正之法	上：果法界；左：十住；右：等觉妙觉；下：依正法	四隅之法	十行 ← 十信 行门 ← 十地
十地为主 六会他化天宫处中	四正之法	上：依正法；左：十行；右：行门；下：十信	四隅之法	十回向 ← 十住 果法界 ← 等觉妙觉
等觉妙觉为主 七会普光明殿处中	四正之法	上：十信；左：十回向；右：果法界；下：十住	四隅之法	十地 ← 十行 依正法 ← 行门
行门为主 八会普光明殿处中	四正之法	上：十住；左：十地；右：依正法；下：十行	四隅之法	等觉妙觉 ← 十回向 十信 ← 果法界
果法界为主 九会逝多林处中	四正之法	上：十行；左：等觉妙觉；右：十信；下：十回向	四隅之法	行门 ← 十地 十住 ← 依正法

夫佛法之教义无穷，法门亦无穷，《华严》总以九会，得易简之理矣。若九会之法，实相入相重，可遮可兼，前后错杂，终始若环，如如不动，亦一亦多，随缘而来，不可端倪。今以洛书之九畴周行，四正四隅之顺逆互旋，以观其相承相生之道，殊非言语可尽，此象数之妙也。

更观九会之会处，尤具至理。三会同处于普光明殿者，犹洛书数。当以三纵三横或二斜角线之三数合观之，乃见参伍以变之妙，一再而三，其理始圆。以卦象之正言，同归既济，必经三次，亦此义也。故会宜有九，处当为七，有三会不易其境，庶可觇吾心之变。又七处中菩提场、普光明殿、逝多林三处在地，忉利天宫、夜摩天宫、兜率天宫、他化天宫四处在天，盖境之大别，阴阳天地而已。由是以观心：凡二会普光明殿者，当解分之初，其心阴而阳，地而天，入而将出也。七会普光明殿者，当解分之终，其心阳而阴，天而地，出而已入也。八会普光明殿者，当解圆而行，其心者复其见天地之心，出入无疾，力行近仁之谓也。此三心以中五损益之，其实乃一。所有众生若干种心如来悉知，故说法无穷，三界一心，心佛众生，三无差别，信者信此，证者证此耳。详下九会七处表（表见下页）。

三会同处之妙谛，由上表可显。今以证分位五观之，即九畴周行与华严九会图中之戴九，又可得二八易位之大义。合以后天卦象，于出入之道，三会同处之变，皆有自然之理焉。

且于方位，证分戴九位南，宜善财之五十三参，以南行为主。其于三会忉利天宫，位东北艮八，始出于地也。于六会他化天宫，位西南坤二，将返入于地也。出者，黑中之白，入者，白中之黑。唯其有消息，黑白互易而太极图成。唯其有出入，二八易位而洛书成。消息出入诚解分之几，凡解分二至七共六会，

九会七处表

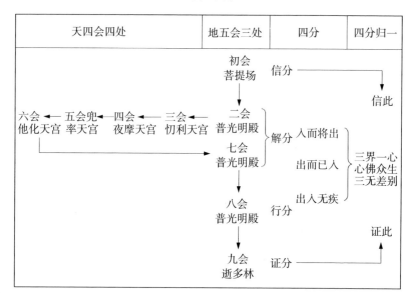

当四正以出入于东北西南而变化在矣。详下二八易位当四分图（图见下页）。

由信生解，解有二端，二端赖二八易位。其理通焉，然后一于行，行有证，归诸中，证得一理，信又深且坚。如是周流，无已而有已、有已而无已者也。若未得出入消息之解，其能一乎，然则解分之几，犹圣、狂之几，迷、觉之几也。

据佛言，忉利天宫位须弥山顶，属地居天，夜摩天宫、兜率天宫、他化天宫属空居天，此四天宫皆属欲界。其上尚有色界之四禅天、无色界之色究竟天。层层上出，离此欲界、色界、无色界，始曰"出三界"；出为觉，然后宜入三界以觉他。奈自居欲界之娑婆世界，于理可明，于色界、无色界之详，已为时位所限，必不能知。此龙树所以仅忆下品归，乃如来于他化宫已说十地法门，则出入之理明且备焉。故即当反入以觉人觉世，

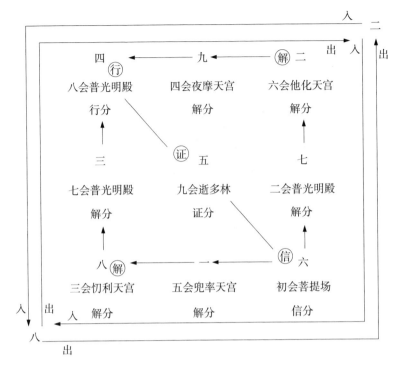

二八易位当四分图

此世尊之慈悲也。若出入二天恰当证分之二八，象数配合之神几如是，令人不胜赞叹。暂不论普光明殿，其他六处之当太极图，示如下：

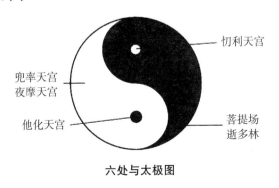

六处与太极图

至于普光明殿与太极图，二会尚未出，当黑之半，七会已出而入，当白之半。八会合解之始终而行，何碍于出入。以觉他言，黑中之白，勉人以出，悲也，义也；白中之黑，勉人以入，慈也，仁也。此非三会普光明殿之心乎。更示如下：

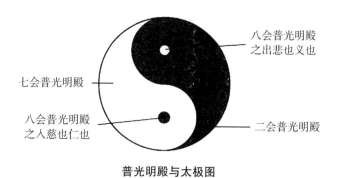

普光明殿与太极图

太极已明，其生生成八卦。河图以先天为主，洛书以后天为主，此宜以后天卦位观之。初会菩提场，信分为乾，信为道元，如来依正法，非乾象而何。六会他化天宫说十地为坤，坤为地也。三会忉利天宫说十住为艮，艮止犹住。四会夜摩天宫说十行为离，向明而治，行者离明之谓。五会兜率天宫说十回向为坎，天一生水，回向之几也。以上五会之象，莫不精义确然。至于三会普光明殿之象，尤有不思议之理。于二会说十信而将出，兑为义也；于七会说等觉妙觉而已入，震为仁也。八会者行本乎解，普贤口中受如来之光而说之，巽命准乎震性，出入无疾之心也。又兑震巽三象之变化为错综接，心亨之主旨在焉。详见后天洛书与华严九会七处图（图见下页）。

总上所述，凡洛书象数之变化，《华严》九会七处之妙法，皆因合观而显，并论而明。此文不容已者此也，奚暇辨儒佛之异同乎。

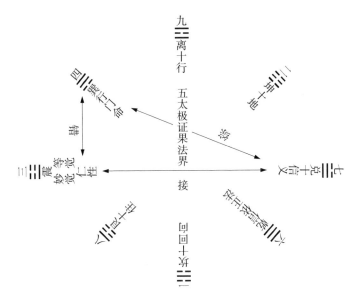

后天洛书与华严九会七处图

普贤行愿显微

《华严》九会，终于善财童子之五十三参，证入法界，顿渐圆融，归诸普贤菩萨之十大行愿，至矣尽矣。其言曰："善男子，如来功德，假使十方一切诸佛，经不可说不可说佛刹极微尘数劫，相续演说不可穷尽，若欲成就此功德门，应修十种广大行愿。何等为十，一者礼敬诸佛，二者称赞如来，三者广修供养，四者忏悔业障，五者随喜功德，六者请转法轮，七者请佛住世，八者常随佛学，九者恒顺众生，十者普皆回向。"夫究此十愿，其义无穷，盖已入不思议解脱境界。象之微妙，何可以言语喻，无思无为而成终成始，其境神矣，与易理殊可会通。下请显之：

《易》与《华严》

一者礼敬诸佛——佛者，觉也，礼敬之，所以破我执。凡不觉而迷，我执所由生，人各执其我，"碍"之谓也。如能化我执而礼敬诸佛，则有碍之我执成无碍之礼敬，执虽异而同归于佛之觉，是之谓"事无碍"。以《易》言，八卦六十四卦而至三百八十四爻，莫不自有其象，"是故爱恶相攻而吉凶生，远近相取而悔吝生，情伪相感而利害生"，不亦碍乎。然卦爻之象，皆由乾元生，"乾始以美利利天下，不言所利，大矣哉"。故觉此乾元而礼敬之，于"相攻""相取""相感"，何碍之有，是之谓"修业"。

二者称赞如来——如来者，如实道来，称赞之，所以破法执。凡觉而执之，法执所由生，人各执其法，仍为"碍"。如能化法执而称赞如来，则有碍之法执成无碍之称赞，法执虽异而同归于如来，是之谓"理无碍"。以《易》言，卦爻之变，理非一端，莫不自有其法。往来进退，发挥旁通，象各不同，其碍甚多。然终始天行，皆乾道四德之变化。故如实知此太和、太极而称赞之，于立卦生爻六龙御天，何碍之有，是之谓"进德"。

三者广修供养——供养分二。一以供养具常为供养，一以法供养。前者施外物，极于破我执；后者基于破我执，极于破法执。故二者之功德，未可并论。以法供养为最，广修之乃能"事理无碍"。以《易》言，太极生生而大业生，卦爻之法象各有其德，法供养者，犹"云行雨施"而"品物流行"。业修德进，及时而惕，事理之碍泯矣。

四者忏悔业障——业障者，"所知""烦恼"二者，由法我二执所起。能"诚心忏悔，后不复造"，乃臻"事事无碍"之境。以《易》言，震《大象》曰："洊雷震，君子以恐惧修省。"

虩虩恐惧，哑哑修省，有则者，见天则而乾元出震，始亨万物而物与无妄，先王以茂对时育万物，事事无碍也。

五者随喜功德——随喜者，偈曰："十方一切诸众生，二乘有学及无学，一切如来与菩萨，所有功德皆随喜。"以《易》言，"幽赞于神明而生蓍"。生蓍者，一卦遍及六十四卦，与随喜之义密合。卦各有德，择其善者而从之，不善者而改之，故君子无入而不自得焉。

六者请转法轮——转法轮者，偈曰："十方所有世间灯，最初成就菩提者，我今一切皆劝请，转于无上妙法轮。"以《易》言，"君子尚消息盈虚，天行也"。消息者，错而相通，太极妙觉在焉，与转法轮以觉世，义亦无间。佛之说法，辗转传入，不停滞于一人一处，故曰转法轮，是当"天行"义。又佛之说法能摧破众生之恶，犹轮王之轮宝能辗摧山岳岩石，是当"息阳""之正"义，由坤而转为乾，由未济而转为既济也。

七者请佛住世——请佛住世者，劝请莫入涅槃，经于一切佛刹极微尘数劫，为欲利乐一切众生。盖请佛及诸菩萨声闻缘觉有学无学乃至一切诸善知识住世，所以为世立师表也。以《易》言，乾首出庶物，时之则也，既济刚柔正而位当，位之定也。六位时成以利乐一切众生，故能"品物咸亨"而"万国咸宁"。

八者常随佛学——常随佛学者，菩萨之自觉也，唯自觉也深，其觉他也有力，十地渐证，随学之象也。以《易》言，进德修业无已，自强不息以精进也，思患豫防以贞正之，变动不居而动贞夫一，升阶纷若而乃乱乃萃，得其旋之元吉，跻六龙之离祉，庶能出入火宅而免沉沦于六道之险阻。

九者恒顺众生——恒顺众生者，菩萨之觉他也。其言曰：

"谓尽法界虚空界，十方刹海所有众生，种种差别，所谓卵生、胎生、湿生、化生，或有依于地水火风而生住者，或有依空及诸卉木而生住者，种种生类，种种色身，种种形状，种种相貌，种种寿量，种种族类，种种名号，种种心性，种种欲乐，种种意行，种种威仪，种种衣服，种种饮食，处于种种村营聚落，城邑宫殿，乃至一切天龙八部，人非人等，无足、二足、四足、多足，有色，无色，有想，无想，非有想，非无想，如是等类，我皆于彼随顺而转。种种承事，种种供养，如敬父母，如奉师长，及阿罗汉，乃至如来等无有异。于诸病苦为作良医，于失道者示其正路，于暗夜中为作光明，于贫穷者令得伏藏，菩萨如是平等饶益一切众生。何以故，菩萨若能随顺众生，则为随顺供养诸佛，若于众生尊重承事，则为尊重承事如来，若令众生生欢喜者，则令一切如来欢喜。何以故，诸佛如来以大悲心而为体故，因于众生而起大悲，因于大悲生菩提心，因菩提心成等觉。"此明普度众生，至诚至慈，至敬至悲，承上化下，菩萨之大愿，即十大行愿之中心也。以《易》言"出入无疾"之谓。出以复性，入以申命，各正性命而保合太和，众生皆具佛性者也。贵能"于彼随顺而转"，转者转识成智，去其障蔽而已。即次而快其心，易简而亨其心，众生与佛本为一体，人皆可以为尧舜也。

十者普皆回向——谓以上九愿所有功德，皆悉回向。回向者，不执也，其义尤不可忽。以《易》言，群龙未能无首而亢，既济终止则乱而道穷，皆未能回向所致。故君子恭以存位，亨行不止，时中不极，则劳谦有终，犹回向之功也。愿皆回向，菩萨与众，殊无差别，《金刚经》曰"灭度无量无数无边众生，实无众生得灭度者"是其义。由是廓然一而实相显，非太极之象乎。

　　以上十愿为《华严》之要，亦佛教精萃所在，与易理会通，盖皆入无思无为之境。十者天地之数，五合而为河图，庖牺氏则之而画卦，《华严》亦取之为法数，寂然不动而感通，岂有求而为哉。

论初期佛教与吾国思想的相互影响

一、汉魏

　　佛教传入吾国的条件，创造于西汉武帝之通西域。此与武帝尊儒术黜黄老的政策有关，而黄老思想就成了儒术的对立面。其后经辗转发展，包括佛教的传入，黄老思想成了道教的理论基础。凡宗教思想的流传，当在物质交流之后，因通西域而"丝绸之路"畅通，行旅商人往来日见众多，佛教思想乃能逐步东移。于时考之，最初传入当在百年后的西汉末期。由影响于帝王公侯而渐及民间。哀帝元寿元年（前2）大月氏使者伊存口授博士弟子景虚以佛经的材料，又汉光武子明帝有夜梦金人及遣使求法的传说，虽未必可考，然是时起确可能有西域的佛教思想，依进贡物而传入。较可信的记载，是明帝于永平八年（65）谓其弟楚王英"诵黄老之微言，尚浮屠之仁祠"。其时是否有佛经翻译，已未可考。以浮图配黄老，或亦楚王英的好奇，因其少好游侠，善交宾客，乃能于西域之官吏行旅辈，略闻浮屠之说，于佛教大小乘的教理，定极茫然。若本诵黄老，又见当时的思想，已视黄老为神仙人物，与图谶相合。永平十三年

（70）英被告造作图书有逆谋事，乃废徙丹阳泾县，明年英至丹阳自杀。所谓"造作图书"，或已近《太平经》的思想，此所以其后数十年，能产生视老子为教主的"黄老道""五斗米道"等道教组织。然佛教于东汉中叶尚未发展，传说最早翻译的《四十二章经》为两晋时所抄出，与之有关的《牟子理惑论》亦有后人伪托的痕迹。故初期的佛教思想，当以安世高与支娄迦谶二人所译的经典为代表。

安世高名清，安息王的嫡子，让位于叔，自来吾国宏扬佛法。安息就是西洋史中的帕提亚国（Parthia），由阿尔沙克斯（Arsakes）建国，安息为音译。武帝始通，东汉章帝章和元年（87）、二年（88），和帝永元十三年（101）均来贡，同时宣扬佛教思想，非常可能，惜史无明证。安世高则于桓帝建和元年（147）至洛阳，以译经为事，所译经典以禅数为主，皆属小乘上座部。其禅法学自禅师僧伽罗刹，用四念住贯穿五停心门，以身念住破除人我执。念息一门译有大小《安般守意经》。安指入息吸，般指出息呼，专心一致于念息，就是守意。其时安世高译此类经典，既为印度所流行，又合吾国当时所盛行的道家修养法，故容易引起吾国人民喜爱。安世高在中国约三十年，晚年曾南游豫章、浔阳、会稽等地，事迹不详，从之者有南阳韩林、颍川皮业、会稽陈慧等，再传康僧会，会于赤乌四年（241）入吴。约百年后道安（312—385）的禅学，虽直接受神异人物佛图澄的影响，然文献的根据仍由此系而得，宜道安之重视安译诸经而各为之序。

今依时考之，安世高来吾国时，魏伯阳已著成《参同契》，且密示青州徐从事，徐乃隐名而注之，桓帝时复传授与同郡淳于叔通而行于世。《参同契》书中言及有本于《龙虎经》（今已失传）等道书，故禅数之理在我国并不新奇。安般守意，一如《参同契》的"龙呼于虎，虎吸龙精"，由咀嚼衔咽而一之，守意莫善焉。故当时对吾国的思想，影响不大。于道安时，吾国的道教已发展而早有《黄庭经》等，故禅数仍无影响可言。若道安以禅数结合般若，可谓佛道两教第一次重大的相互影响。

支娄迦谶，西域月氏人，月氏与安息邻近。于桓帝延熹十年（167）支谶至洛阳译佛经，所译经属大乘般若类。支译少于安译，主要有三部：《般若道行品经》阐明缘起性空，与小乘有部执名相实有者相反；《般舟三昧经》阐明为以慧念佛，般舟即念佛义。此与小乘禅数的安般亦不同，已由数及象。以上二经皆译成于光和二年（179）。又有《首楞严三昧经》阐明健行不息的慧，首楞严即健行义，此实与《周易》首乾的概念同。此经译成于中平二年（185）。其时正当黄巾起义遍及全国，五斗米教亦盛。故在汉末，般若经义仅影响于移居在吾国的西域人。而于后世，则对吾国的哲学思想有重大的促进作用。初于魏晋的玄学发生交流，经二百年的酝酿，产生陆修静有初步总结性的道教。

至于楚王英虽自杀，所开黄老浮屠之祠的风气，仍保存在帝王宫中，襄楷于延熹九年（166）上书提及"又闻宫中立黄老浮屠之祠"。至于民间信佛的情况，史有笮融依陶谦时（谦卒于公元194年）大力提倡的记载（见《三国志·吴书·刘繇传》），融为人贪暴残忍，终至为民所杀。因其督广陵彭城，遂以抢劫所得大起浮屠祠，以铜为人，黄金涂身。每浴佛，多设酒饭，布席于路，经数十里，民人来观及就食且万人，费以巨亿计。此正可与张鲁治汉中对比，《三国志·张鲁列传》："……鲁遂据汉中，以鬼道教民，自号君师。其来学道者，初皆名鬼卒，受本道已信，号祭酒。各领部众，多者为治头大祭酒。皆教以诚信不欺诈，有病自首其过，大都与黄巾相似。诸祭酒皆作义舍，如今之亭传，又置义米肉，悬于义舍，行路者皆量腹取足，若过多，鬼辄病之。犯法者三原然后乃行刑。不置长吏，皆以祭酒为治，民夷便乐之。雄据巴汉垂三十年，汉末力不能征，遂就宠鲁为镇民中郎将，领汉宁太守，通贡献而已。"

此与佛道二教的教义并不相称，然由笮融与张鲁对比，可喻汉末群众信教的情况。当时亦课读佛经，然孰能明其理，而《太平经》的思想，极深入人心。黄巾失败后，其理未废。此黄老道的思想，转入五斗米教。

支谶所译的般若思想，有支亮传之；支亮又传支谦。支谦于汉末避乱江南，于赤乌四年（241）起，隐居山中以终。于江南隐居前，曾改译《大明度经》阐明般若之空，理与何晏（190—249）、王弼（226—249）所形成的"正始之风"相似。然未可谓王弼的思想来自佛教的般若空宗，因扫象以破礼教，有得于老子的原意。王弼盖破汉代以宗教色彩理解老子，而恢复先秦老子的哲学面目；且扫汉象，以老子思想代入无象之象的《周易》中。故此类思想仍为吾国所固有，仅略受佛教的影响。且由此学风，反促成北方般若之兴盛。因老子早有其整体思想，而当时的《道行般若》尚非般若之全，乃专心研究般若者无所适从。此所以有朱士行于曹魏甘露五年（260）去西域于阗求经，竺法护亦于相近之时间前往西域诸国。

朱士行，洛阳人。时有中印度人昙柯迦罗，于曹魏嘉平二年（250）来洛阳，于白马寺中译出《僧祇戒心》，为佛教传入戒律之始。而朱士行可谓第一个出家受戒的和尚，既知戒律，自然对因扫象破礼教而兴起的般若空宗不满，宜于昙柯迦罗来华十年后即去西域求经。士行到于阗后，经二十余年始得般若的原本，命弟子弗如檀于晋太康三年（282）送回洛阳，如愿以偿，本人未回。此经于元康元年（291）始由无罗叉和竺叔兰于陈留界内译出，名《放光般若》，以别于《道行般若》。若能辨此《放光》《道行》之同异，亦始于道安。

竺法护，西域月氏人，已侨居中国。其时般若因玄学而兴起，而于般若的含义有种种异解。竺法护乃主张必须整体理解佛教，此较朱士行的见界尤大。其往西域遍访大小部落三十六国，既求师问道，复搜集大乘经典。数年后于晋太始二年（266）回国译经，直至永嘉二年（308）七十八岁死，凡四十余年不辍，对初期佛教的传布起重要作用。

上述朱士行、竺法护二人，皆魏时出国，对吾国的影响已在西晋。若魏朝更有译经的异域人，于白马寺中除昙柯迦罗外，尚有康僧铠，印度人，或曰康居人，于嘉平四年（252）在白马寺。有昙无谛，安息人，于嘉平六年（254）亦在白马寺。有安法贤，安息人，亦为魏朝之译经者，是否在白马寺无考。

总观汉末三国的佛教形势，北方以洛阳白马寺为中心，南方则以建业为中心。以内容言，分小乘禅数与大乘般若二派，于吾国思想的相应，则禅数犹黄老的养生，般若犹魏"正始"的玄风。

以道教言，三张的五斗米教，与张角的黄老道，实由同而异，同者同准《太平经》的思想体系，为农民革命所利用的宗教。然张角的黄巾，被灭于灵帝甲子（184）。是时张鲁于阳平继张衡未久（衡卒于己未，179），且于建安二十年（215）汉中失守而降曹操，即变成以宗教为主，此与黄巾始终以农民革命为主者不同。且开始由下层群众的宗教，逐步变成统治集团的宗教。未久魏以代汉，张鲁的地位依旧，信五斗米教的又增加八品游治，可见其仍有发展。鲁卒于正始乙丑（245），老庄的玄学已兴。

此外尚有未卷入农民革命者，或有幸免者，或有种种特殊技能的医家、神仙家，如为曹操所收养者甘始、左慈、华佗、郗俭等，其流派亦逐步汇合于道教。于后代起大作用的葛玄（164—244），实与张鲁同时，盖继承汉代内外丹的修炼，结合医理。嵇康养生的思想，结合玄学与神仙家言。然与当时的五斗米教尚不同，而为进一步发展玄学成道教的关键。凡玄学不谈谶纬，此可觇汉魏学风之变，而汉学谶纬之说，乃入道教之中。历代借道教以作农民革命的理论基础，皆属汉代谶纬之遗风。

二、西晋

佛教思想直接影响吾国思想家，当始于晋。此与朱士行、竺法护二人有重要关系。

于汉末所译的佛经，仅侨民及个别汉人重视之。"正始之风"既起，乃有尚虚的玄学家，开始注意佛教的般若类。故佛教思想之能浸长于吾国思想家，主要始交于玄学。当时了解所译般若类典籍的思想，远远不敌老庄思想的完备与精深，唯佛教思想未能自圆其说，所以引起朱士行、竺法护二人于魏末西出求经。当竺法护回国译经（时在公元266—308），朱士行求得《放光般若》译出（时在公元291），般若思想方初步有比较正确的概念，始可与玄学交流。其时政局魏已归晋，然西晋统一未久，即有八王之乱。于思想中，正当玄学与佛教般若的交流。

凡正始玄学尚老崇无，西晋由元康而永嘉，其玄放狂而终于尚庄崇有。然崇有当自养生始，故玄学之所谓有，宜以确信有长生不死的神仙。故同时的王弼（226—249）与嵇康（223—262），已具玄学之有无。若竺法护（231—308）的年龄，虽略小于王、嵇，幸有七十八岁的高寿，故能因时而任译经弘法之愿。其回国译经，始于泰始二年（266），其时王、嵇皆死，在政治上刚演完再次禅让的残酷闹剧，表面暂呈平静局面，恰好能大量译出大乘佛典。凡属方等类的般若、宝积、华严、法华、大集等，皆能初具规模，特别宣传《法华经》，最重要的概念在以大摄小。

至于朱士行命弟子弗如檀带回的《放光般若》，辗转由无罗叉和竺叔兰译出于永平元年（291）。是时晋武帝已死，晋室内乱的条件已成，而民间信佛的情绪与日俱增。且不论是经的内容，因其来之非易，即能令人尊信之。道安记此经译出后，中山（今河北定县）支和尚遣人到仓垣断绢写之，持还时，中山王及众僧城南四十里幢幡迎经。此热烈的情况，犹百年前笮融时的继续，亦为后代迎佛骨的雏形。而佛教的信徒至西晋而盛，此与道教的分裂有关。

初因黄巾的失败，黄老道的幸存者，自然归诸五斗米道。张鲁卒于魏，尚能保存其信徒，然由魏而晋，当受政局的影响。犍为民陈瑞自称天神，于咸宁三年被刺史王浚诛，犍为属二十四治中，可见其为五斗米道。更由鲁之后代迁出阳平治而移居江西龙虎山，或亦不得不迁。且张盛初至龙虎山，时在西晋末永嘉间，与鲁是否父子尚有可疑，况盛在当时已非道教主流。其主流上下二分，其上逐步结合神仙家，重视医药、修炼。

以所存的道经言，由《参同契》而《黄庭经》，结合外丹形成葛洪（283—363）的思想。此支发展初则独立自炼而不卷入农民革命，继则且仇视农民革命，故魏夫人《上清经》与葛洪的道，教义又不同。其下仍坚持《太平经》辨证君臣的思想而为农民革命所利用，此见五斗米教实与黄巾同源。若与佛教思想相互影响者，主要属于其上一支。此支在东晋百年间，因佛教结合大小乘而道教亦与玄学相结合，方能正式形成三洞四辅的道教教义。唯西晋时的道教分裂，促使佛教信徒激增而足与道教相对抗。

若晋武帝之死，其后杨氏之父骏，被惠帝后贾氏所杀，此造成元康之清谈，不能不变正始之风为放狂。若裴斥王衍、乐广而崇有，是之谓"需于泥，致寇至"。儒家礼法，不可不破，此时尚不宜论儒家之有。迨元康而永康，赵王司马伦又杀贾后而引起连续十一年的八王之乱。其间东瀛公司马腾招收鲜卑人与乌桓人，成都王司马颖反求匈奴左贤王刘渊起兵，此所以成五胡乱华的形势。凡渊自据离石称汉王六年（304—309）而死，翌年子聪继位，即攻陷洛阳掳晋怀帝。晋军更立愍帝于长安，又为渊族子曜攻陷长安而掳之，西晋遂亡。

更考竺法护译出大量大乘佛典后的影响，就是与老庄思想的概念日在交流，名僧名士之不断往来，正有此共同语言。故玄学由元康之狂妄而成永嘉之尚庄崇有，实受佛教般若思想之刺激，且玄学之整个变化，已尽于老庄之有无，故晋而东，名士之思想已不敌名僧矣。

三、东晋

东晋约百年（317—420），是吾国思想变化的时期。因八王之乱而引入外援，与西周借犬戎兵而成东周的形势相似。东晋及南北朝文化，虽未能与东周文化相比，然确有非吾国本有的印度文化传入，且为吾国同化而另开"中国佛学"的哲学思想。道教教义的哲理化，亦由佛教刺激而产生。道教的外表大半法于佛教，若究其哲理的精深处，仍保存吾国思想的特色。此两大宗教在吾国，经东晋百年的孕育，始能各自独立而自成体系。

当汉而魏，王弼崇老扫象以兴尚无的玄学。此为吾国本身的思想变化，犹反董仲舒之尊儒术斥黄老。由正始经元康之狂而成永嘉之尚有崇庄，玄学本身恰经魏与西晋而尽阴阳生生之易理。若郭象注庄，已非庄子原意，实受佛教般若之默化而犹未自觉，由郭象注庄而张湛注列，始显般若哲理于原著之内，虽曰伪作，理殊可贵，可谓中国化佛学的嚆矢。更有梅赜上《尚书》，实刷新董仲舒的儒术、道统传授，以明二帝三王之心术，既以斥佛之般若，亦以斥玄学老庄之有无，积极恢复儒家《书》始尧舜之划时代，所以显实相。隋唐后佛道二教盛行，然仍能不陷于如西洋历史中的宗教黑暗时代，梅赜之功决不可忽。惜自清阎若璩（1636—1704）确证其伪作后，渐失其作用。然梅氏能奋起于东晋之时，当谅其心，乃上承董仲舒而下启唐韩愈、宋理学之思想，有其真知灼见，且较董氏结合方士谶纬之说为纯。故究东晋之思想，必须重视梅赜之地位，能一反郭象、张湛之思想，亦见玄学本身已无可发展。然在当时梅赜《古文尚书》作用未大，而玄学家的出路，惟能归于佛道二教，二教的教义亦经东晋而始见面目。

以佛教言，教典传入正引起玄学家之研习，且于教典外尤重西僧之来华。如东晋初元帝永昌元年（322），西竺沙门尸黎密至建康，丞相王导见之曰"我辈人也"，一时名士皆造门结友，此可见一斑。最主要者，东晋时期北方有佛图澄（237—348）、鸠摩罗什（350—409）来吾国。吾国又有道安（312—385）及弟子慧远（334—416），又有僧肇（385—414）等，方能完成玄学转化成佛学。

当名士名僧的思想交流，于佛教内部，已什九为玄学家。因宏扬佛法者，不得不用吾国本有的概念以说明佛法，这就是"格义"。凡籀译经典，"格义"本难免，若对佛教"事数"的内容，使用吾国固有的名词加以固定，此纯属译事的方法论，且难免有附会之弊。故道安反对弘法以"格义"为主，然适时位以喻其理，"格义"究未可全废。

更以般若的内容言，因玄学有老庄有无之辨，般若亦有"六家七宗"之异，此互为影响而各自分裂，于佛教须待罗什传入龙树大乘思想后，方能解决。故罗什弟子僧肇的《肇论》出，佛教始见完备的教义。《肇论》中之《不真空论》，即归纳当时的"六家七宗"成三家以斥其偏。一、心无宗。《不真空论》曰："心无者，无心于万物，万物未尝无。此得在于神静，失在于物虚。"东晋有支敏度宗之，其具体行动，任意立宗以自存。二、即色宗。《不真空论》曰："即色者，明色不自色，故虽色而非色也。夫言色者，但当色即色，岂待色色而后为色哉？此直语色不自色，未领色之非色也。"当时有支道林（314—366）宗之，其具体行动，善与玄学家聚论。三、本无宗。《不真空论》曰："本无者，情尚于无多，触言以宾无。故非有，有即无；非无，无即无。寻夫立文之本旨者，直以非有非真有，非无非真无耳。何必非有无此有，非无无彼无？此直好无之谈，岂谓顺通事实，即物之情哉？夫以物物于物，则所物而可物；以物物非物，故虽物而非物。是以物不即名而就实，名不即物而履真。然则真谛独静于名教之外，岂曰文言之能辩哉？"此宗据昙济的《六家七宗论》以道安为主，然道安的弟子僧叡以为道安在六家七宗之外。故此宗以竺法汰（320—387）为代表，其具体行动，奔走于权贵之门。以上合成的三家，以玄学观之，心无宗犹王弼注《老》之尚无，其舍易象以注《易》，于卦爻辞可任意加注，与心无之义全同；即色宗犹向郭注庄之尚有，宜孙绰视支道林似向子期；本无宗犹合有无以归于无。此见玄学有无之辩与般若六家之异，正来源于相互交流。若道安的思想不论是否属本无宗，实已识般若之全，尤重要者，于般若外能以禅数为基。道安本姓卫，常山扶柳人。世业儒，生当永嘉之乱，早失父母。十二岁为僧，有特殊的记忆力，读经过目不忘。二十四岁时（335年），后赵石虎得帝位，由洛阳迁邺郡，西域名僧佛图澄随至，道安亦同时入邺师事之，直至澄卒。澄以神通得石勒等之信仰，此与纯谈般若者不同，道安受此影响，故能重视禅数。在澄卒后十六年中（349—364），道安居于北方太行恒山以究禅数之学，此所以能深入般若之理解。迨石赵覆灭，道安南下到襄阳，定居十五年（365—379）专研般若。每年二讲《放光》，内容日进，实得力于禅数。另一重要贡献，约于宁康二年（374）起，整理与编纂经籍目录，为佛典编目之始。当苻坚破襄阳，被劫至关中，到关中后讲述般若不辍。又从事于译经，犹补足安世高译中所未备，惜仅三四年而卒。总观道安之一生，要在合禅数于般若，是即《法华》以大摄小的具体思想，故对六家七宗之异，能贯而一之。至于以大摄小的概念，郭象注《庄》以为鲲鹏不异于野马，正生于佛玄交流之结果。道安于《合放光光赞随略解序》中有言："诸五阴至萨云若，则是菩萨来往所现法慧，可道之道也；诸一相无相，则是菩萨来往所现真慧，明乎常道也。"此以可道之道属小乘禅数，不可道之常道属大乘般若，合一于常与非常，完全可见道安受玄学的影响。而玄学家的愿求常道，自然更多，此所以能发展嵇康养生信神仙的思想。更有道安的弟子慧远（334—416），有"博综六经，尤善庄老"的基本思想，二十一岁（354年）随道安出家，二十余年未离左右。直至道安被劫至关中，慧远始往江东，约道安卒后未久，即定居庐山三十年以终。究其重要思想，仍为继承道安以结合大小乘。然此三十年中，于隆安三年（399）有法显等西游，乃继朱士行、竺法护而三，带回《大涅槃经》，将起变化于南北朝的佛教思想。又于隆安五年（401）有鸠摩罗什（350—409）入长安，虽仅九年即逝，然能全部介绍龙树的大乘佛教。故是时起，佛教的大乘教义方能正式成立，可不与玄学相关而不用"格义"。若三论宗哲理的传入，于先秦老庄之说仍有其作用，而魏晋人注解以成的玄学乃瞠乎其后矣。

当罗什未到长安时，慧远与其师道安的同译者僧伽提婆在庐山见面，时当太元十一年（391）。重译《阿毗昙心论》及《三法度论》，对当时已无发展的玄学，曾起大作用。《心论》之"显法相以明本"，以具体的心与心数（即心所法）入门，正可代替玄学的空谈。尤重要者，由《心论》而归诸《三法度论》中之"胜义我"，则统一了小乘有我与大乘无我的根本问题，以具体的心与心数出发，究心于人我法我，此确能为当时的玄学另辟门径。继之慧远与罗什之交流，虽未见面而相互通信，难免尚有隔阂。若罗什之义全准龙树，代表作品为龙树的《大智度论》《中论》《十二门论》，故名三论宗，此外尚有提婆的《百论》等。有以上诸论，吾国方有佛教的基本佛法，此罗什之功，亦为正式传入非吾国本有的思想。罗什谓大乘佛法，经马鸣、龙树、提婆加以整理而成，提婆与龙树同时，于罗什作传时仅差百年云。凡《百论》破佛家外的各家学说，《中论》对治佛家内部的各家学说，《大智度论》贵在博，《十二门论》述其精。要旨就是统一空是真谛，有是俗谛的二谛，二谛统一是名中道。传其学者甚多，主要有僧肇（374—414）的《肇论》，包括《物不迁论》，《不真空论》《般若无知论》《涅槃无名论》《宗本义》五篇。唯其有创见，宜盛行于南北朝，初各篇单行，至陈始合成《肇论》。百余年中经无数学者之研习，终有《肇论》之辑，辑成后更流传日盛，实为吾国玄学思想变成佛教思想的基础。

更究慧远与罗什之未洽，仍在对小乘的认识不同，则以大摄小之象自然有异。故慧远于庐山三十年，佛学交流分三个阶段。初阶段为僧伽提婆的毗昙，中阶段为鸠摩罗什的三论，后阶段为觉贤的禅法。觉贤（即佛陀跋陀罗）为罽宾禅师，受教于佛陀斯那（一作佛大先即觉军），觉军又受教于达磨多罗（即法救）。故于禅学，师承有本。当义熙六年（410）入长安，罗什已死，其讲禅法，学者甚多，慧观即其门人。然觉贤之禅与罗代之禅不同，宜为罗什门下排挤而不得不南下至庐山慧远处。慧远请为译出《修行方便禅经》，此经凡五门（即数息观、不净观、慈悲观、界分别观、因缘观）各各独立。慧远序之曰："其为要也，图大成于末象，开微言而崇体。悟惑色之悖德，杜六门以寝患；达忿竞之伤性，齐彼我以宅心。于是异族同气，幻形告疏；入深缘起，见生死际。"此已解体大摄小，慧远本道安之愿也。悟惑色即不净观；杜六门（指六界）即界分别观；不宜伤性即慈悲观；齐彼我即因缘观；于是异族同气，幻形告疏即数息观。凡此五门，各各可入而未可混杂。而罗什盖以龙树之般若为主，于禅学未有专师，其于《禅法要解》说："定有二种，一观诸法实相，二观诸法利用。"则实与觉贤不同。由慧远之兼贯大小，所以亦与罗什不同。凡道安、慧远、僧肇，实皆吾国之玄学家，然确有当时玄学所未能尽之意，则不得不归诸佛教。更进而观之，吾国道教之哲理性，亦际此而产生。

由张盛之迁往龙虎山，二十四治已成陈迹，东晋的道教，已非张盛为主。若范长生聚徒依青城山，参与李特、李雄的反晋起义，则时当两晋之际。范善《周易》，其注部分尚在，基本保存汉易的象数，与虞翻注相似。然范本身已为道士，于晋永兴二年（305），劝雄称尊号，其时虞已死六十余年，《易》盛行王弼注。后易学象数之全入道教，于此可证，亦见蜀地能传，唐李鼎祚即资州人云。成汉能有二三十年之太平，足为三张之继。及建元二年即李势太和元年（344）即位，因贪财色而渐失民心，终于永和三年（347）为晋大司马桓温灭国。而青城山的道教，已继三张而保存。

至于五斗米教的分裂为上下，至东晋而显，上者凡郗愔、王羲之、殷仲堪等官宦皆信之，纯属宗教信仰，如鲁之已降汉。下者尚保存张角以黄老道为农民革命的理论基础，其时已用五斗米教之名义，主要为孙恩、卢循的农民革命。最耐人深思的悲剧，是笃信五斗米教的王羲之次子凝之，为孙恩所杀，时当隆安三年（399）。其后孙卢的革命虽失败，而东晋亦由是而亡于镇压孙卢农民革命的刘裕。以道教思想论，东晋初宜以葛洪的《抱朴子》为主，深信道教的神仙，以药物炼金丹为主，故有排斥佛教的倾向，而对后世道教的发展起大作用。

论陈抟先天易与禅机的关系

陈抟字图南，号扶摇子，生年未详，约百岁左右而卒于宋太宗端拱二年（989）秋七月二十二日。按陈抟一生，当唐末五代之乱，时代思潮非常混杂。尤其是儒、释、道三教的内容，正在起相应的变化。陈抟能探得其要，且于反身体验有独得的成就，不愧为划时代的伟大人物。千年来于中国的思想文化有极大影响，宜隆重纪念之。作为道教人物的陈抟，近年来已引起学者的重视，然尚多未加深入研究的问题。例如创造先天易的情况，犹未见有确切的叙述，其实与当时禅师之思想密切相关。陈抟主张以易学使三教合一，于易理禅机的贯通，更有精粹的思路。基本的认识方法，全部说明于自著的名作《观空篇》中，以下特为专论之。

考自唐高祖李渊开国于武德元年（618），亡于唐哀帝天祐四年（907），整个唐室的盛衰过程凡289年。在安史之乱（755）前一百三十余年中，国势基本兴盛。能三教并存，于教义或相互吸收，或相互排斥，不碍其保持各自独立。为上者情有所偏，亦未尝有主一灭二的现象。时有王维（699—759）、李白（701—762）、杜甫（712—770）三位诗人的文思，恰可代表释、道、儒三教的教义而互为挚友，正可反映玄宗时的一般思潮。故研究唐代的三教，早已通观哲理与宗教。在当时的概念，不必分辨儒家是否是宗教、道教是否是道家诸问题。以道教论，根本未注意宋后盛传的龙虎山天师道，其时所谓道教即老子之说。唯能等视儒、释、道三种哲理，庶可深入研究中国传统的整体理论。结束安史之乱后，当代宗即位（762），有李鼎祚上其编辑的《周易集解》，自序中论及对《易》的认识，其言曰："原夫权舆三教，钤键九流，实开国承家修身之正术也。"此因汉代的《易》，已能钤键儒、道、阴阳、法、名、墨、纵横、农、杂九流。及唐代的《易》，进一步能权舆儒、释、道三教。可见由汉及唐，《易》的思想内容正日益扩大而兼及三教。以唐室论，自代宗起衰景毕现，经济基础亦不足兼顾三教的思想，故权舆三教的唐易，未能蔚然成风。且于五十余年后，有韩愈奋起以排佛老（819），实未识权舆三教的整体易理。况唐室开国二百年来（618—819），虽不忘儒术治国，而其认识论每以释老思想为基础，故韩愈之说必归失败。然既起复古思潮，亦难消灭，延续二十余年后，仍有武宗（841—846在位）的灭佛。实经济基础已有崩溃之象，乃不得不归咎于佛教的靡费。虽然，宣宗即位（847）能制止灭佛。惟数年间佛像佛经之损失极难恢复，故信佛之内容不得不随时风而变，由贤首而禅正当其时。一花五叶而禅师辈出，决非偶然。究澄观《疏钞》、李长者《合论》等，早已兼及易象。变而为一花五叶之禅，尤与易象密切相关，是皆为有心之陈抟有以取之者。

此文仅以临济宗言，其源出黄檗的棒喝，棒喝犹阴阳之象。黄檗希运卒于宣宗大中四年（850），而武宗灭佛于会昌五年（845），可喻黄檗之棒，恰起于武宗灭佛前后的客观形势下。

其徒临济义玄，卒于懿宗咸通八年（867），已迟十七年，创造临济宗以见佛教禅机之振兴。然正见未出，唐室日衰，临济宗有四宾主与四照用的方法，实为当时是非颠倒、世见混乱的反映。先以四宾主论，义当两仪而四象。凡主为阳，宾为阴；主为是，宾为非。如能主对主相见，则心心相印，不言而喻，故曰："横按莫邪全正令，太平环宇斩痴顽。"或为主对宾而宾能从主，亦未尝非，此即临济宗觉人之志，故曰："高提禅师当机用，利物应知语带悲。"或有不辨是非者，反成喧宾夺主，凡以宾对主，庶见时代之黑暗，故曰："口念弥陀双拄杖，目瞖瞳人不出头。"临济卒后八年（875），又发生黄巢起义，民不聊生，黑暗可喻。更有甚者，世多茫然不知所云者，尚在高谈阔论，故曰："倚门傍户犹如醉，出言吐气不惭惶。"对言而辩是非，唯多宾对宾。一如唐室君臣，已成尾大不掉病入膏肓之象，安得不衰竭而自待灭亡。然则临济宗之四宾主，时义岂不大矣哉！

进而再论四照用。四照用者，所以以主悟宾之象。推究宾主之异，关键在未悟阴阳。此四照用中之阴阳，犹破我执与法执。如能双破我法，斯可由宾而主。将破之之时，须视宾之所执，执为阴，破之为阳。遇宾执我者，当破其我执而不破其法执，是名"先用后照"，即"夺人不夺境"，诗曰："是处有芳草（不夺境），满城无故人（夺人）。"或我执已破而尚有法执者，是名"先照后用"，即"夺境不夺人"，诗曰："上苑花（喻法）已谢，车马尚骈阗（喻人）。"谓花已谢则是，何必尚骈阗以寻花。更有顽钝者，坚执我法，必须照用同时，人境双夺，诗曰："云散水流去，寂然天地空。"反之即能我法双破由宾而主，故为"人境俱不夺"，诗曰："一片月生海（喻境），几家人上楼

（喻人）。"其间由破我法，自然有我法，悟在执与不执而已。上引双夺与俱不夺的诗句，大可玩味。

上述四宾主与四照用，即临济宗旨。文益（885—958）有言："临济则互换为机。"互换云者，就是易学中阴阳之变。今进一步合观宾主与照用的阴阳，凡四宾主反身自觉为阴，四照用因机觉人为阳，是犹内圣（由宾而主）外王（由双夺而俱不夺）之道。反身则主为阳宾为阴，照用则不夺为阳夺为阴。由是配合阴阳互换，全同先天八卦之次。亦即数十年后，陈抟能画出"先天图"，实有以取诸当时盛传的临济宗之象。详见附图，示于文末。

由图可证临济义玄的思想结构，殊能切合"《易》以道阴阳"之理，依次互换，自然同先天图之次。至于义玄本人，并未画出先天图以示之，宜千余年来，尚未闻有人提及临济宗旨犹先天图之次。而陈抟画出先天图后，亦未言其图所由来。故先天图之源，迄今仍恍惚。且当深入研究陈抟深通三教的思想结构，每有文献不足之感。陈抟是否对佛教教义能深入理解，对禅机之精妙处是否有体验，对临济宗旨是否认识等等，凡此关键问题，皆难肯定。仅以时间核之，当陈抟生前的佛教，要在以禅机为主。陈抟而通三教，不可能不知禅机。准此原则以求诸《佛藏》《道藏》，约于十年前，不期而于《道藏》所收录南宋初至游子编辑的《道枢》一书中，得陈抟《观空篇》一文。此文未见载入任何书目，故千年来乏人重视。幸而得之而反复详究其内容，庶见此文之思想结构谨严而飘逸。盖深合于其时代思潮之机，非精通易理、禅机，尤能合诸亲身的体验者，不能成此道教高真之象。故可深信曾慥所录者，的确是当时已盛传百余年的希夷先生之言。以下当阐明其精要，先录未足四百字的原文如下：

　　希夷先生曰：欲究空之无空，莫若神之与慧，斯太空之蹊也。于是有五空焉。其一曰顽空，何也？虚而不化，滞而不通，阴沉胚浑，清气埋藏而不发，阳虚质朴而不止，其为至愚者也。其二曰性空，何也？虚而不受，静而能清，惟任乎离中之虚，而不知坎中之满。扃其众妙，守于孤阴，终为杳冥之鬼，是为断见者也。其三曰法空，何也？动而不挠，静而能生，块然勿用于潜龙，乾位初通于玄谷，在乎无色无形之中。无事也，无为也，合于天道焉，是为得道之初者也。其四曰真空，何也？知色不色，知空不空，于是真空一变而为真道，真道一变而为真神，真神一变而物无不备矣。是为神仙者也。其五曰不空，何也？天者高且清矣，而有日月星辰焉；地者静且宁也，而有山川草木焉；人者虚且无也，而为仙焉。三者出虚而后成者也。一神变而千神形矣，一气化而九气和矣，故动者静为基，有者无为本，斯亢龙回首之高真者也。（《道枢·观空篇》）

　　详究此文之奇妙，贵在体验当时认识论最精粹的问题，且能实事求是加以解决。凡经唐五代三百余年的发展，当陈抟生前三教的哲理早已纷纭丛杂，名实难分。陈抟之易，唯一属于能继承李鼎祚的唐易，盖以易象为主。于三教之象，儒曰内圣外王，释曰自觉觉他，道曰自度度他，各有其相似的阴阳整体理论。合诸易象的分类法，向内反身属阴，向外对境属阳，阴阳之实，则以认识空有为本。要在已识太空之蹊，乃可空之无空，空与无空指由我及境言。且陈抟由体验所得的方法，有神与慧二者。此二者的作用，慧以破执，神以为主。曰内圣、自觉、自度者，用以破我执，于无慧者反以生我执。曰外王、觉他、度他者，用以破法执，于无慧者反以生法执。且不论我、法，无慧者其执愈破愈多。此见照用的方法，必须有慧方能喻之。更以神言，要识空之无空而为主，贵在以主对宾，照用及时，促使宾能有神。宾有神而为主，自然形成主对主的"太平环宇斩痴顽"，方能使人类社会永在进化中。反之主而无神，则喧宾夺主而退化成宾对宾的"出言吐气不惭惶"，其象何能认识空之无空。故陈抟提出"神之与慧"以达空有之辨，由以会通临济宗旨，且尚不限于一叶云。

　　进而具体明其太空之蹊，凡分五空。五空者曰顽空、性空、法空、真空、不空，循次以进，方能掌握空有之变。且当破双执而认识空，于空的形象，仍当有照用之辨。况认识我、法二执之空后，更当认识空之无空，庶可由宾而主，是即太空之蹊径。一曰"顽空"者，犹严辨空有以执空，不知空之于不空，有可通之机。其为至愚者，尚未知"易以道阴阳"之理。"清气埋藏而不发"无其神，"阳虚质朴而不止"无其慧，治之之道，当悟"应无所住而生其心"之旨。二曰"性空"者，已知阴阳而犹执其一，故曰"惟任乎离中之虚，而不知坎中之满"。既闭其"众妙之门"，何能见"众甫之状"，是诚知阴而不知阳，知鬼而不知神。以佛法言，由小转大，由罗汉而菩萨，正当其时。仅任离火炎上以出世，不识坎水润下以入世，尚未达复卦"出入无疾"之境。三曰"法空"者，在阐明已见法空后的形象，恰当乾初"潜龙勿用"，贵在反身修德以悟之，玄牝之门，谷神居其中。潜初以得道于下丹田，自然合于上丹田的天道。中国传统有天人合一之理，犹佛法之法空。"上林花已谢"，犹在无色无形之中，无事也，无为也。初得道者，正不必"车马尚骈阗"。勿用之用，庶见大用，种子既在，何碍于花开花谢，开谢之法，理当空之。四曰"真空"者，已达"五蕴皆空"之境。"知色不色，知空不空"，犹"色不异空，空不异色，色即是空，空即是色，受想行识，亦复如是"之象，是之谓真空。由真空、真道、真神之阴阳三变，自然成八卦之象。《系辞下》有言："乾，阳物也；坤，阴物也。阴阳合德而刚柔有体，以体天地之撰，以通神明之德。""物无不备"，是之谓神仙。五曰"不空"者，"妙有"乃生。《说卦》曰："神也者，妙万物而为言者也。"凡《易》有天地人三才之道。以道观之，当由人而仙，天人已合一之象。以数量喻之，一神而千神，一气而九气，犹十与九的进位制，河洛当之。以认识论言，基于静而动，本于无而有，必须穷理以尽性，庶可有悟。且天下繁啧，瞬息不慎即成亢象，亢龙回首以免悔，唯高真有其至德。曲折之蹊径，毋为茅塞，观空者宜时时惕之。

总上概述五空之象，确已通贯三教。凡内圣的圣，外王的王；自觉觉他的觉，自度度他的度；其空乎？有乎？同乎？异乎？此正陈抟生前所致思的问题。能综合而画出先天图，实含有无穷之理。先天图的伟大作用，当由此以悟之。

附：先天图与临济宗旨

――宾 对 ――宾 ――内圣	——主 对 ——宾 ――内圣	――宾 对 ——主 ――内圣	——主 对 ——主 ――内圣	―― ―― }双夺 —— 外王	不夺境 —— 夺人 ―― 外王	――夺境 ―― 不夺人 —— 外王	—— —— }俱不夺 —— 外王	卦象
坤宾	艮主	坎宾	巽主	震夺	离不夺	兑夺	乾不夺	八卦
太　阴 宾		少　阳 主		少　阴 夺		太　阳 不　夺		四象
阴　仪 四宾主				阳　仪 四照用				两仪
太　极 临济宗旨								太极

论《周易》四百五十节文献与密宗的三密

　　《周易》这部中国极为重要且似有神秘性的文献，连续不断地流传了二三千年。其实并不神秘，很容易用象数加以说明，而其间确有深邃的整体哲理。然或不理解象数，或有以神化象数，宜二三千年来，不期而对《周易》一书有神秘的认识。至于密宗，在佛教产生前先已存在，释迦牟尼似有所否定。直至唐代中国名僧玄奘（596—664）亲至印度取经，在那烂陀寺戒贤高僧处学习相宗与性宗。其后在印度竟无兼通性相者，由是于那烂陀寺就产生了密宗。有中天竺国王之子善无畏，昆弟嫉之而作乱，因让位于兄，出家至南海滨，遇殊胜招提得法华三昧。又诣那烂陀寺，遇龙树弟子龙智三藏，受瑜伽三密之教。于唐玄宗开元四年（716）至长安，出《大日经》等秘经及现图曼陀罗，此为中国有密宗之始。更有金刚智三藏，亦为龙智三藏之弟子，受一切密教。于开元七年（719）达广州，翌年至洛阳，在所居的荐福寺立大曼荼罗坛，一行禅师（683—727）、不空三藏（705—774）皆其弟子。其后同传至日本，亦为日本有密宗之始。概述日本之密教，不外东密与台密。东密以大日如来为本位，台密以释迦牟尼为本位。故东密以大日与释迦为别体，台密以大日与释迦为同体。由是台密斥东密昧于一实之理，东密则斥台密尚未脱显纲。事实上台密分理密教与事理俱密教，故于法华圆教与两部真言，于理则同，于事则异。其异在说不说身语意之三密，不说为显，说即为密。而密宗之要，的确在具有三密而已。

又玄奘在曲女城开无遮大会，所立之论无人能胜，乃名振五印度，时在唐太宗贞观十五年（647）。恰当是年，唐宗室女文成公主（？—681）下嫁于吐蕃松赞干布，吐蕃即今西藏。当地原有宗教名本教（亦作苯教），以信神、作祈禳法为主。约南北朝末松赞岗簿时期渐立文字，渐信佛教。及松赞干布佛教大兴，然于唐高宗永徽元年（650）干布死后，又兴本教，文成公主不得不隐藏佛像于地下数十年之久。其后佛教又渐兴，直至唐代宗时（760—779）莲花生进藏，建立桑耶寺，始兴密宗。又中国之禅宗亦于德宗（780—805）时传入吐蕃，于德宗八至十三年期间（792—794）在吐蕃曾大加辩论禅与佛教之同异。其结论虽似否定禅宗，然禅机之妙谛，不期融入密教中，因产生"大手印""大圆满"等精深之密法。凡藏密虽以莲花生之宁玛派为最早，其后更有噶当派、萨迦派、噶举派及宗喀巴兴起之格鲁派等，本文恕不详论。而所谓"藏密"，实与东密、台密仍有其相同处。故此文以别显密为主，主要略论中国奇书《周易》与三密之相应点。

《周易》一书，奇在于文字前先有"阴阳"之符号，直至最近又据考古发现先周殷墟等处早有"数字卦"，二千数百年流传的"阴阳符号卦"，确从"数字卦"发展而成。凡用卜筮法以得"阴阳符号卦"之"之卦"，仍可见"数字卦"的痕迹。所谓"圣人设卦观象系辞"，其要不外观六、七、八、九等四个数字的象，故象数实为《周易》义理之本。今深探四百五十节《周易》文献的结构，与卦爻的数字密切相关。特以下表示之：

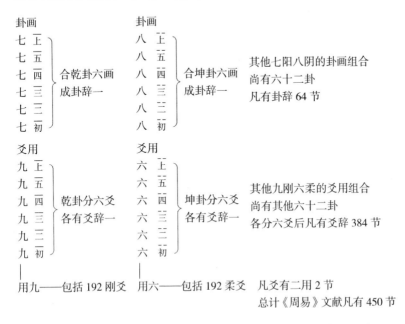

卦画　　　　　　卦画
七　上　　　　　八　上
七　五　合乾卦六画　八　五　合坤卦六画　其他七阳八阴的卦画组合
七　四　成卦辞一　八　四　成卦辞一　尚有六十二卦
七　三　　　　　八　三　　　　　凡有卦辞 64 节
七　二　　　　　八　二
七　初　　　　　八　初

爻用　　　　　　爻用
九　上　　　　　六　上
九　五　乾卦分六爻　六　五　坤卦分六爻　其他九刚六柔的爻用组合
九　四　各有爻辞一　六　四　各有爻辞一　尚有其他六十二卦
九　三　　　　　六　三　　　　　各分六爻后凡有爻辞384 节
九　二　　　　　六　二
九　初　　　　　六　初

用九——包括 192 刚爻　用六——包括 192 柔爻　凡爻有二用 2 节
　　　　　　　　　　　　　　　　　总计《周易》文献凡有 450 节

　　详玩上表可喻《周易》一书之奇，奇在能容象数义理为一，
为其他经典文献所无。自汉武帝尊儒术斥百家后，《周易》被视
为儒术所专用，又肯定 450 节文献乃文王所作，而孔子作"彖"
"象"，被视为能解此卦爻辞者之第一人。凡二千数百年来，历
代有大批学者解之，留有书名者计有三四千种之多，迄今存其
书者亦超过二千种。可见《周易》在中国风行的情况。且更有
趣之事实，自"彖""象"起，对 450 节文献的解释，决无二家
的注本全同。因解之者各可以意释之，此见 450 节文献之神奇。
唐李鼎祚读《易》，有较深刻之理解，于代宗即位时（762）上
《周易集解》。详观其《序》，意义自显。今特摘录一节于下，可
喻其理：

　　……圣人以此洗心，退藏于密，自然虚室生白，吉祥至止，坐忘遗照，精义入神。口僻焉不能言，心困焉不能知，微妙玄通，深不可识。《易》有圣人之道四焉，斯之谓矣。原夫权舆三教，钤键九流，实开国承家修身之正术也……

　　此所谓"洗心""藏密"，为《周易·系辞》原文，"密"字当然不是有意指"密宗"之"密"。然先秦时著《系辞》（传统认为是孔子所作）者，确亦认为研习《周易》一书，宜对其内容有"洗心"以归藏诸"密"的必要，方能"精义入神"。故其书在战国时，早为诸子百家所兼用。汉武帝独尊儒术后，要而言之不外黄帝老子与尧舜孔子二教；然开通丝绸之路后，佛教即源源不断传入。及唐乃有极明显的儒释道三教，而《周易》之奇，又奇在能由"钤键九流"而"权舆三教"，以儒而言，自然属开国承家修身之正术。惜代宗后唐室之气已渐衰，能善继李鼎祚之志者，终唐一代未见他人，须及五代宋初之陈抟（890？—989）。抟之可贵，贵在以三教合一之理创立先天图。且宋后之儒释道名虽分三，确能究得其旨者，其相互渗透之象毕现无遗。以儒言能集理学大成之朱熹，最大识见在重视陈抟之先天图。以释言，不期而会集宗门教下而更能由显而密，其间天台宗、禅宗之完备与中国传统思想有联系。唯儒与释皆讳言三教合一，而道于宋后开创南北宗。南宗初祖张伯端（987？—1082）、北宗创始者王重阳（1112—1170），莫不明说为三教合一的道教。而南北宗之功法，颇有类似于密宗者。或有以先性后命属北宗，先命后性属南宗者，尚属初步之见，其实南北宗同是性命双修。张伯端之三次误传匪人，就在有性命先后以见其有易遇难成、难遇易成之辩；及不言而归诸《悟真篇》文字以传之，要在已归诸性命双修。至于北宗王重阳，其度马丹阳、孙不二夫妇，确用先性后命之次，然度已患痼疾之谭长真，安得不用先命后性之次。故未得性命双修之道者，安足以理解南北宗之同异。此实与密法有相似处。且于儒之理学更宜观其宋元明之变化，当由朱熹而王阳明。唯王之深知朱，不得不著"朱子晚年定论"，由朱陆之异而见王朱之同，亦与密法有戚戚相关处。要在王阳明于龙场一悟而自见本来面目，虽上承于陆，何可不见与朱子之同，此方属理学之自然发展。由明而清，及康熙《周易折中》殊有总结陈抟开创理学之象，且在承德以引入密宗，于中国文化史中能深入一层以体验反身之学。惜经雍正而乾隆，学风大变，要在是宋而非明，是汉而非宋。以《易》言由陈抟而李鼎祚，此未可谓非，奈何仅视《周易集解》为研习汉易之资料，全然不知"权舆三教、钤键九流"之旨，亦何能见易道之蕴。故学分汉宋而未能一之，汉易、宋易之鸿沟尤深，庄子所谓道术裂而为方术，阻碍了中国文化发展。有志于了解整体易理者，宜深思之。而于有得于古今之变者，不妨以三密之理会通之：

其一语密：

凡《周易》四百五十节之文献，即圣人现乎辞之情，其情变化万千，决不可执一，略同密之咒。其有意无意必藏诸密，亦犹禅机之"麻三斤"，"一群野鸭子"，不妨念之，参之。既不可不知某时某地某家之说，又何可执一时一地一家之说为准而不知"洗心""藏密"之理。特录《周易》之四大语密：

一、乾卦辞——乾元亨利贞

二、坤卦辞——坤元亨利牝马之贞君子有攸往先迷后得主利西南得朋东北丧朋安贞吉

三、用九——见群龙无首吉

四、用六——利永贞

凡有志研《易》者，此四大语密当终身不忘，是犹"穷理"。

其二意密：

卦辞本诸卦，卦数七八，有其深义，当上丹田性宫，是犹"尽性"。

其三身密：

爻辞本诸爻，爻数九六，变化尤多，当下丹田命宫，是犹"至于命"。

《乾凿度》所谓"一变而为七、七变而为九"，同理"二变而为八、八变而为六"。此数于先秦时，本以方圆示其象。方为径一围四，本无问题；于圆则幸已证得 π 为超越数。则中国传统之径一围三说，仍具不可废之原则。因一圆外围一周唯六圆可密合，是之谓"一变而为七"；二方周行，其数必八。凡圆数奇而实，方数偶而虚，属阴阳之本象。此为卦之旨，属人生思维中必具的规矩，宜通意密。或未能如《庄子·齐物论》由所谓"夫大道不称，大辩不言，大仁不仁，大廉不嗛，大勇不忮"，变而为"道昭而不道，言辩而不及，仁常而不成，廉清而不信，勇忮而不成"，则不期而"五者圆而几向方矣"，是犹"七变而为九"；另一角度视之亦犹八变而为六。凡方数奇而实，圆数偶而虚，属阴阳之变象。此为爻之旨，属人类以及一切生物体中必具的规矩变化，宜通身密。详以下六图示之（图见下页）。

读《易》者首当识此方圆之象，奇偶之数，虚实之理，则卦爻之变化，四百五十节文献之内容，莫不可藏密于中。此即

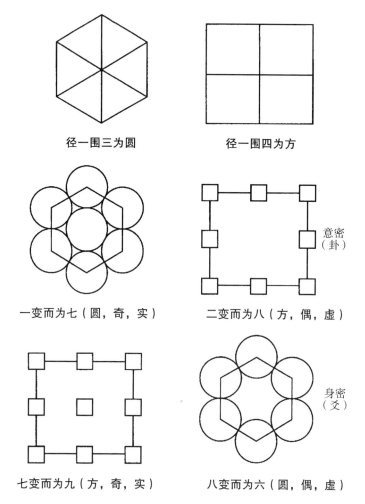

径一围三为圆　　　　　径一围四为方

一变而为七（圆，奇，实）　　二变而为八（方，偶，虚）

意密
（卦）

七变而为九（方，奇，实）　　八变而为六（圆，偶，虚）

身密
（爻）

会通三密之大义，岂仅限于合汉宋而一之，是犹《周易》之曼
陀罗。虽然，一切归一，一归何处，仍宜念之参之，"精义入
神"，"其至矣夫"。

1991 年 3 月 3 日

论佛教之显密与易象

佛教以佛为归宿，成佛之次第，有显密之异。其所同者，同以出三界为基础。出三界后之成就，显教之次第为声闻、缘觉、菩萨三乘，以密乘视之显教为外三乘。密乘宜以内三乘说起，内三乘不同于外三乘者，已不见出入三界之辨。故内三乘为事密、行密、瑜伽密。

由内三乘而进，可得密三乘。密三乘之名，有新旧派之异。旧派名吗哈瑜伽、阿努瑜伽、阿的瑜伽；新派名父续、母续、无二续。凡旧派指宁玛派；新派指格鲁派、萨迦派、迦朱派。此名有新旧之异，于反身而修气脉、明点之法，新旧派仍同。且于阿的瑜伽或无二续之上，尚有三乘名密密三乘。密密三乘者为心密，指肉团心；深广密，指心血；口诀密，指命根。

或皈依外三乘之理，以行其六度万行，是谓佛之显教；或皈依由内而密，由密而密密，是谓佛之密教九乘。见下表（表见下页）。

合观显密之辨，几在对三界之认识。唯显教指本身言，仅通出入三界之理，故不能即身成佛。若密教之以事行归诸瑜伽、由无二续而直入肉团心之心血以见命根，是由本身了却生命起源

三乘显教	外三乘　声闻　缘觉　菩萨		
九乘密教	内三乘 　事密　行密　瑜伽密		
	密三乘 　旧派　吗哈瑜伽　阿努瑜伽　阿的瑜伽 　新派　父续　　　母续　　　无二续		
	密密三乘 　心密　深广密　口诀密		

之理，则何来三界之限。此显教之极致所以必兴密教之故欤！

更究瑜伽之义，是谓相应。相应之实，或以境、行、果、机、理五者分辨之。唯三界之境，显密有不同之认识角度，则以下四者之相应，不能无差别，要在其机。因机得理，显教所重，故以转小而大为要；因机而行，密教所重，故以识三界而不辨三界为要。由境而行，自然有果；因境识理，何畏乎三大阿僧祇劫之久。然则瑜伽既通显密，当识瑜伽为贵，何必孜孜乎论显密之异同。

或合诸吾国易学史之发展观之，显教极于唐，密教虽兴于唐，实始盛于宋。故唐易之"权舆三教"，其视佛教，仅指显教言。读陈抟之观空说，其理将由显而密。其后道教南宗兴起并发展，始与密教之理有进一步相应。其为道取佛，抑为佛取道，乃无答案之问题。其实反身以见生物之本能，其来已古，岂有佛道之辨。故宋后之三教合一，乃儒通佛之显而道通佛之密。显密可一，儒道亦有可通之机，此明起的三教合一说，其思想又有更深入的意义。唯象数之理，三教所共有。易学之象数，阴阳之相应，本有其理，宜渐为三教所利用。故不究其实而仅视其卦象，何能见其发展之史迹，亦何能悟其内容之微妙。

附藏历饶回表

藏历名饶回者，犹六十花甲，乃以十二生肖和五行配合。生肖之次同，五行之次用铁（即金）、水、木、火、土相生之次。下列一表以合干支，其次可一目了然。

藏历饶回表

十二生肖 六十饶回 五行	子 鼠	丑 牛	寅 虎	卯 兔	辰 龙	巳 蛇	午 马	未 羊	申 猴	酉 鸡	戌 狗	亥 猪
木甲子	甲子木鼠	乙丑木牛	丙寅火虎	丁卯火兔	戊辰土龙	己巳土蛇	庚午铁马	辛未铁羊	壬申水猴	癸酉水鸡	甲戌木狗	乙亥木猪
火丙子	丙子火鼠	丁丑火牛	戊寅土虎	己卯土兔	庚辰铁龙	辛巳铁蛇	壬午水马	癸未水羊	甲申木猴	乙酉木鸡	丙戌火狗	丁亥火猪
土戊子	戊子土鼠	己丑土牛	庚寅铁虎	辛卯铁兔	壬辰水龙	癸巳水蛇	甲午木马	乙未木羊	丙申火猴	丁酉火鸡	戊戌土狗	己亥土猪
铁庚子	庚子铁鼠	辛丑铁牛	壬寅水虎	癸卯水兔	甲辰木龙	乙巳木蛇	丙午火马	丁未火羊	戊申土猴	己酉土鸡	庚戌铁狗	辛亥铁猪
水壬子	壬子水鼠	癸丑水牛	甲寅木虎	乙卯木兔	丙辰火龙	丁巳火蛇	戊午土马	己未土羊	庚申铁猴	辛酉铁鸡	壬戌水狗	癸亥水猪

更以饶回计数，犹以六十进位。凡洪武二十四年辛未，为第七饶回之铁羊年。以甲子论，即公元1384—1443年为第七饶回，则第一饶回在公元1024—1084年，是当北宋仁宗天圣二年至神宗元丰六年，印度阿底峡尊者于公元1042年入藏传法而佛教重兴，正当其时。

《悟真篇》及其功法

一、论《悟真篇》的象数结构

  《悟真篇》之可信，有张伯端自作的前后序。据其前序，知悟道于熙宁己酉（1069）。既悟道乃作《悟真篇》，成而序之已当乙卯（1075），3年后戊午（1078）更作后序。计自悟道至作后序时经十年，于十年中的情况，何能不变。当悟道而成《悟真篇》，或已有所异。读其后序与前序之观点，更有不同。相应其思想之变化，随时增加《悟真篇》的内容。故早期传其书者难免未全，若干年后自然有版本的不同。《文献通考》著录其书，书名《通元秘要悟真篇》一卷，引晁以道（1059—1129）曰："皇朝张用成撰。用成字平叔，天台人，熙宁中随陆师入蜀，授道于隐者，因成律诗八十一首。"此与前序同。然序中又曰"续添《西江月》一十二首以周岁律"等语，是否已有，是否晁以道简而未引，惜此《通元秘要悟真篇》一卷已失传，未能知其详。然最早之《悟真篇》为八十一首，确可无疑。其后陈振孙《直斋书录解题》曰："天台张伯端平叔撰，一名用成。熙宁遇异人于成都，所著五七言诗及《西江月》百篇，末卷为禅宗歌颂。以谓学道之人，不通性理，独修金丹，则性命之道未全。有叶士表、袁公辅者各为注。凡五卷。"此书今尚存，已由一卷增至五卷，去其叶袁之注，以原著论，亦已由八十一首增至百篇，且末卷有禅宗歌颂。考陈直斋所见者，属夹漈郑氏、方氏、林氏、吴氏所收藏之古书。以《悟真篇》论，亦属最早之原文及最早之注本。元至元元年（1335）戴起宗集成《悟真篇注疏》，于序中曰："自叶文叔（士表之号）未注之前，道传于师，无注其义者。自叶文叔既注之后，人晦于道，无辨其错者。予所见数十家注，皆以独修偏解，或以旁术妄笺，致使金丹大道世不得闻，茫然无蹊径以入其门奥，而师传亦殆绝。既绝于师，则从何闻焉，是以能闻者寡，安有能行之者乎。"可知戴氏之书，全在辩论注之是非，然皆在叶注后。且对原书，戴已为师承所惑，有意颠乱其次，故未能客观理解张伯端之旨，尤其三教合一之理。暂不论叶注之是非，其可贵处，尚能保存原著的面貌，直斋点明总数百篇，尤为重要。通读百篇及禅宗歌颂，然后知《悟真篇》的所谓"真"。尤妙者寓其理于象数结构之中，况以禅宗歌颂相应于百篇中之最后一首《西江月》，更能了解张伯端悟道后之一得永得。以下依《悟真篇》之增订论其象数结构。

读张伯端的前后序，知其悟道后的十年间，殊多世事之变。既未得适当之人以传之，又三遭祸患，则不得不托之文字以传久远。然有关养生气功之法，确有非文字语言所可尽者，故中国二三千年来，早知利用象数。张伯端自然深知于此，乃于《悟真篇》之结构寓以整体之象数。或未悟其旨，则于每诗每句每字之文义详加注释，自南宋迄今反复不已，且颠乱其次以明之，是之谓"迷者愈惑愈繁"；而或知其结构，则"达者惟简惟易"。至于《悟真篇》的象数结构，当据张伯端《自序》，宜分四层以明之。前三层在前序，第四层在后序。

第一层，于《自序》曰："仆既遇真筌，安敢隐默，罄所得成律诗九九八十一首，号曰《悟真篇》。内七言四韵一十六首，以表二八之数；绝句六十四首，按《周易》诸卦；五言一首，以象太乙。"此义已极明白，晁以道之言当即据此。观张伯端之著书，特于诗之结构中示其象数，要在以九九通于八八。凡读《悟真篇》时，先当通晓八八六十四首绝句之概貌，此与读《周易》卦爻辞情况略同，故必取六十四首以按《周易》诸卦。然读《周易》卦爻辞者或未必能喻其象，二千年来迄今仅知"经学易"者尚多知其文而不知其象，既未知象，则何能理解有"系辞尽言"作用的卦爻辞。必当先知"尽言"，始可离言以探象。凡《悟真篇》六十四首绝句皆属象辞，象有所本，要在二八之数，是犹《周易》之贞悔，各当乾一兑二离三震四巽五坎六艮七坤八的八卦数，故曰"以表二八之数"，此乃张伯端有得于陈抟之先天图。故六十四首绝句，不啻为六十四句大象，要在能归诸天地水火山泽雷风上下两体之组合，乃知七言四韵之一十六首，为六十四首之本。尤要者，八卦由四象两仪而生于太极，太极犹太乙，故以象太乙之五言一首，方属《悟真篇》之旨。此首内含对养生的基本认识及说明任何功法抽象成理论时所必具的形象。故读《悟真篇》而未能辨其主次，不能由太乙二八而六十四，则何能理解六十四与八十一之关系，亦自然不能得其弦外之音。以上第一层为《自序》中所明言，了解陈抟先天图者，自然可知。

第二层的含义，于《自序》继之曰："续添《西江月》一十二首，以周岁律。其如鼎器尊卑，药物斤两，火候进退，主客后先，存亡有无，吉凶悔吝，悉备其中矣。"此所以续添《西江月》一十二首以周岁律，乃在进一步说明《悟真篇》由八十一首九九数以及六十四卦八八数的关系，这个关系就是乐理的三分损益法。准此三分损益法，方可于十二律吕中以取宫徵商羽角五音。下示五音所取的三分损益数：

$$81（宫）（土）$$
$$81 \times 2/3 = 54（徵）（火）$$
$$54 \times 4/3 = 72（商）（金）$$
$$72 \times 2/3 = 48（羽）（水）$$
$$48 \times 4/3 = 64（角）（木）$$

以此五音，周取于一岁之十二律吕，即旋宫而成六十调（详见《淮南子·天文训》）。识此六十调的分辨，可作成无穷乐曲以示六合内外种种人情物理之象。反身而悟此太乙药物之一、贞悔斤两之二八与六十四卦的关系，其间瞬息呈象，变化万千，犹在演奏令人向往之天乐，亦就是《庄子·齐物论》之天籁，《黄庭经》所谓"琴心三叠舞胎仙"之琴心，故"火候进退，主客后先，存亡有无，吉凶悔吝，悉备其中矣"。全部《悟真篇》之片饷工夫，至此已备。若所闻之乐、所散之花，孔子尚有三月不知肉味之沾，此所以有吉凶悔吝之异。

于第三层，言之尤隐，以象数观之，结构粲然。《自序》继之又曰："于本源真觉之性，有所未尽。又作为歌颂乐府及杂言等，附之卷末，庶几达本明性之道，尽于此矣。"此于完成《悟真篇》后，不得不加卷末之附，正见悟道后尚有所增。所悟者以儒术喻之犹"内圣"，此有较长之时一空数量级，所增者增其

"外王"之权，此不可不知有时代思潮之影响。至于又作为歌颂乐府及杂言等未言篇数，且合诸卷末之附，亦何尝有歌颂乐府，仅有绝句五首、《西江月》一首及杂言《读周易参同契》一文。故或有认为附篇未全，然幸有直斋数之共为百篇，则知又附七篇者，为叶注的版本。且《悟真篇》自序亦有二种版本，他处之异无关宏旨，唯一节文义不同，当加分辨。另一本为："及乎编集既成之后，又觉其中惟谈养命固形之术，而于本原真觉之性有所未究。遂玩佛书及《传灯录》，至于祖师有击竹而悟者，乃形于歌颂诗曲杂言三十二首，今附之卷末。庶几达本明性之道，尽于此矣。"然此本序言视附之卷末之歌颂乐府及杂言等即禅宗歌颂三十二首，如信此，则极重要的《读周易参同契》，即不能收入《悟真篇》。且张伯端之思想结构早已会通三教，于禅宗之理何能不知？岂待既成《悟真篇》后更玩佛书。故伯端之自序不宜有此节，文字当准叶注本为是。至于伯端所作的歌颂乐府及杂言等必不止此，当正式编定《悟真篇》有取于象数之理，乃于《西江月》十二首外，仅附七首，所以由九九而足成十十百篇。所附之七首，于五首七绝犹五行，亦即于十二律吕中所取的宫商角徵羽五音。一首西江月为禅几，一首《读〈周易参同契〉》为道几。此由九九而十十，理当由悟道至写成前序时的思想变化。

第四层的象数结构产生在写前序至写后序期间。此数年间于世间遭遇更为颠沛，尤见有身之患。故陆续成"禅宗歌颂"，特选三十二首，皆归诸无生妙用。取三十二数者，犹四八之数，处于二八与八八数之间，以见无生之妙用，本在生生之间，此所以得最上一乘之妙旨。总以下图示《悟真篇》及"禅宗歌颂"之象数结构：

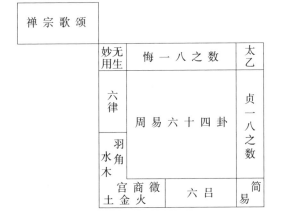

《悟真篇》象数结构图

二、综论《悟真篇》的当下功法

研究任何学问，必须了解承前启后的作用，亦就是事物有过去、现在、未来三时的发展形象。以养生中的气功论，尤当重视三时的变化，而要在能掌握"当下"（即现在）。

本书（指《易老与养生》）介绍历代气功的情况，比较注意概念的变化，因于反身时概念的变化能起到不同的作用。当阅读中国古代的气功文献，以时代观之，于北宋后虽仍在发展，尤其是王重阳开创全真教作用更大（另书详之）。而其基本概念，张伯端的《悟真篇》已起了划时代的作用，其作用迄今未变。故以气功的概念论，可不讨论《悟真篇》以后的气功文献，而必当深入研究《悟真篇》核心思想及其功法。

《悟真篇》作者张伯端，北宋天台人。他是一位专心研究气功者，是否为道士，已无原始文献可考。生平于书无所不读，尤醉心于体验金丹。初曾受累充军岭南，治平（1064—1067）

中为陆诜（1012—1070）所知，入幕下，随之自桂林转成都，未久于成都悟道。据自序云："后至熙宁己酉岁（1069），因随龙图陆公入成都，以夙志不回，初诚愈恪，遂感真人授金丹药物火候之诀。其言甚简，其要不繁，可谓指流知源，语一悟百，雾开日莹，尘尽鉴明，校之仙经，若合符契。"此"陆公"即陆诜，于伯端悟道后未久即亡。故后序有"当年且主公倾背"之言，当年者犹指悟道未及一年。不善处世之伯端，又陷入困境，乃有"三传与人，三遭祸患"之不幸。当既成《悟真篇》（1073）后，仍未遇有力者，故于"内圣"虽已得不变之经，于"外王"之权不妨改禅机，以足成百篇《悟真篇》中的"无生妙用"，此所以更作"禅宗歌颂"。凡读《悟真篇》而不知"禅宗歌颂"，又何能了解张伯端的思想结构，况百篇中早已重视禅机以继承陈抟之学。以下全准《悟真篇》的象数结构，以明一百三十二篇的纲领及其"当下"的功法，且须从前后序说起。

前序有曰："教虽分三，道乃归一，奈何后世黄缁之流，各自专门，互相非是，致使三家宗要，迷没邪歧，不能混一而同归矣。"此为张伯端思想结构的枢纽，基本继承陈抟。故于道为黄老，《易》为三圣，于佛为达摩六祖，莫不能以陈抟先天之学结合于"当下"。且合诸宋初"当下"的时代思潮，已承认禅机为性宫、道门为命宫之原则。而于命宫中，分易遇难成与难遇易成两大类，自属于难遇易成者。这一概念，全同于佛法中的渐顿两大法门。渐教须经三大阿僧祇劫，顿教如禅机等可"当下"开悟。且禅机本身亦有分辨，仅知坐禅而不知参悟，张伯端名之曰"二乘坐禅"相当于修命宫，易遇难成中的闭气法虽能有得，尚未可与难遇易成之参悟相比。此难遇易成之功法，名之曰"金液还丹"。序中详论其形象，凡研究《悟真篇》者，首当知之。其言曰：

> 夫炼金液还丹者，则难遇而易成。要须洞晓阴阳，深达造化，方能超二气于黄道，会三性于元宫，攒簇五行，和合四象，龙吟虎啸，夫倡妇随，玉鼎汤煎，金炉火炽，始得玄珠有象，太乙归真，都来片饷工夫，永保无穷逸乐。至若防危虑险，慎于运用抽添，养正持盈，要在守雌抱一，自然复阳生之气，剥三才阴杀之形，节气既周，脱胎神化，名题仙籍，位号真人，此乃大丈夫功成名遂之时也。

此节之大义，实已达到宋初时最圆满的认识论，今日读之仍可见其三才的整体。如译成本书中已经解释的概念明之，就是能由人类生物钟的时—空结构（世界）以达天地人三才整体的客观时—空结构（宇宙）。所谓"洞晓阴阳，深达造化，方能超二气于黄道，会三性于元宫"者，已见及天地之阴阳，且以人参天地，故能"超二气于黄道"。三性指天性、地性、人性，函三抱一，故能"会三性于元宫"。《说卦》曰："立天之道曰阴与阳，立地之道曰柔与刚，立人之道曰仁与义。兼三才而两之，故《易》六画而成卦。分阴分阳，迭用柔刚，故《易》六位而成章。"《系辞》曰："《易》之为书也，广大悉备，有天道焉，有人道焉，有地道焉。兼三才而两之故六,六者非他也，三才之道也。"此三才整体的时—空结构可利用今日的数学概念，不妨本诸六维空间的象数加以说明。凡七八九六四象合于卦爻之变，当相互对偶之迁移，于迁移之际，始得"玄珠有象"，是犹阴阳之出入。又圆而神之蓍，属自对偶，义当阴阳混沌而"太乙归真"。且不论相互对偶与自对偶，凡由整个空间的顶点迁移至胞腔空间的中心为减少一维，由胞腔空间的中心迁移至整个空间的顶点为增加一维，于出入维数之际，何可不慎。故于养正持盈之道，必当慎防其险，此老子所以有慈、俭、不敢为天下先之三宝。守雌抱一，论命而不论性，性自然由命而生，安有不尽性而能有至命之象，此即"穷理尽性以至于命"的精义。序所谓"但以命术寓诸易象，性法混诸微言耳"，能识易象之微言，于养生气功的理论"都来片饷工夫"而性命合一，有根性猛利之士，即此已可得最上乘之理。以上为序文之旨。且作前后序时，虽仅相隔三年，而其心情殊多不同，由谈命以知性，变为悟性以至命。后序中且谓"当钳口结舌，虽鼎镬居前，刀剑加项，亦无复敢言矣"，是诚深有感于世事。不得不截断先天而虽生犹死，然仍"后天而奉天时"寓其当下之功法，则虽死犹生。识此当下之"片饷工夫"，庶可由百篇之《悟真篇》以得三教之混一，自然畅通于三十二篇《禅宗歌颂》之机。以下分七层喻其象。

其一，绝句六十四首。关键为"用了真铅也弃捐"（第九首）。试思真汞真铅为何物？得既不易，仍须弃捐，是有"丧我"之象，则始见混成之物，是之谓"返根复命"（第五十一首），由是而"一粒金丹吞入腹，始知我命不由天"（第五十四首）。然此是初得之象，而后静观其命，则"也知由我亦由天"（第五十六首），最后为"圆即圆兮方即方"，"教人争得见行藏"（第六十四首），所以归诸上德不德之无为，是即"圣人立象尽意"之义。凡此形象当有得于内气后，皆可逐步加以认识。

其二，七言四韵十六首。大义谓"欲向人间留秘诀，未闻一个是知音"（第十一首），故不得不化成数学语言。"三五一都三个字，古今明者实然稀"，"婴儿是一含真炁，十月胎圆人圣基"（第十四首），此以象数明理，所应用的形象就是天地十数所组合成的"河图"。且识陈抟先天图之方位，故曰"依他坤位生成体，种向乾家交感宫"，"若人了得诗中意，立见三清太上翁"（第十六首），义指天一生水于北当"坤位"，移向地二生火于南当"乾家"，是犹由命而性，亦就是河图四方的数，分奇偶画成 1379 及 2468 二根以 5 与 10 为限的螺旋曲线，其间以奇数 1、3 一根限于 5，偶数 2、4 的一根亦限于 5。且 1 与 4 合成 5，2 与 3 亦合成 5，就是取 12345 以当五行生数。于生数外，678910 当五行成数，于 6789 又可见阴阳之变不变。妙在此二根曲线，于生数的二与三合成五，于成数七八当阴阳不变，生数一与四合成五，于成数六九当阴阳的变，此变与不变，就是天门地户。至于西南东北，则当五行的生克，且易数七而九，八而六，故生则外旋，克则内旋，由是由中央所起的两根螺旋曲线，既可同为外向作无穷的旋，又可成为 1379 阳为向外旋，8642 阴为向内旋，由是知向外向内各有极点以变其向。今可见中心一极，以示向内转或向外之玄牝，见下图：

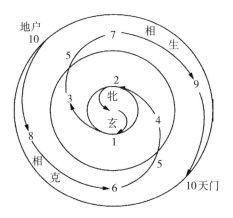

或能视上图为四维球的形象，又可见向外转成向内的中心一点。爱因斯坦曾取封闭的四维，即取此四维球，其后认识红移而又取开放的四维体。然开放的情况，始终未有所得。今反诸人体，亦属开放的四维体。一气出入于玄牝之门，妙在已合性命两端为一。又以卦爻的象数当取六维的数学模型，则其对偶之出入，变化尤多，皆可有直观的几何图形示之。而三种类型的正则多维空间，是犹"立见三清太上翁"之象。

其三，为五言一首。所以总结六十四与十六，以合一的太乙观出入的阴阳。此首为由六十四成八十一的枢纽，当《悟真篇》的中点，所以由相对的阴阳以达混成阴阳的道，亦就是三清合一的形象。悟其象，于养生的究竟可一得永得。仅四十字的原文，不妨录于此，以便较深入地加以阐释。

女子着青衣，郎君披素练。见之不可用，用之不可见。恍惚里相逢，杳冥中有变。一霎火焰飞，真人自出现。

此诗曰"女子"指离象，《说卦》"离为中女"。先天方位在东，其色青，故曰"着青衣"。衣有包裹人身的作用，犹指范围一空间以定其位。曰"郎君"指坎象，《说卦》"坎为中男"。先天方位在西，其色白，故曰"披素练"。练有贯串终始的形象，犹指无穷的时间长流。以见离坎犹未合一时空而不可用，是当三画卦之象。能用坎离合一以成六画卦的既济䷾或未济䷿，则用在坎离的结合，而决不可见或坎或离的水火。若此结合的情况，惟能由三维空间结合成六维时间中"相逢"。当时未能以直观的几何图形示之，仅知以卦象象之，故有"恍惚""杳冥"

之言。今又可借用具体的几何形象为喻，且正则六维空间的各顶点与各胞腔中心点之间，确可"相逢"，确可"有变"，如及相对的两顶点的中心点或相对的两胞腔中心点的中心点，当此两中心点合一，方能"一霎火焰飞"而"真人自出现"。当时以卦象示之，故必续添《西江月》十二首以周岁律为喻。

其四，《西江月》十二首以当律吕。此当结合其三"一霎火焰飞"的形象，且以十二律吕写十二辟卦消息的情况，表示出"太极图"的基本意义。若太极图的画法，由三部分组成。其一为圆周，凡人见日及月圆的形象早已知圆，知规矩后已能正确画成圆周。其二为 S 曲线，此于古器的图案中亦屡见不鲜。其三为以 S 线画入圆中成 ◎ 的形象，今于江陵地区得古代纺轮之图案，有作 S 形而纺轮本身为圆形，故自然成此图形。然尚无黑中有白、白中有黑的两点。其四为 S 曲线中加二点成 ⑤，此在上古文字中亦有相似的形象。其五，半坡文化的图象有取诸双鱼，此双鱼之目，颇似后世所绘成太极图中的黑白两点。在发现半坡遗址前，传说中本有双鱼太极图之名。其六，划船时船桨所掀起的水纹，亦似太极曲线。合而言之，连接"河图"中的奇偶数，奇数为 1379、偶数为 2468。且以中数 5 与 10 为圆周，则的确已有太极图的具体形象。然尚有中间的一圆，故明韩邦奇（1479—1555）及来知德（1525—1604）所绘成的太极图如下示：

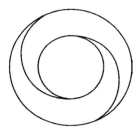

今以一般的太极图核之，实即此两根螺旋曲线能交于一点，则中间之一圈（○）就化成黑白各自独立的二小圆。合诸古义，此太极图的成形可归诸十二辟卦的消息，且于否泰反类而取其天一生水与地二生火，就成为黑中有白、白中有黑的两点，也就成为乾坤坎离的形象。详以下图示之：

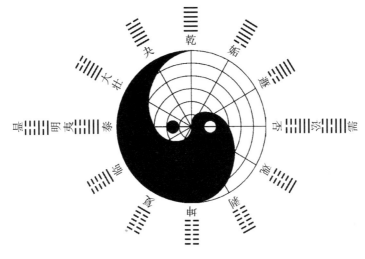

辟卦太极图

此图以辟卦太极图名之，于反身体验时有大作用。既可闻三分损益隔八相生之天乐，当阴阳平均的否泰出现，确可有"一霎火焰飞"的形象。白中有黑与黑中有白，就当否泰反类以成需讼晋明夷。此天一生水、地二生火的现象，为生命起源于天三生木的前奏。以地球上的生物论，水火为生命的基础，以数象之，就是天数一三五七九、地数二四六八十的中数天五地六，亦就是五子六甲的象数。作《序卦》者的思想结构已理解第五第六的重要，故《序卦》上篇的第五第六卦为需讼，下篇的第五第六卦为晋明夷，就是由太极图中黑白二点以当阴阳互根的意义。取需讼的天水、晋明夷的地火，于内外卦相合，就成为否泰与既济未济的消息，此实为《悟真篇》更作十二首《西江月》的大义。此太极图的图形就是"玄珠形兆"，当"阴阳气足自然灵，出入岂离玄牝"，能由"天地才经否泰，朝昏好识屯蒙"，且当由屯蒙而及"需讼"，则"得一万般皆毕"，然必须"损之又损慎前功，命宝不宜轻弄"。"德行修逾八百，阴功积满三千"，岂是老生常谈而丝毫可忽。虽然"德行"与"阴功"的实质，有其极长的时—空数量级，反身体验时逐步可增加其认识深度。而或"不肯自思己错，更将错路教人。误他永劫在迷津，似恁欺心安忍"，诚为由衷之言，与深入理解养生理论后的思维形象有关。今当以客观事实为标准，乃与人类进化有联系，非空论道德可比。

其五，由以上四部分，《悟真篇》所谓难遇易成的命术实已完备，然"于本源真觉之性，有所未尽"。故卷末又有所附，当乙卯岁所编成的《悟真篇》实仅附七篇，所以足成由九九而十十。此七篇的大义，其一明知性不知命之失，失在"未免抛身却入身"。其二明修命之得，得在"真金起屋几时枯"。其三明知命不知性之失，失在"奈何弃旧却移居"。其四明修性之得，得在"释氏教人修极乐"。可见张伯端的思想，即以"真金"所起之"屋"，当释教净土之象，然当在生前到达。故其五明性命合一之象，则已合"世界"于"宇宙"，所谓"天地尘沙尽成宝"，犹"生物钟"已归诸"化学钟"。以下两首同为兼及性命之象。而《西江月》一首之兼及性命，以性为主，佛当之。《读〈周易参同契〉》一首之兼及性命，以命为主，道当之。《西江月》一首即承第五首绝句以归于"无生妙用"，《读〈周易参同契〉》一首即取"易简而天下之理得"以归于"当下"。

其六，由百篇《悟真篇》以通于《禅宗歌颂》，是当张伯端于乙卯至戊午间之思想情况。所以发挥附录中一首《西江月》的"无生妙用"，因是时尚有"吾所以有大患者为吾有身"。虽于养生时早已了然种种不同的时—空数量级的变化，且可由生物钟归于化学钟，则不啻已通于三才之整体。然最关键处就是"当下"，患在未能面授诸人，乃知"难遇易成"之命术，非百年中必能出其人以继之，故不得不作《悟真篇》以传于后人，更作"禅宗歌颂"以显其"当下"之理。凡此"难遇易成"之命术，如未识"当下"，所以有"屡泄天机"之患。而此"歌颂谈见性之法"，即"无为妙觉之道也。然无为之道，济物为心，虽显秘要，终无过咎"，此见当时的"当下"。可见《悟真篇》之附有"禅宗歌颂"，仍在以性显命。虽曰"钳口结舌，虽鼎镬居前，刀剑加项，亦无复敢言矣"，然未尝无言，是之谓不屑教诲是亦教诲之，惜当时仅得石杏林一人。后人读《悟真篇》者不计其数，然什九为此"禅宗歌颂"而是之非之，则何能见张伯端"当下"之功法。观此三十二篇之旨，可云篇篇精深，字字珠玑，既深入无生妙用之理，又能浅出其"无复敢言"之言。以下择要略加阐明之：

　　"性地颂"有言"不移一步到西天，端坐诸方在目前"，则已合净土于禅。又曰"眼见不如耳见，口说争如鼻说"，又能归"宇宙"于气。"读雪窦禅师《祖英集》"之"把鼻孔穿放杖上"义同。"无罪福"所以通三乘而作。"圆通"曰："见了真空空不空，圆明何处不圆通，根尘心法都无物，妙用方知与佛同"，当与陈抟之"观空"并观，要能由空而有。此有无之变，于释为真空妙有，《悟真篇》中特取"无生妙用"，实同为性命混一而得圆通之象。惜"难遇易成"之命术，孰能知其可圆通于养性而得最上一乘之妙旨。可见有心研习《悟真篇》之"当下"功法而不读其"禅宗歌颂",犹缘木求鱼。"宝月"之傀儡,犹"不敢为天下先";"戒定慧"之互为体用,犹"混然之物","湛然清静"即"道法自然"。"无心颂"之妙用,方可喻"出入无疾"之机。最后《西江月》十二首之末首曰"二边俱遣弃中心,见了名为上品",是即"终以真如觉性遣其幻妄,而归于究竟空寂之本源",可喻三乘之象,实互为体用。以今而言,必得此真空之坐标,方能示性命神气之变化而知其所趋,则"当下"之功法不期而自现。由未济反诸既济,可视为"当下"功法的具体形象。

其七,在百篇《悟真篇》及三十二篇"禅宗歌颂"之外的不言之言,此即"当下"之功法。或谓不据伯端之文字,何能知之。若干字句,尚须考其真伪,故于文字不可不执。其实所谓不言之言,当见及文字所示的信息,内有无穷之机。"如其习气尚余,则归中小之见,亦非伯端之咎矣",此为后序之末句,故所谓"当下"之功法,研习者当以去习气为主。习气去一分即近"当下"一分,习气去十分即近"当下"十分。故不论神气性命,不论三教得失,不论鼎炉火候,不论顿渐难易,孰能脱离"当下"。若张伯端之读《参同契》,应有"当下"之象,今日论古代养生的理论与功法,而或未知"当下",则何用之有? 此不可不知。

三、并论《参同契》与《悟真篇》以究其功法

《参同契》一书,是东汉上虞人魏伯阳所著,著成时客居在燕间,曾示青州徐从事,徐从事隐名而为之重述加序。伯阳

回上虞后，又示同郡人淳于叔通。淳于叔通为之作"乱辞"等。故今传之《参同契》实兼三位有道者之言，大义基本一致。魏伯阳成书时间约在顺帝（126—144在位）末年。二十余年后，于桓灵之际因淳于叔通之力，始能行于世（另详拙稿《〈参同契〉作者及成书年代考》），迄今已存在一千八百余年。

《悟真篇》一书，是北宗张伯端所著，成而自序于熙宁乙卯（1075），迄今亦已有九百余年。于《悟真篇》中屡及卦象，序中言及"迨夫汉魏伯阳引易道交媾之体作《参同契》，以明大丹之作用"。且于篇末附有《读〈周易参同契〉》一文，始知张伯端生前确重视《周易参同契》，与其悟道有关。今论此二书，当客观理解《参同契》《悟真篇》之内容及其作用，又当注意张伯端所理解的《参同契》是否魏伯阳等三人的本意。再者《参同契》与《悟真篇》同属反身养生之书，如何反身、如何观象、其法是否相同等，皆属极复杂的问题，当思辨体验进入精微处，方可喻其性命之理。张伯端《读〈周易参同契〉》一文仅二百三十二字，而义殊精粹。当先录原文，以便深究其内容：

> 大丹妙用法乾坤，乾坤运兮五行分。五行顺兮，常道有生有死；五行逆兮，丹体常灵常存。一自虚无兆质，两仪固一开根，四象不离二体，八卦互为祖孙。万象生乎变动，吉凶悔吝兹分。万姓日用不知，圣人能究本源。顾易道妙尽乾坤之理，遂托象于斯文。否泰交则阴阳或升或降，屯蒙作则动静在朝在昏。坎离为男女水火，震兑乃龙虎魄魂。守中则黄裳元吉，遇亢则无位而尊。既未慎万物之终始，复姤昭二炁之归奔。月亏盈，应精神之衰旺；日出没，令荣

卫之寒温。本立言以明象，既得象以忘言；犹设象以指意，悟其意则象捐。达者惟简惟易，迷者愈惑愈繁。故知修真上士，读《参同契》不在乎泥象执文。

此文诚简而要，非得《参同契》之旨者，决不能作此。惜经张伯端之转述，已使魏伯阳等三人的本意，化成《悟真篇》的纲要，或认为《参同契》的内容全同此文则大误。因张伯端于己酉岁（1069）在成都悟道，虽未自言其师之名，然是时成都之情况尚可考见。在约百年前，《参同契》的原文，由彭晓为之分章加图而流行于成都（彭晓自序于丁未 947）。故《悟真篇》之理，有据于《参同契》无疑。然汉末与宋初时代思潮截然不同，非抽象而言其旨，何能古为今用。考张伯端上推魏伯阳等约为九百年，今上距张伯端亦约为九百年，故今日研究《参同契》《悟真篇》二书，除了解并体验本书外，又须了解并体验张伯端如何读《参同契》。且已知张伯端读《参同契》与原书之义不全同，能深入时—空结构以明辨其同异，庶可由今而得《悟真篇》之旨，又可得《参同契》之旨，是之谓上友古人。且识古今流传的反身养生之理，必须抽象而悟其即一即二、即二即一。或以为《悟真篇》同《参同契》者未是，或以为《悟真篇》不同于《参同契》者亦未是。在时—空结构中有复杂的变化，何可仅以同、不同明之。当知同中有异、异中有同，斯为得之，然后可究张伯端之言。

大丹之变化，须准阴阳五行的象数以喻之，此《参同契》《悟真篇》所同。然《参同契》曰："黄土金之父，流珠水之母，水以土为鬼，土填水不起，朱雀为火精，执平调胜负，水胜火消灭，俱死归厚土，三性既合会，本性共宗祖。"而张伯端认为

《参同契》以五行分顺逆，此实与《参同契》不同。虽然，能得"共宗祖"后，五行又可变成阴阳。既三性会合而成阴阳，则阴阳之变化，顺逆而已。能于阴阳之顺逆以见五行之顺逆，此《参同契》归五行数于水火之义，于深入反身体验时，其象仍可观。《参同契》曰："阴阳之始，玄含黄芽；五金之主，北方河车。"然则五行顺逆之转，更当明辨于河车，河车之神岂仅任督二脉而已，此不可不知。知此而能合五行于阴阳，则生死为二，丹体犹一。一而二、二而一有其枢机，可不慎乎？《参同契》曰："推演五行数，较约而不烦，举水以激火，奄然灭光荣，日月相激薄，常存晦朔间，水盛坎侵阳，火衰离昼昏，阴阳相饮食，交感道自然，名者以定情，字者缘性言，金来归性初，乃得称还丹。"此明五行数合诸阴阳水火。然"金来归性初"之还丹，仍当金生水之象，未得性初，何来顺逆？故知张伯端之研究《周易参同契》用力已久，此文岂贸然而言，然亦何可不读《参同契》而仅读此文。

以下四句据先天图言，先天图创自陈抟（890？—989），抟之道学传于张无梦，无梦传于陈景元（1025—1094）。无梦与景元，于《老子》等有妙悟。无梦当长于伯端二十岁左右，方可亲见陈抟。因陈抟卒年可靠，是时伯端为数岁之孩童，而景元更较伯端少三十余岁，同为天台山人。以时间推之，张无梦约二十岁见陈抟，五十年后又授二十岁之陈景元。是时张无梦已七十余岁，而张伯端亦可能曾见无梦或景元。因景元注《老子》其书尚在，确有心得，成书于三十岁（1055），尚在张伯端悟道（1069）前。故知无梦、景元注《老子》之旨，伯端当能知之。如无此基础，亦不可能在成都悟道，须知伯端为无书不读者，况五千道德灵文。且能得无梦受于陈抟所解之《老子》，又能传陈抟传于某人之先天图，此人或即伯端在成都所遇之师。今当以《悟真篇》原文证其与陈抟之关系，绝句六十四首中屡屡提及：

> （十一）梦谒西华到九天，真人授我《指玄篇》。
> 　　　　其中简易无多语，只是教人炼汞铅。
> （十二）道自虚无生一炁，便从一炁产阴阳，
> 　　　　阴阳再合生三体，三体重生万物昌。
> （十九）西山白虎正猖狂，东海青龙不可当，
> 　　　　两兽捉来令死斗，炼成一块紫金霜。
> （二十）华岳山头雄虎啸，扶桑海底牡龙吟，
> 　　　　黄婆自能相媒合，遣作夫妻共一心。

由上四首之义可确证伯端之私淑陈抟，所遇之师当与陈抟有关。《指玄篇》为陈抟所著的修炼书，《宋志》已著录《陈抟九室指玄篇一卷》，今全书已佚，尚可辑得一二。尤要者伯端能识先天图之象，且使之合于《参同契》。宋后的学者每多谓陈抟法《参同契》而作《先天图》，实未是。因《参同契》中仅论纳甲消息而未定坎离方位，与《先天图》并不相同。陈抟则未用纳甲，思路全不相应。而当张伯端既见先天图后，始为明确生生的八卦，可合于老子之"道生一，一生二，二生三，三生万物"之理。下以陈抟所创立的先天八卦次序图，示《悟真篇》之旨（图见下页）。

至于《参同契》所取的纳甲消息，义准京房（前77—前37）的易学，下示京房所取天干与八卦的相配法：

甲乙	丙丁	戊己	庚辛	壬癸
乾坤	艮兑	坎离	震巽	乾坤

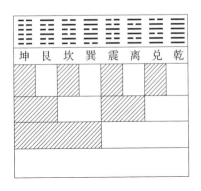

先天八卦次序图

（八卦相荡成六十四卦）	三生万物	三体重生万物昌	
四象生八卦	二生三（孙）	生三体	八卦互为祖孙
两仪生四象	一生二（父）	阴阳再合	四象不离二体
是生两仪	道生一（祖）	便从一炁产阴阳	两仪固一开根
易有太极	道	道自虚无生一炁	一自虚无兆质
《周易·系辞》	《道德经》	《悟真篇》	《读周易参同契》

　　此法二千年来，莫不认为是京房所作。然自得长沙马王堆汉初古墓的帛书《周易》后（下葬于汉文帝前元十二年，前168），观其六十四卦的卦次，实有据纳甲之次，始知东房的纳甲法亦有所本，当在战国中晚期已形成。而《参同契》的理论，即据于此。《参同契》曰："坎离者，乾坤二用。二用无爻位，周流行六虚，往来既不定，上下亦无常。……三日出为爽，震受庚西方，八日兑受丁，上弦平如绳，十五乾体就，盛满甲东方。……十六转受统，巽辛见平明，艮直于丙南，下弦二十三，坤乙三七日，东北丧其朋。节尽相禅与，继体复生龙，壬癸配甲乙，乾坤括始终。七八数十五，九六亦相应，四者合三七，阳气索灭藏。"故准纳甲消息之理，其方位以下图示之：

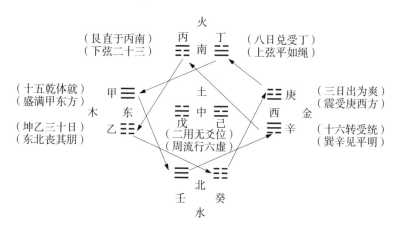

（艮直于丙南）（下弦二十三） 火 丙南 丁 （八日兑受丁）（上弦平如绳）

（十五乾体就）（盛满甲东方） 甲 木东 土中 戊 己 庚 西金 （三日出为爽）（震受庚西方）

（坤乙三十日）（东北丧其朋） 乙 （二用无爻位）（周流行六虚） 辛 （十六转受统）（巽辛见平明）

壬 北 癸 水

壬癸配甲乙　乾坤括始终

今以先天八卦方位图合观之，虽可见其消息，然于周流六虚的方位完全不同。此证先天图不可合于纳甲消息，如合之，须全部放弃纳甲消息的精义。凡日月运行的顺逆变化，反身以得胎息的《参同契》象数，决不可以先天图为喻。特于先天八卦方位图中，示其周流六虚的消息，可确证其不同于纳甲的方位。

先天八卦方位图

更以《周易·系辞》"易有太极，是生两仪，两仪生四象，四象生八卦"的汉注观之，亦与陈抟仅以一分为二之说不同。

汉虞翻曰："太极、太乙，分为天地，故生两仪也。四象，四时也。两仪谓乾坤也。乾二五之坤成坎离震兑，震春兑秋坎冬离夏，故两仪生四象。归妹卦备，故《象》独称天地之大义也。乾二五之坤则生震坎艮，坤二五之乾则生巽离兑，故四象生八卦。乾坤生春，艮兑生夏，震巽生秋，坎离生冬者也。"按虞翻与魏伯阳同为上虞人，生于灵帝初，正《参同契》流行之时。其父日南太守虞歆，最有旧书，当能收藏初行的《参同契》。数十年后虞翻注《易》，有取于纳甲消息，作为全书重要组成部分之一，而其内容与文字，基本源于《参同契》。此注四象生八卦，所谓"乾坤生春，艮兑生夏，震巽生秋，坎离生冬"，即纳甲的方位。而整个由太极至八卦的卦象，亦与《参同契》有关。《参同契》曰："能存能亡，长乐无忧，道成德就，潜伏俟时，太乙乃召，移居中洲，功满上升，膺箓受图。"考太乙之象，于今所存的文献中，实出于《淮南子》。先录《淮南子·原道训》于下：

> 夫道者，覆天载地，廓四方，柝八极。高不可际，深不可测，包裹天地，禀授无形，源流泉浡，冲而徐盈，混混汩汩，浊而徐清。故植之而塞于天地，横之而弥于四海，施之无穷而无所朝夕，舒之幎于六合，卷之不盈于一握。约而能张，幽而能明，弱而能强，柔而能刚，横四维而含阴阳，纮宇宙而章三光。甚淖而滒，甚纤而微。山以之高，渊以之深，兽以之走，鸟以之飞，日月以之明，星历以之行，麟以之游，凤以之翔。泰古二王，得道之枢，主于中央，神与化游，以抚四方。是故能天运地滞，轮转而无废。

水流而不止，与万物终始，风兴云蒸，事无不应，雷
声雨降，并应无穷。鬼去电入，龙兴鸾集，钩旋谷
转，周而复匝，已雕已琢，还反于朴。无为为之而合
于道，无为言之而通乎德，恬愉无矜而得于和，万有
不同而便于性，神托于秋毫之末，而大与宇宙之总。
其德优天地而和阴阳，节四时而调五行，呴妪覆育，
万物群生，润于草木，浸于金石。禽兽硕大，毫毛润
泽，羽翼奋也，角觡生也，兽胎不殰，鸟卵不毈。父
无丧子之忧，兄无哭弟之哀，童子不孤，妇人不孀，
虹蜺不出，贼星不行，含德之所致也。

上录《原道训》约当全文十五分之一，必略读原文，方
能了解西汉初对道的认识必以天地万物为基础，决非无实的空
想。《淮南子》全书二十一训，最后一篇《要略训》自作前面
二十训的提要。其言曰："原道者，卢牟六合，混沌万物，象
太一（一与乙，谐音而字可通）之容，测窈冥之深，以翔虚无
之轸。托小以苞大，守约以治广，使人知先后之祸福，动静之
利害，诚通其志，浩然可以大观矣。"此处详引《淮南子》，可
明所谓"太一"者何指，当时的概念如何。虞翻取太一释太极
者，正取其"神托于秋毫之末，而大与宇宙之总"。而魏伯阳已
取人格化的太一，亦可见太一的作用。老子曰："有物混成，先
天地生"，是即道，要在应理解"道法自然"之理。这一理论魏
伯阳已能应用，故曰："若药物非种，各类不同，分剂参差，失
其纪纲，虽黄帝临炉，太一降坐，八公捣练，淮南执火，立宇
崇坛，玉为阶陛，麟脯凤腊，把籍长跪，祝章神祇，请哀诸鬼，
沐浴斋戒，冀有所望，亦犹和胶补釜，以卤涂疮，去冷加冰，

除热用汤，飞龟舞蛇，愈见乖张。"此尤见《参同契》全准实事求是的科学原理，因药物非种，或分剂失调，自然不能有治病之功。益以种种宗教仪式，虽属第一流的神化人物，亦何益之有。除黄帝太一外，八公即助淮南炼丹者，淮南即淮南王刘安，合八公、淮南于黄帝太一，可喻魏伯阳之重视《淮南子》。又非深悟"道法自然"之理，何能大破宗教仪式。须有此卓见，则太一之理虽被人格化，亦可无妨。当既合于道，所谓"道成德就，潜伏俟时"，自然有人格化的"太一乃召"而"移居中洲"。此"太乙"在汉人思想中有其崇高地位，包括淮南王刘安与魏伯阳，而虞翻能继承之，故以太一释太极，义极精深。由太极而两仪，即以太一为混成之物，以天地为两仪。或以卦象示其理，则两仪即乾与坤，可兼取三画卦或六画卦示之。以三画卦言，中画变化阴阳；以六画卦言，乾坤二五变化阴阳，同样成为坎离。详以下图示之：

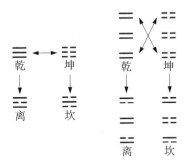

《参同契·上篇》："乾坤者，易之门户，众卦之父母。坎离匡郭，运毂正轴，牝牡四卦，以为橐籥。"《参同契·中篇》："乾刚坤柔，配合相包，阳禀阴受，雄雌相须，须以造化，精气乃舒，坎离冠首，光耀垂敷，玄冥难测，不可画图。"是即乾坤坎离之象。"须以造化，精气乃舒"，犹虞注所谓"乾二五之坤则生震坎艮，坤二五之乾则生巽离兑"，此即太一的作用。于坎离曰"光耀垂敷"，指日月悬天时的现象。又曰"玄冥难测"，指日没与月晦时的现象。天地之阴阳，由日月运行而显，故《周易·系辞》曰"阴阳之义配日月"，虞注即以魏伯阳之说取"日月为易"。至于两仪生四象，尚非乾坤坎离四者。虞翻兼从两说，亦与《参同契》同，其一，"四象，四时也。指震春兑秋坎冬离夏而合诸归妹卦"。于四时卦的方位时间准诸《说卦》，并加四时八节、四象四数。以下图示之：

所以合诸归妹卦者，因六画的六十四卦中，内含四个三画卦，恰当震春离夏兑秋坎冬者，唯归妹一卦。而归妹者，义当震兄归兑妹，凡父不及嫁女而亡，兄当有责以归妹，不然兄妹势必失时而不和。先以下图示之：

兄能归妹，则仍得阴阳之和，故易有"帝乙归妹，以祉元吉"之辞。此四时之象，《参同契》以二十八宿当之，凡震春当青龙，离夏当朱雀，兑秋当白虎，坎冬当玄武。其言曰："爻象内动，吉凶外起，五纬错顺，应时感动，四七乖戾，侈离俯仰，文昌总录，诘责召辅，百官有司，各典所部。"所谓"四七乖戾"义指二十八宿以当四时，而常有失时之乖戾。又言"古记题龙虎"，即以四时合于震龙兑虎之象，古早有《龙虎经》。其二，四象指乾与坤，震坎艮三男与巽离兑三女。合于数即乾为九，震坎为七，坤为六，巽离兑为八。此七八九六的四象，卜筮法中用之，合诸四时，可据"河图"数而青龙八，朱雀七，白虎九，玄武六。合诸卦象则本诸参天两地的原则，且当乾坤二五相交成坎离后，于六画坎离中，坎必含有三画的艮震，离必含有三画的兑巽。更以下图示之：

《周易·说卦》曰："乾天地，故称乎父；坤地也，故称乎母。震一索而得男，故谓之长男；巽一索而得女，故谓之长女。坎再索而得男，故谓之中男；离再索而得女，故谓之中女。艮三索而得男，故谓之少男；兑三索而得女，故谓之少女。"此述八卦自然之次，战国时早已通行。更以"参天两地而倚数"合之，凡整体之（—）画为阳一，数当三分之三；中断之（– –）画为阴二，数当三分之二，是之谓"参天两地"。由是三画皆阳，数当三三为九；三画皆阴，数当二三为六。三男为一画阳数三，二画阴数四，合为七；三女为一书阴数二，二画阳数六，合为八。由是八卦可归诸六七八九四数。以下图示之：

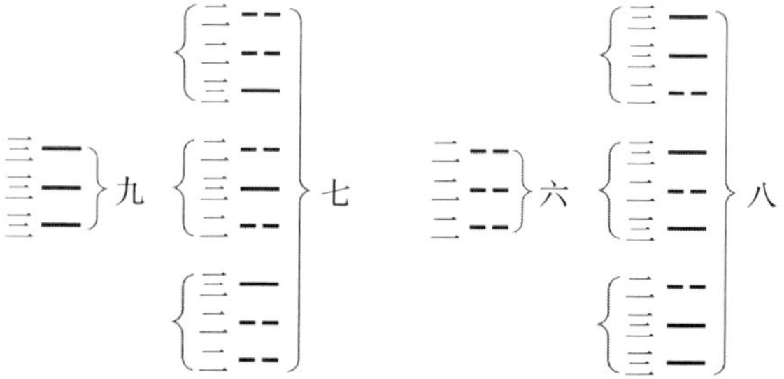

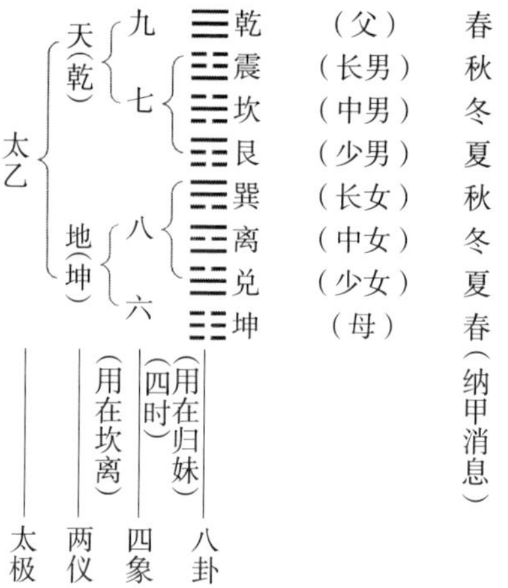

（八卦归六七八九四数图）

《参同契》曰"刚施而退，柔化以滋，九还七返，八归六居"即此义。合以上诸段之意，总以此图示汉代魏伯阳虞翻等对太极两仪四象八卦的认识，可证与陈抟一分为二的先天图截然不同。

上述虞翻取魏伯阳《参同契》之说，其间变化多端，唯能随境取象永无窒碍者，庶足以见太一之象。合而观之，乃知虞翻合诸魏伯阳孟京刘安之说，基本由形而下以达形而上；张伯端合诸陈抟以读《参同契》，乃由形而上而达形而下。唯张伯端之悟其变通之理，庶能另辟途径以识《参同契》之旨。今必当知其原文之异而观其会通，方见《悟真篇》之能用《参同契》。《悟真篇》自序曰"始得玄珠有象，太乙归真"是其旨。

至于张伯端的具体应用卦象，于六十四卦中，已得否泰、屯蒙、坎离、震兑、坤乾、既济未济、姤复七对十四卦。准此十四卦之旁通反复，庶见阴阳消息之妙，故曰"顾易道妙尽乾坤之理，遂托象于斯文"。凡此十四卦之种种变化，全出《参同契》之有取易象，其意岂文字可尽。进而观之，亦宜由象而悟意，此张伯端有取于庄子、王弼之说而又有所加深。

《庄子·外物》："筌者所以在鱼，得鱼而忘筌，蹄者所以在兔，得兔而忘蹄，言者所以在意，得意而忘言。吾安得夫忘言之人而与之言哉。"凡既得鱼兔而宜忘筌蹄，然未得鱼兔时，何可不知筌蹄。庄子取筌蹄为喻以明得意忘言，然未尝废言，当与忘言之人而与之言，庶可免终身致力于方法论之失，然亦未可不知方法论。故庄子之言殊无流弊。进而观《周易·系辞》之言："子曰：书不尽言，言不尽意。然则圣人之意，其不可见乎。子曰：圣人立象以尽意，设卦以尽情伪，系辞焉以尽其言，变而通之以尽利，鼓之舞之以尽神。"此《系辞》之"五尽"，实与庄子之义相同。以正面论之，犹已得夫忘言之人而与之言。于"五尽"中"系辞"指六十四卦卦辞、三百八十四爻爻辞与用九用六，故《周易》共系四百五十节之辞。或能知"观象玩辞"之理，则其辞已可"尽言"，然必须忘系辞之言而得其象者，方可与之言。进一层分辨之，卦辞所以"尽情伪"，爻辞所以"尽利"，二用所以"尽神"，而要在立卦爻二用之象，方可"尽意"。然更须与得意而忘象者，方可与之体验卦爻二用之象。此于言意间加入象的概念，较庄子之义尤精深。迨王弼利用庄子之义以注《易》，则曰"夫象者出意者也，言者明象者也。……言者象之蹄也，象者意之筌也。……故立象以尽意而象可忘也，重画以尽情而画可忘也"。以上之言犹以庄子之义释《周易·系辞》，理尚可取。而失在未能理解庄子所谓"安得夫忘言之人而与之言哉"。由是而曰："是故触类可为其象，合义可为其征。义苟在健，何必马乎，类苟在顺，何必牛乎。爻苟合顺，何必坤乃为牛，义苟应健，何必乾乃为马。而或定马于乾，案文责卦，有马无乾，则伪说滋漫，难可纪矣。互体不足，遂及卦变，变又不足，推致五行，一失其原，巧愈弥甚，从复或值而义无所取，盖存象忘意之由也。忘象以求其意，义斯见矣。"可云大误。奈自王弼易注出而汉易废，乃能悟立象尽意系辞尽言者未多见，此易学之不幸，然亦未尝失传。若张伯端亦已取王弼之义，故结曰"读《参同契》不在乎泥象执文"。或有读此文者，认为张伯端全同于王弼，则既不能读《悟真篇》，亦不曾理解《参同契》。况张伯端之可贵，贵在能不泥象不执文，而处处在立象系言。所以欲与忘象忘言者共象之，共言之，易学何可扫象而不言乾马坤牛、互体卦变、五行生克等。故张伯端之观《周易》象数，实在加深王弼之说而救其偏，决非从王弼之义。凡"否泰分则阴阳或升或降"直至"日出没令荣卫之寒温"，方为此文之旨。此张伯端之所以能得诸《参同契》，又能因时而成《悟真篇》。故《悟真篇》与《参同契》之功法，同中有异，异中有同。以下述其所同，可举"坎离为男女水火，震兑乃龙虎魄魂"二句以明其象，象明则意在其中。

此二句即指四时卦合成六画卦归妹。归妹上卦震东当四七二十八宿中之角亢氐房心尾箕七宿，其象为青龙，于人身指肝，功为造血。下卦兑西当四七二十八宿中之奎娄胃昴毕觜参七宿，其象为白虎，于人身指肺，功为炼气。上已引及《悟真篇》六十四首之十九即指此，其象为兑金克震木。当死斗之时，自然由东西而变成南北性命。南离火为女，北坎水为男，由震兄兑妹而兄为归之，乃成坎夫离妇。亦即木生火以炼汞，于人身指心神；金生水以炼铅，于人身指肾精。当由震东兑西而离南坎北，于今日之语言喻之，犹于地球之自旋已得南北极之轴，于人体之带脉旋转，已得脊椎之直立，庶见人之精神。继之更由离上坎下未济而坎上离下既济。其间或上或下，或顺或逆，刹那之间，变化万千。上已引及《悟真篇》绝句六十四首之二十，雄虎指坎，牡龙指离，黄婆反身指脾土，于《参同契》中当所谓"三性既合会，本性共宗祖"，指水火土合一。合一后方可论顺逆，乃可喻性命之理。

然汉末至宋初，于性命之象又何能无异。《参同契》曰："将欲养性，延命却期，审思后末，当虑其先。人所禀躯，体本一无，元精密布，因气托初。阴阳为度，魂魄所居，阳神日魂，阴神月魄，魂之与魄，互为室宅。性主处内，立置鄞鄂；情主营外，筑垣城郭，城郭完全，人物乃安。"若人所安之城郭，处于城郭内之性犹水火土同名三性之性，命指养性之功力，功力愈高则延命愈久，要在能"推情合性"，此《参同契》之旨而功法已在其中。及张伯端之论性命，虽亦取《周易·说卦》"穷理尽性以至于命"，而其实质大相径庭。因《参同契》仅以三圣之易理明之，于《悟真篇》则既用易象，又能合儒释道三教以喻之。此非反身有悟，决难以文字明之。故读《参同契》而不知易象、黄老、服食三者之同契，何能得天人合一的胎息。读《悟真篇》而忽乎张伯端与雪窦禅师之交往，又何能深入体验其"一块紫金霜"。或仅以《参同契》之功法合诸《悟真篇》，又何能见张伯端有划时代的作用。反之，仅以张伯端有取于《参同契》之功法以了解《参同契》，亦何能识《参同契》之由两孔穴法以得安于城郭内之象。故今日研究《参同契》与《悟真篇》，宜见及魏伯阳与张伯端皆有划时代的作用。汉末宋初的时代思潮既不同，故其功法虽可于异中见同，于性命的实质早已同中有异。此取决于人类对客观宇宙的理解。况在时一空结构变迁不已的环境中，究此二种关系极密切的古籍，理当结合三种形象。其一，用一千八百年前的《参同契》象数；其二，用九百年前张伯端所发展的《参同契》象数；其三，用九百年前的《悟真篇》象数，能识其本旨而见其同异，庶可形成今日之意。愿与得意忘象者共论其象，且以愈惑愈繁为戒，以惟简惟易为的。既不可执象，又何可扫象，有志者首当明辨之，于具体之功法可思过半矣。

论王船山以易学为核心的思想结构

此一论题，宜分两方面考察。其一研究王船山的学术思想结构。在此结构中，易学放在什么地位？这一地位，就是王船山对易学的认识。其二简述易学本身的发展。易学的发展，赖有若干有力者及重要文献为之倡导，更有经验事实为之后盾，易学方能在我国延续二三千年而不衰。于王船山的时代，早经历代学《易》者的努力，易学本身的整体理论已极专门化、数理化。如不说明这个时代易学发展的情况，就不能见出当时易学的利弊得失，也不能见出王船山和当时其他学《易》者思想结构的不同之处。以上两方面的研究，须相互渗透而结合之，方可了解王船山学《易》的进程，了解其如何完成对易学的认识。

详观王船山的一生，处于动荡变幻的历史背景中，既有艰辛的遭遇，又贵能经常自反而博学深思。积五六十年的实践经验，合诸四五千年我国的发展史迹，由具体而抽象，由抽象而进一步上友古人，知道器变通之理，识出入无疾之几，乃能逐步形成其精细而微妙的思想结构。凡所究及的各种学术思想，莫不可纳入其中而各得其所。其所以重视易学，历四十余年而耿耿于怀者，就在利用易学的整体理论，作为其萃毕生精力而形成的思想结构的核心。究其核心，殊能继承极专门化、数理化的易学而更创新说。综观《船山遗书》对易学的评论，虽大力否定京房、魏伯阳、陈抟、邵雍等之说，其实魏以继京，邵以承陈，而船山所建立的易学象数，反足以开京、陈生面，合京、陈而三。此实为易学史上的重大事件，泛观同时代易家，无出其右者。

今研究王船山学术思想的结构，当观其历年之变。船山于明万历四十七年（1619）生于衡阳，是时明王朝已现崩溃之几，然表面仍维持统一，开科举士之正途亦在继续。其父王朝聘于天启元年（1621）中乡试副榜，赴京师国子监，然不得志，越六年（1626）自京师归。家居二年后，毅宗即位（1628）。初登基而去魏忠贤，又能鼓舞儒生之报国心。朝聘虽已五十六岁，尚赴京师吏部谒选。船山于是年十岁始学制义，其志趣可见。四年后父归，见国事不可为而不再出仕，而船山仍专心致志。十五岁入学，十六岁始学为诗，廿岁完婚。历年中曾数赴武昌参加乡试，且为文酒之会，此皆属当时儒生之正常成长过程。船山之可贵处，在既得制义之旨而不为所限，且能博览群书。又朝聘学于伍学父先生，二人极相得。船山的学术思想，基本是家学，亦受伍先生的影响。

《沅湘耆旧集》云：

> 伍定相，字学父，一字玉铉，衡阳人。万历时贡生。十三岁即通诸经、性理、《通鉴》诸书，稍长，益纵览群籍。褐衣敝屣，授徒以养母，动静语默，必与横渠、道平两先生相吻合。邹泗山先生称之曰：

"居敬穷理，实践虚求，伍子一人而已。"为学综天文、地纪、人官、物曲、兵农、水利之书，以淹贯为主，船山之学，所由本也。……疾革，呼门人王朝聘语曰："丈夫不死于妇人之手。子，丈夫也，吾死子手矣!"遂逝。

船山之《家世节录》云：

> 先君少师事邑大儒伍学父先生定相，研极群籍。先生与先君为师弟子，而相得如友生。先生藏书万余卷，居恒谓家君："此中郎所以贻仲宣者，行归之子。"后先生猝得热疾，懑急不能语，先君躬执药食。先生目语先君，如将有所授者，先君辄俯首不答，归而叹曰："吾宁负先生治命，不能受仲宣之托也。"

今不论朝聘是否接受这万余卷书，而船山知识之博，自然与伍先生及其藏书有关。当崇祯壬午（1642）船山二十四岁，为其早年思想的定型时期。

船山七十岁所著之《南窗漫记》中有曰：

> 壬午初秋，黄冈王又沂源曾，熊渭公禀会同人于黄鹤楼，与者百人，各拈韵赋诗。……渭公笃志正学，有与李文孙论致知书，破姚江之僻，为余序诗，以眉山、淮海为戒。

又九月中式第五名经魁。《家世节录》云：

壬午冬，夫之上计偕，请于先君曰："夫之此行也，将晋赟于今君子之门，受诏志之教，不知得否？"先君怫然曰："今所谓君子者，吾固不敢知也。要行己有本末。以人为本而己末之，必将以身殉他人之道，何似以身殉己之道哉！慎之，一入而不可止，他日虽欲殉己而无可殉矣。"

据此事实，可概论船山之早年思想。其一，诗从眉山、淮海之法，失在文达而少质，言虚而情泛；其能有应于熊渭公而请为之序，已有取于渭公破姚江之正学。其二，中式以《春秋》经，此为家学。其父"早受《春秋》于西阳杨氏，进业于安成刘氏"，船山能继之，其有志于治平之道可喻。其三，将上京时接受父训。此训船山终身不忘，亦为其自我改变思想结构的动力。

故船山早年对明朝的崩溃，尚存幻想。迨二十四岁上京道梗，始有事实之认识。是时伍先生已去世，诗文集未传，仅留一绝句于船山晚年所著的《南窗漫记》中，诗名《过应山绝顶》：

原草青青入望新，归云将雨润轻尘。
只今江北春将尽，渺渺江南愁煞人。

此诗表露对北方的忧虑之情，船山于垂老时唯忆得伍先生此诗，可见当年给船山的印象之深。

船山有志于治平之道，《春秋》为其家学，必和《易》发生关系。《史记·司马相如传》："太史公曰：《春秋》推见至隐，《易》本隐之以显。"这一《春秋》和《易》的联系，有极深刻的思想内容。自司马迁提出后，对后世影响颇深。船山的思想结构，亦以此为基础。中式前后诗所以请熊渭公为序者，熊氏即善《易》。

《明史·忠义传》：

> 熊渭，字渭公，黄冈人。移居武昌，嗜古学，尤喜邵子《皇极书》，颇言未来事。十六年元旦，尽以所撰《性理格言》《图书悬象》《大易参》诸书付其季弟曰："善藏之。"城破前一日，贻书冯云路言："明日当觅我某树下。"及期行树旁，贼迫至，跃入荷池以死。

船山与熊氏接近，可推知其早年所理解之易学殊知《皇极书》之说。读其《章灵赋》，又知其对京氏易亦精熟。此皆学于廿四岁前，故当时的思想，见则以《春秋》制义，隐则以京邵之说预测。于理学乃本张载、李侗之说，以斥姚江之僻。必于廿五至廿八岁，因遇世事之纷乱，为其从实践经验中所得，有以改变其思想的实质。

《姜斋公行述》：

> 癸未，张献忠陷武昌，遂陷衡州，绅士多反面纳款，其不降者，贼投之湘水。府君匿南岳双髻峰。征君为伪吏所得，挟质以招伯父与府君。征君迫欲自裁，府君哀窘，匿伯父，自刺身作重创，傅以毒药，

> 旱至贼所，贼不能屈，得免于难，复匿岳峰。甲申五
> 月，闻北都之变，数日不食，作悲愤诗一百韵，吟
> 已，辄哭。

此当船山廿五、廿六岁时。又廿七岁生子敔，廿八岁其妻卒，其父年七十七岁，知不久于世，而命编《春秋家说》。且明福王由崧及唐王聿键、聿鐭皆先后被杀，此诚国破家亡之际，船山悲愤之情殊可意会。故于廿八岁丙戌（1646）起，始编《春秋家说》，亦于是年始志于学《易》。时代既变，《春秋》何用？反之于《易》，正可"隐"之以"显"，宜其生学《易》之志。又船山所敬佩之渭公，于张献忠陷武昌时身殉，于事后观之，殊可不必。若船山救父之智，确有以过之。此于渭公之信《皇极书》或亦有关。宜船山于渭公，终身取其"以眉山、淮海为戒"，绝不论其易学。此船山理解易学之宝贵处，决非渭公可比。《易》与《春秋》隐现相通之认识，亦定型于是年。而船山之思想结构，自廿八岁起，即在具体体验此二书之实质并旁及一切学问。

船山廿九岁父卒。三十岁益讲求易理，即在寻求行动方向之理论基础。是年（1648）举兵于衡山。兵败由耒阳、永兴、桂阳、柳州至桂林，经瞿式耜荐而桂王奖许之。船山事桂王期间，曾回家省亲一次，母令其速去，可见其爱国思想亦受母教。又于三十一岁续娶吏部尚书继之之侄孙女。时桂王已由桂林迁至梧州，船山于梧州又遭同僚王化澄之陷害，不得不返桂林依瞿式耜。旋闻母病而返，瞿氏即于是年桂林城陷而死之。观此二年间的行动，全受父训"要行己有本末"之旨。船山本人于四十岁编成《家世节录》时，亦有感于此。自言曰："呜呼！先

君之训，如日在天，使夫之能率而不忘，庚寅之役，当不至与匪人力争，拂衣以遁。或得披草凌危，以颈血效嵇侍中溅御衣，何至栖迟歧路，至于今日求一片干净土以死而不得哉。"此又在悔八年前未能与瞿式耜同时殉国。因当四十岁时，桂王虽在，已苟延一隅，绝不能更有作用，亦何能再为之殉。

且此八年间的思想，有一变化关键，即卅五岁作成之《章灵赋》，于是决计隐遁。《章灵赋》的内容全本易理，属三十岁益讲求易理的继续。而因易理而举兵衡山，二年间无计可施，仅欠一死。不期归家探母病而母已死，未久瞿氏亦殉国。桂王侧已无可有为，此见行动方向不可不变，渐生过隐士生活之志。虽有强烈的报国心，而不能再有直接的行动，此郁塞的矛盾皆言于《章灵赋》。

《章灵赋》自序曰：

> 章，显也。灵，神也，善也。显著神筮之善告也。壬辰元日，筮得暌之归妹。明年癸巳，筮复如之。时孙可望挟主滇黔，有相邀赴之者。久陷异土，既以得主而死为歆。托比匪人，尤以遇巷匪时为戒。仰承神告，善道斯章，因赋以见。

赋中有言：

> 窃余不知其畔兮，遵原筮以得垠。……被端策而氛睐兮，火出泽以章景。宗庙震于悔端兮，劳再告而益舄。……乱曰：天昧冥迁，美无眈矣。方熭为泽，已日霝兮。凿秕孔劳，矧怀娄兮。督非我经，虽不堪

兮。專伏以需，師翰音兮。幽兆千里，翼余忱兮。仓
悦写贞，疾烦心兮。贸仁无贪，怨何寻兮。

自注：

> 别部大帅李定国出粤楚，屡有克捷，兵威震耳。
> 当斯时也，欲留则不得干净之土以藏身，欲往则不忍
> 就窃柄之魁以受命，进退萦回，谁为吾所当崇事者哉。

船山于三十三岁辛卯冬还衡阳，于翌年壬辰元日筮得睽之
归妹作为行动之的，不期于癸巳元日又筮得此象。且是年南明
的局势，李定国虽正而受制于孙可望。船山以王化澄往事为戒，
决不可再往，乃作此赋以明隐遁之志。以易学论，全准京氏易
之法。卦象睽之归妹上爻宗庙变，以喻明室之不可为，睽为贞，
归妹为悔，故曰："宗庙震于悔端兮。"睽九二："遇主于巷，无
咎"，然则亦未必不可再为南明出力。巧在再次得同一卦象，于
筮法义当比卦辞"原筮元永贞"中之"原筮"，由是取比六三：
"比之匪人"，象曰："比之匪人，不亦伤乎"；故曰："托比匪
人，尤以遇巷非时为戒。"二次筮得是象，全属偶然之机，信为
神告，实为船山自作判断，欲避"翰音登于天"之"贞凶"，不
得不"专伏以需"以待之。如是玩占，其智已超过屈原之问卜
于郑詹尹。

船山作此赋后思想变化已定，不再有与于南明。数年中随
地托迹，所以觅首阳之居，以期"怨何寻兮"。其间曾避兵于永
州零陵北洞瑶中，亦曾居郴州兴宁山中，且吟就潇湘小八景以
寄其情。三十七岁借僧寺授徒，为从游者说《春秋》，始作《周

易外传》和《老子衍》。此数年间，贵能不问世事，唯思贯通六经。相比廿四岁前之学，有不同的时空结构。凡早年之学，一心愿为世用，犹化时间为空间。今则知明室已不可为，乃不求当世之用而寻究古今变化之理，犹化空间为时间。虽然，时空相须而不可离，故上京道梗而及见明末之时，隐遁观时而复患我有身。宜于四十岁又悔不如瞿氏之殉，且虽视为未遵父训，妙在实已深味"慎殉"之旨。

船山此阶段所作《周易外传》之可贵处，已得六经互通之旨。《说卦传·七》有言：

> 是故圣人之教，有常有变。《礼》《乐》道其常也，有善而无恶，矩度中和而侧成不易，而一准于《书》。《书》者，《礼》《乐》之宗也。《诗》《春秋》兼其变者，《诗》之正变，《春秋》之是非，善不善俱存，而一准之于《易》。《易》者，正变、是非之宗也。……天下之情，万变而无非实者，《诗》《春秋》志之。天下之理，万变而无非实者，《易》志之。故曰《易》言其理，《春秋》见诸行事。是以君子格物而达变，而后可以择善而执中。贞夫一者，所以异于执一也。

此所谓"执中"，犹不遍于时空而贞一于时空之中。此所以异于"执一"者，其中变动不居，似有而未可或执。

继之三十八岁又成《黄书》者，所以欲观其常。《黄书》有言："呜呼！非察消息通昼夜范围天地而不过者，又恶足以观其化哉。"犹言观其历史发展规律。《连珠》之一有曰："盖闻岁差已渐，历虚斗而在南箕；河徙无恒，合济漯而夺淮。水害已成而不可挽，挽则横流；道已变而不可拘，拘斯失算。是以阡陌既裂，商鞅暴而法传；笞杖从轻，汉文仁而泽远。"亦为继《黄书》而明其常。故约当四十岁左右时的思想结构，以下表示之：

$$
(情)
\begin{cases}
\begin{matrix}
礼 \\ 乐
\end{matrix}\Big\} 书 \cdots\cdots\cdots\cdots\cdots\cdots 常（黄书） \\[4pt]
\begin{matrix}
诗\begin{cases}正\\变\end{cases} \\
春\\
秋\begin{cases}是\\非\end{cases}
\end{matrix}\Bigg\} 易（理）\cdots\cdots\cdots 变（周易外传）
\end{cases}\Bigg\}
$$

唯易理贵变，故凡一切有固定成法论《易》者，主要是京、魏、陈、邵等，莫不属于易理之非。至于易理之是，有取乎错综之变，《周易外传·系辞上传》第四章：

> 若夫五十六卦之综也，捷往捷来，而不期以早暮。乾、坤、坎、离、大过、颐、中孚、小过之错也，捷反捷复，而不期以渐次。始交而屯，不以复泰；一终而未济，不以剥否。一奇一偶而六，六而四十八，四十八而三百八十四，三百八十四而四千九十六，四千九十六而出入于三百八十四之中。推之律而无定，推之历而无定，推之符火而无定，推之候气而无定。凡彼所推者，皆因生得体。因生者非可因，所因者无不可因。无不可因，则固未可以体体矣。

此见甚深而理殊简易。以卦象核之，乃准瞿塘来知德（1526—1604）之说。来氏卒十四年而船山生，瞿塘离武昌甚近，船山当于廿四岁前已见其书，取其错综之变，尚未别开生面。

船山于四十一岁己亥，曾作《山居杂体卦名》一诗，辞曰：

豫子殉其道　　井生贵所希　　坎流邂殊涂　　既济愉同归
比肩通异理　　蒙袂轻调饥　　塞余纫秋兰　　升高搴野薇
剥芋充晨餐　　畜荷资霜衣　　离离劈椒房　　鼎鼎闭松扉
履石探晴云　　临崖款夕晖　　益知荣公乐　　渐看卜子肥
颐生喻明窗　　观物避炎威　　随兹寒暑谢　　遯迹冀无违

此虽属游戏文章，船山尚有取药名、县名等为诗，体其情乃有
得于名实之辨。以《易》论，亦见于廿八岁志于学《易》起，
至四十一岁已能随心取象。盖既须循名责实，亦未尝不可忘实
而有体名之象。诗由殉道以见及井生颐生，为五十一岁筑"观
生居"之几，仍从"慎殉"而来。或得井洌寒泉，始可于明窗
前语生生之易学。此彻上彻下之生理，得于时空之中。准我国
传统的哲学概念论之，重空间犹地道，重时间犹天道，得时空
之中，即人从天地之中以生的人道。此中言之甚易，体之甚
难。船山既作《章灵赋》，始一心求之，四十岁后渐有所悟得。
四十二岁作大量《落花诗》，实为桂王而言。两年内，家则继室
郑氏亡，国则桂王为吴三桂所害。外景如是，不悟内景之生，
其何以游于伯夷求仁之景。宜于四十七岁起注意养生。且重定
《读四书大全》，其中有精粹语。如曰：

程子以孔子为乘田则为，为司寇则为，孟子必欲
得宾师之位，定孔孟差等。如此说道理，是将孔子竟
作释氏一乘圆教、四无碍看，圣人精义入神，特人不
易知尔。岂有于此亦可，于彼亦可，大小方圆，和光

同尘之道哉。孟子曰"孔子圣之时",与《易》"六位时成"之义同,岂如世俗之所谓合时者耶。春夏秋冬固无一定之寒暑温凉,而方其春则不带些秋气,方其夏则了了与冬悬隔,其不定者,皆一定者也。圣贤有必同之心理,斯有可同之道法,其不同者时位而已。一部《周易》许多变易处,只在时位上分别,到正中正当以亨吉而无咎,则同也。

此节之义,已得变不变之几。其思想结构,渐由《周易外传》之变,趋于《周易内传》之不变,其所可贵者,不变定基于生生之中,殊得无体之易理。凡读《易》者之认识卦时爻位,本属一般的常识,十翼中随处可见,王弼《略例》中明言之,更引人注意。然能体此"许多变易处,只在时位上分别",且同归于"正中正当以亨吉而无咎",则非经若干年的经验积累,包括行动和思维的互相影响,决难深入"六位时成"之旨。船山于三十五岁以后的十余年中,既得贯通六经的思想结构,在此基础上进一步认识执中之情理,否定程子之定孔孟差等,为日后认定"四圣一揆"的基础。再者,船山所否定的理学指陆王,并未全部否定程朱,此于《大学·正心》中有言:

> ……庄周谓之"止水",佛氏谓之"大圆镜智",乃以是言《大学》正心之功,不亦谬乎。至于谓不能无而亦不可有,则确为了无实义之戏论。释氏以此立啄啐同时,一见不再之转语,玩天下于光景之中,学于圣人之门者,如之何拾以自误而惑人也。呜呼,正心之学不讲久矣。朱子明言知诚意而不知存心

之弊，以防学者之舍本而图末，重外而轻内，以陷于异端。乃一再传而其徒已明叛之而不知，又奚况陆子静王伯安之徒，不亟背圣教以入于邪哉。然正心之实功何若，孔子曰"复礼"，《中庸》曰"致中"，孟子曰"存心"，程子曰"执持其志"，张子曰"瞬有存息有养"，朱子曰"敬以直之"，学者亦求之此而已矣。

此节之言，实船山治学反身之用力所在。究其学说者，如舍此而徒执其文字，殊难见其中心的形象。船山于《论语》末又阐明其旨曰：

> 盈天下只是个中，更无东南西北，盈目前只是个中，更无前后左右。河图中言十五，已括尽一六、二七、三八、四九在内。帝王用之，大而大宜，小而小宜，精而精宜，粗而粗宜。贤者亦做不到，不肖者亦做不到，知者亦知不彻，愚者亦知不彻。参天地，质鬼神，继前王，俟后圣，恰恰好好，天理纯至，而无毫发之间缺使私意私欲得以相参同事，而不足于大公至正之天则。故曰"皇极"、曰"至善"，胥此中也。不及者自划于半途，而过者岂能越之。非圣人独能为其难，以理本应尔，更无过不及旁开之辙迹也。

此已能合皇极至善之中于象数，其法殊善。凡我国的思想家，于先秦起早已理解利用象数以喻其思想结构，惜中断于汉末。迨宋而重兴，所谓河图洛书等皆是。及船山尚知其重要，约同时之胡渭（1633—1714）等乃大力否定之，且为清代朴学家所推崇，由是误认图书等象数创于宋，其实未是。凡易理以象数喻之，本属易学的基础。船山于六十后始得其法，此处已见其几。

循此以进，父命编《春秋家说》之事，萦于思维中二十二年，直至五十岁始完成，同时又成《春秋世论》，皆能探赜索隐于人情之蕴。

《春秋世论》云：

> 变雅，雅之衰也。鲁颂，颂之滥也。变雅有溢毁，鲁颂有溢誉，以为恶恶之不嫌于狷，臣子之不嫌于厚，则几矣而不可以论世。鲁颂称僖公，以谓鲁自是而复兴也，而鲁之衰实自是而始。……故僖衰鲁以衰周，其惫甚矣。

此通观《春秋》与《诗》，始见人情之真，史克溢美而鲁颂存之，正变是非不已见乎。若由《春秋家说》以明《春秋》与《易》的隐显，亦能辨其几。

《春秋家说·隐公》云：

> 《春秋》有大义，有微言。义也者以治事也，言也者以显义也。非事无义，非义无显，斯以文成数万而无余辞。若夫言可立义而义非事，则以意生言而附之以事，强天下以传心，心亦终不可得而传，盖说《春秋》者所附也。《春秋》之书元年非有义也，事不足以载义，义亦不得而强附之。凡数之立，以目言之则二继一，以序言之则二继初。目以相并而彼此列，序以相承而先后贯，其理别矣。故《易》言初言二

以达于上，《春秋》书元书二以迄于终。乾始不可言九一，《春秋》始不可言一年也。乃为之言曰："元，仁也。乾之资始，坤之资生者也。夫乾之资始，坤之资生，仁也。惟仁以始，惟仁以终，故曰乃统天。统天者，统天之所有，进而六位时成一元矣。"浸令天之以元始，以亨利中，以贞终，则始无贞而终无元，俯仰以观天地之化，曾是各有畛而不相贯乎。故夫人君之以仁体元也，自践阼之初迄顾命之顷无异致也。……仁以为己任，死而后已，天以仁覆，地以仁载，历终如始而大始者不匮。故春夏生而亦有其杀，秋冬杀而固有其生，有序成，无特用也。仅然以始居仁而莫统其后，则亨者倚于文，利者倚于惠，贞者倚于谅矣。呜呼！为此说者之强言立义而强义附事，夫君子不能其已也。

由隐公之元年，合诸《易》之乾元，且已得四时之中，斯为有见。故自序曰："始于元年统天之非，终于获麟瑞应之诞。"已能明辨情理之同异。凡《易》与《春秋》事理之通贯，实有其交接之几，然何可贸然而附会之。既论"元"与事之同异，于书末又曰：

故夫圣人道穷之叹，非独谓一圣人之道也。先之前古之法，后之万年之人，而无有不穷也。道不穷圣人不置，故前乎获麟而圣人犹忧天下，犹欲有为焉，故《春秋》修王道立，尽人以俟天。君子之学乎《春秋》，学是焉耳矣。

是即廿八岁以来二十二年之总结，亦事有所止而理实无穷，则"元"之为言，其几可睹，盖绝笔获麟而元犹未终也。船山虽由国而家，避世著书，而自强不息之情，亦由此现。乃于五十岁后续娶，筑土室开南窗名"观生居"，以示对易学的研究复深入一层。《大学》云："自天子以至于庶人，壹是皆以修身为本。"犹由社会学的人，以达生物学的人，船山盖深有体味。观其二十余年来，于国亡家破，有切肤之痛，至是而重睹复生之象，宜为庆贺。自题观生居一绝云：

> 寒月出东岭，流光入浅廊。万心函片晌，一缕未消香。

其丛杂之情，反生之理，粲然可见。尚有《观生居铭》，尤可显出五十岁后之思想情况。辞曰：

> 重阴蓊渟，浮阳客迁。孰忍越视，终诎手援。物不自我，我谁与连。亦不废我，非我无权。罂而不荐，默成于天。念我此生，靡后靡先。亭亭斯日，鼎鼎百年。不言之气，不战之争。欲垂以观，维自观游。无小匪大，无幽匪宣。非几蠕动，督之网钳。吊灵渊伏，引之钩筌。兢兢冰谷，袅袅炉烟。毋曰殊类，不我亲焉。神之攸摄，鬼之攸虔。蜷顽荒怪，恒尔考旋。无功之勋，不罚之愆。夙夜交至，电灼雷喧。

此铭似可作为船山正式认识易学的基础。凡自二十八岁至五十岁之学，实以《春秋》为主，以《易》为辅。自五十岁，既成《春秋家说》，复筑观生居后，始以易学为中心。"亦不废我，非我无权"，其自视已得《论语·子罕》中绝四中"毋我"之我，《庄子·齐物论》中"今者吾丧我"之吾。以此吾之"亭亭斯日"观明清之际的"鼎鼎百年"，且宜据《黄书》之常，以上下引申，庶得"视履考祥，其旋元吉"之理，此方属船山有志所求之易学。其所观之象，自然是小大相对，幽宣并存，督之引之，犹从伏牺氏作网罟以佃以渔。故下则观冰谷之兢兢，上则察炉烟之袅袅，钩深致远，物无遁形，夙夜交至，电灼雷喧，非即由翕淳之重阴，以见客迁之浮阳乎。唯船山于居所静观世事物象的生化流迁之景，是之谓"成象之谓乾"；观生至此，我身何足以萦我之心，是之谓"效法之谓坤"；乃于五十三岁撰《愚鼓词》。

《愚鼓词》有《前愚鼓乐·梦授鹧鸪词》十首；《后愚鼓乐·译梦》十六阕，调寄《渔家傲》。此即《章灵赋》后之所得，有小序曰：

> 梦授歌旨，囫囵枣也。虽囫囵吞，亦须知味。仰承灵贶，不敢以颟顸当之。三教沟分，至于言功不言道则一也。译之成十六阕，晓风残月，一板一槌，亦自使逍遥自在。

以易象喻之，殊有"肥遁无不利"之游。言功不言道，已可免有大患之身。若于十六阕之四，名"子时"，自注曰："谓有活子时者，将有死子时乎。大椿以前立活字不得。"此诚得甘苦之言。唯有不变之死在，庶有变化之活。或动辄论不变之非，则变化之是何在。能知子时之死活，获得易理之易简，斯即《周易内传》之旨。且于五十四岁作《老子衍》后序。自序云："壬子稿有后序，参魏伯阳张平叔之说，亡之矣。"盖与《周易外传》同年始作之《老子衍》。于十六七年中，既已由外及内，则对老子的认识自然宜变。幸《愚鼓词》尚存，此《老子衍》后序虽逸，尚可识其旨。究船山思想者，似未可执《周易外传》与《老子衍》之言。

或有视《愚鼓词》为船山思想之极至，则尚非知言。因功同而道不同，船山见功后未尝忘道，斯为船山思想之精华。且天之玉成船山，当其五十五岁时又生一幻境，即吴三桂反于云南。今不必详论其史实，而"肥遯"之象，殊难保存。乃于五十七岁冬筑成湘西草堂于石船山。由观生而船山，渐生"乞活埋"之象。继之于五十八岁成《周易大象解》，所以明"《易》为君子谋"之旨。船山有应于横渠，其机在此。要在《正蒙·大易篇》，船山注曰："广释《周易》之指，有大义，有微言，旁及训诂而皆必合于道。"道不同不相为谋，船山信之殊坚。故继《周易大象解》，于五十九岁又成《礼记章句》，对经学的认识又进一步。

《礼记章句·中庸》：

> 明兴，河东江右诸大儒，既汲汲于躬行，而立言之未暇，为干禄之学者，纷然杂起而乱之。降及正嘉之际，姚江王氏始出焉，则以其所得于佛老者，强攀是非以为证据，其为妄也既莫之穷诘，而其失之皎然易见者，则但取经中片句只字与彼相似者以为文过之媒。至于全书之义，详略相因，巨细毕举，一以贯

而为天德王道之全者，则茫然置之而不恤。迨其徒二王钱罗之流，恬不知耻而窃佛老之土苴以相附会，则害愈烈而人心之坏，世道之否，莫不由之矣。夫之不敏，深悼其所为，而不屑一与之辨也。故僭承朱子之正宗而为之衍，而附诸章句之下。庶读者知圣经之作，朱子之述，皆圣功深造体验之实，俾学者反求自得而不屑从事于文词之末，则亦不待深为之辨，而驳儒淫邪之说，亦尚息乎。凡此二篇，今既专行为学者之通习而必归之记中者，盖欲使五经之各为全书，以见圣道之大，抑以知凡戴氏所纂四十九篇，皆《大学》《中庸》大用之所流行而不可以精粗异视也。

此以《大学》《中庸》二篇，还诸《礼记》，盖已得复礼之志。凡对断章取义之明学既已否定，对单独表章《大学》《中庸》之宋学，亦不满意，则其上友古人之志，已由明而宋而汉。且能准诸文献而不为空论，此船山之学所以能高出侪辈而足以挽救明季心学之颓风。至于谓：《儒行》一篇词旨夸诞，略与东方朔扬雄俳谐之言相似。"可见是时之船山已渐达炉火纯青之境，体及"易无体"之象。然《礼记章句》不可不作，作此以存常道，所以充实《黄书》之理。《俟解》中曰："玄家有炼己之术，释氏为空诸所有之说，皆不知复礼而欲克己者也。"是即以礼辨功与道的不同，有其决不可通融的原则。

且自吴三桂反而始作《庄子通》，计七年而成于六十一岁，其思想之悲愤错杂，非庄子之荒唐，何足以慰之。《庄子通》有言：

《春秋》者，刑赏之书也。论而不议，故不赏而劝，不怒而威。墨翟、禽滑厘、宋钘、尹文、彭蒙、田骈、慎到、关尹、老聃、惠施者流，非刑非赏而识之而已。如山林之畏隹、大木百围之窍而已矣，可以比竹之吹齐之，莫如《春秋》之不议，而又何齐邪。故观于《春秋》而庄生之不欲与天下耦也宜。

又曰：

谓予以庄生之术，祈免于羿之彀中，予亦无容自解，而无能见壶子于天壤之示也久矣。凡庄生之说，皆可因以通君子之道类如此。故不问庄生之能及此与否，而可以成其一说。

当此七年中，不能见壶子的天壤之示，境况不见转机，而时时有"弗活矣"的"地文"，尤以拒绝为吴三桂写劝进表，不得不远避。继室之存亡未见记录，而七岁之幼女即于是年夭，船山为成梅阳冢而自志曰：

船山老人幼女七岁，许字友人唐君之子者，以戊午八月夭。败叶庐左有梅一株，老人凤所玩息，庐圮梅存，因瘗其侧。

观之其情可喻。不见"杜权""天壤"之示，确已久矣。幸有庄生之术，以免人于羿之彀中，此作《庄子通》之情，与作《章灵赋》时不欲"比之匪人"之情，不已有进乎？"不欲与天下耦"，可不问"庄生之能及此与否"，此之谓"庄子注我"。郭象后，唯船山一人体之尤深。此所谓"因以通君子之道"，实有以通易学之理。

总上船山之经历与思想之变化，似终于六十一岁《庄子通》之成。以后数年中所完成的重要著作，其结构基础殊无变化。最重要的成就，能以其思想结构化成易学象数的形式。此唯于《周易内传》及其《发例》中言之。其他重要的著作，如《正蒙注》《思闻录》《俟解》《噩梦》等主要明理。贵能进一步精炼其思，中肯其辞，观其旨皆成于六十一岁前。又于六十三岁编成《相宗络索》，不可不认为是新的认识。然而须理解，玄奘所取得之法相宗，于唐代已为贤首宗所代替，传者乏人，书已流传异域。当明末时，未能得其全旨。故船山所为整理而成书，虽不可谓无所得，然实非法相之精。宜于《思问录·外篇》中云："……七识者志也……人之所以异于禽者，唯志而已矣。不守其志，不充其量，则人何以异于禽哉。而诬之以名'染识'，率兽食人，罪奚辞乎。"此实未合相宗之本义。凡染识之义，似可当子绝四之我，亦同《易》不为小人谋之小人，船山即以志概括之，旨在排佛，且不论转识成智，未及相宗之全。故在船山的思想结构中，排佛占重要地位。于相宗亦并未客观体味其认识论，其态度与体味六经之象完全不同，此不可不辨。故虽有《相宗络索》，未可谓船山已详究佛教之认识论。此外又提及利玛窦，亦因其信天主教而否定之。船山之思想结构，道与功属不同层次，道为第一层次，功为第二层次。凡宗教信仰，于船山思想结构中属第一层次，三教功虽可同而道不可同，况天主教又在儒释道同功之外。故船山的思想结构，首先为明道，道之实指六经。船山一生认为三教道不可同，而三教功可同的思想，成于作《愚鼓词》之后。故船山早年成《周易外传》兼及《老子衍》，以见儒道两家的道之不同，复由外而内以成《周易内传》兼及《楚辞通释》，以见两家之功可同。则在第一层次辨明道与功之同异后，又在第二层次深入体味各家情理之旨。船山以《远游》识屈原之内景，取以当诗情之正。凡于《诗广传》中，深诛变雅之无惭，非知《远游》之志，其何以见大雅之正，是以道补儒以收异流同源之功。下录《诗广传·大雅四十五》，可喻船山以《骚》继《诗》之情。其言曰：

古今遥兮，其学于六艺者众矣，苟操觚而殚心，各有所遇焉。何居乎吉甫之自贤，即人之称之者蔑以加与，吾以知人之称之者固不然也。《文王》《大明》，其硕矣乎。《鹿鸣》《四牡》，其好矣乎。《关雎》《葛覃》，穆如清风矣乎。为彼者未尝自居也，而天下不可掩也。虽然，犹独至而无摄美者乎！摄美而均至之，洵唯吉甫矣乎。我知吉甫之靡所疑惭者，貌取而无实也。《文侯之命》，蔑稗之书也，举文王之明德而加之义和无惭焉。《嵩高》《烝民》，蔑稗之雅也，跻仲伯仲山甫于伊吕周召之上无惭焉。古今遥而不能届，则过晷为长，四海广而不能游，则寻常为阔。陆云且可贱货以奉马颖，潘岳且可发箧以遗贾谧，吉甫亦奚靳而不能哉。

曹植自以为周公，孰曰非周公焉。杜甫自以为稷契，孰曰非稷契焉。韩愈自以为孟子，孰曰非孟子焉。骄己以骄天下，而坦然承之，暴潦之兴，不忧其涸，吾恶乎无疑而不代之惭邪。文章之变，古今亦略可见矣。周至吉甫而雅亡，汉迄曹植而诗亡，唐之中叶，前有杜、后有韩，而和平温厚之旨亡。衰而骄、骄而衰，不可振。衰中于身，其身不令，衰中于国，其国不延。枵然之窍，风起籁鸣，怒号而遽止，苟其有怍心而挟生人之气者，弗屑久矣。

或能惭此变雅之"衰至于骄"，庶可逍遥于《远游》之象。《远游》有曰：

> 历玄冥以邪径兮，乘间维以反顾。
> 召黔嬴而见之兮，为余先乎平路。

船山释之曰：

> 玄冥，北方之神气之母也。邪径，犹言枉道。间，上下四方为六间。维，四隅为四维。黔嬴，雷神。天地之间一气而已，亘古今通上下，出入无有而常存者也。气化于神，与天合一矣。然仙者，既已生而为人而欲还于天，故必枉道回执天气以归之于己。乘天之动几盗其真铅，反顾而自得，《阴符经》所谓"天地，人之盗"。勿任天地盗己而己盗天，还丹之术尽于此矣。造化在我，乃以翱翔于四荒六合而不自丧。雷者阳出地中，阴中之阳，人之天也。故乘其动几而以袭先天气母。

此非有得于内，殊难道其只字，实即体得《愚鼓乐》之本。《楚辞通释·序例》：

> 《远游》，极玄言之旨，非诺皋洞冥之怪说也。后世不得志于时者，如郑所南、雪庵类逃于浮屠。未有浮屠之先，逃于长生久视之说。其为寄焉一也。黄老修炼之术，当周末而盛。其后魏伯阳、葛长庚、张平叔皆仿彼立言，非有创也。故取后世言玄者铅汞龙虎、炼己铸剑、三花五炁之说以论之，而不嫌于非古。

是诚通玄之言，唯有得于此，始可与语"四圣同揆"之理，上友古人之道，决不有执于今。此所以否定变雅而及曹植、杜甫、韩愈之失，反之乃肯定《远游》而理解逃于玄言之得。至于情理之辨，于《楚辞通释·序例》中又曰：

> 自《周易·彖》以韵制言，雅、颂、风胥待以成响。然韵因于抗坠而意有其屈伸，交错成章相为连缀，意已尽而韵引之以有余，韵且变而意延之未艾，此古今艺苑妙合之枢机也。因韵转而割为局段，则意之整戾者多矣。今此分节立释，一唯其意之起止而余韵于下，以引读者不倦之情。若吟讽欲其成音，则自随韵为于喟，不待学也。韵意不容双转，为词赋诗歌万不可逆之理。推而大之，四时五行七政六律，无不交相离合。四方八片阴阳老少截然对待之说，术士之易而非天地之固然，元气元声存乎交禅不息而已。

此所谓"韵意不容双转"，犹情理之各有起讫。道不同可不相为谋，功实同其何可割裂情理，是之谓阴阳，是之谓《易》。而易道之交禅不息，其何可为截然之对待。由是于《周易》之得，已由《外传》而《内传》；于有身患之《老子衍》，亦化为屈子之《远游》。此当六十七岁最后完成的思想结构。宜于《远游》之末曰：

> 屈子厌秽浊之世不足有为，故为不得已之极思，怀仙自适，乃言大还既就，不顾飞升，翱翔空际，以俟时之清，慰其幽忧之志，是其忠爱之素，无往而忘者也。及乎顷襄之世，窜徙巫加，国势日蹙，虽欲退处游仙而有所不得，《怀沙》《悲回风》之赋作而《远游》之心亦废矣。彼一时此一时也。此篇之旨，融贯玄宗，魏伯阳以下诸人之说，皆本于此，迹其所由来，盖王乔之遗教乎。

至于船山之史学著作，如《读通鉴论》《宋论》等，皆有上友古人之象，设身处地以论之，虽亦多未尽善者，然有其原则，决非以私意妄加月旦，最后友屈子而知其曾学于王乔之遗教，尤非空言。至此方能理解生物学的人与社会学的人，有不同数量级的时空结构。船山已能了解，故为之作《九昭》，上友屈子之情，可云密合无间。

《九昭》有云：

> 有明王夫之生于屈子之乡，而邁闵戢志有过于屈者，爰作《九昭》而叙之曰：仆以为独心者，岂复存于形坿之知哉。故言以奠声，声以出意，相逮而各

有体，声意或留而不肖者多矣，况敛事征华于经纬者乎。故以宋玉之亲承音旨，刘向之旷世同情，而可绍者言，难述者意。意有疆畛则声有判合，相勤以貌悲而幽响之情不宣。无病之讥所为空群于千古也，聊为《九昭》以旌三闾之志。

《九昭》之末句曰：

> 劓志今夕兮，逝无与迁。郁勃颓以愤兴兮，遗孤颖之流连。

自注曰：

> 决志一死，无所复待，遗此孤忠，长依君侧。君虽莫我能知，而矢志于泉壤者固然，此屈子之所以为屈子也与。

又曰：

> 自言既死以后，其神爽有如此者，故安死自靖，怨诽而不伤。

船山自题联"六经责我开生面，七尺从天乞活埋"，下句之义，即取屈子之象。然屈子不得不死者，虽能《远游》，实不忍见郢之将破。船山虽乞而未能如愿者，因明室早亡，况既有《远游》之同功，复有观生石船之可居。故屈子仅留情，船山尚留有"六经责我开生面"之理。其理之妙，决非空言可尽。及此见地，始喻易学象数之作用。况此义今日已普遍应用，所谓象数云者，就是数学语言。船山对易学的认识，就在对易学固有的象数另加安排，以完成其整体的思想结构。此象数的安排，皆示于《周易内传》中。于安排象数之义理，亦见于《发例》。若对易学之整体认识，尽于《周易内传》开卷第一段，全录如下：

> 伏牺氏始画卦，未有《易》名。夏曰《连山》，商曰《归藏》，犹筮人之书也。文王乃本伏牺之画，体三才之道，推性命之原，极物理人事之变，以明得吉失凶之故而《易》作焉。《易》之道，虽本于伏牺，而实文王之德与圣学之所自著也。《易》者互相推移以摩荡之谓。《周易》之书，乾坤并建以为首，《易》之体也。六十二卦错综乎，三十四象交列焉，《易》之用也。纯乾纯坤，未有《易》也。而相峙以并立则《易》之道在，而立乎至足者为《易》之资。屯蒙以下，或错而幽明易其位，或综而往复易其几。互相易于六位之中，则天道之变化，人事之通塞尽焉。而人之所以酬酢万事，进退行藏，质文刑赏之道，即于是而在。故同一道也，失则相易而得，得则相易而失，神化不测之妙，即在庸言庸行，一刚一柔之中。大哉《易》之为道，天地不能违之以成化，而况于人乎。阴阳者，定体也，确然隤然为二物而不可易者也。而阴变阳合，交相感以成天下之蕃蕃者，存乎相易之大用。以著求之而七八九六无心之动，终合揆于两仪之

象数，为万物之始，皆阴阳之撰。夫人之情，皆健顺之几，天下无不可合之数，无不可用之物，无不可居之位，特于其相易者，各有趣时之道，而顺之则吉，逆之则凶，圣人所以显阴阳之仁，而诏民于忧患者，存乎《易》而已矣，故曰"忧悔吝者存乎介"。介者，错综相易之几也，此《易》之所以名而义系焉矣。

此见船山的易学，颇受来知德的影响，其于阴阳乾坤并建的定体中，据错综以见其用，是即来氏之义。而来氏于卦象与图书的关系尚无心得，其太极图乃得之韩邦奇（1479—1555）而略加变化。至于韩邦奇的太极图实得自河图之数，故河图之数既定，确可由河图以成太极图之象。此指韩氏来氏所传之太极图，乃本河图之奇耦数以成。今船山易学的象数，即进一步据河图之数以画八卦，非仅画成太极图而已。

《发例》曰：

河图中外之象，凡三重焉。七八九六天也，五十地也，一二三四人也。七九阳也，八六阴也。立天之道，阴与阳俱焉者也。至于天而阴阳之数备矣。天包地外，地半于天者也，故其象二而得数十五，犹未歉也。人成位于天地之中，合受天地之理数，故均于天而有四象，然而得数仅十，视地为歉矣。卦重三而为六，在天而七八九六皆刚，而又下用地之五，人之或一或三而六阳成。地五十皆阴。五刚也，刚亦阴之刚，又用天之八六，人之二四而六阴成，此则乾坤六爻之象也。一三皆阳也，乾虚其一而不用者，天道大变，乾且不得而尽焉，非如地道之尽于坤也。是知圣人则河图以画卦，非徒八卦然也，六十四卦皆河图所有之成象摩荡而成者，故曰圣人则之。

《周易内传·卷五》：

> 因七五一而画乾，因六十二而画坤。天道下施为五为七，以行于地中，地道上行为十为六，以交乎天位。乾止于一不至于极北，坤止于二不至于极南，上下之分，所谓"天地定位"也。阳盛布于上，至下而聚，而谓"其动也直"也；阴气聚于上方，与阳交于中而极其散，所谓"其动而辟"也。因左八三十而画坎，因右九四五而画离，离位乎东不至乎西，坎位乎西不至乎东，五与十相函以止而不相逾，所谓"水火不相射"也。因一三二而画为兑，因二四一而画为艮，一二互用，参三四而成艮兑，所谓"山泽通气"也。山泽者，于天地之中最为聚而见少者也。少者，少也，甫散而非其气之周布者也。少者在内，雷风水火之所保也。因九六八而画为震，因八九七而画为巽。八九互用，参六七而成震巽，所谓"雷风相薄"也，驰逐于外也。雷风者，阴阳之气动极而欲散者也，故因其散而见多也。多者，老也，气之不复聚而且散以无余者也。老者居外，以周营于天地之间也。八卦画而六十四卦皆由此以配合焉。

至于由此以配合，即成船山独特的六十四卦卦次。《周易内传·系辞下》曰：

> 因乾而重　乾、同人、小畜、夬、家人、革、需、既济。
> 因坤而重　坤、师、豫、剥、解、蒙、晋、未济。
> 因震而重　暌、噬嗑、损、归妹、颐、震、临、复。
> 因巽而重　姤、遯、巽、大过、渐、咸、井、蹇。
> 因坎而重　鼎、旅、蛊、恒、艮、小过、升、谦。
> 因离而重　履、无妄、中孚、兑、益、随、节、屯。
> 因艮而重　讼、否、涣、困、观、萃、坎、比。
> 因兑而重　大有、离、大畜、大壮、贲、丰、泰、明夷。

又曰：

> 初三五本位，二四上其重。阳卦先阳而阴，自下变，阴卦先阴而阳，自上变。

以上所引的易学象数，方属船山之独创。虽曰独创，仍有所据，其源盖来自汉易。故考察船山的易学象数，不可不简述易学本身之发展史迹。

考易象本于卦，八卦本于数。数以显象，象以明理。此历代象数派之说《易》。凡易学起源于卜筮，卜筮之工具虽有变化，本诸象数则一。故以易学论，当以象数为主，由象数而明其理，乃产生历代义理派之说《易》。至于准象数以卜筮的作用，因客观的自然与人类社会的发展规律，迄今尚未能为人类所全面掌握，由是认识"知来之道"，必须有概率存在，这就是数千年来不可废卜筮的客观原因。以易学论，应重视秦始皇尊信卜筮而其书未焚的作用。由是于战国所发展的易学象数，于秦汉之际更有大发展，而象数与义理即互根而成整体之易学。若京房（前77—前37）盖以象数为主而流传最广，两千年来影响未绝。及宋而有寿近百岁的陈抟（890？—989）创先天图，邵雍（1011—1077）继之而成《皇极经世书》，殊能于京房之象数外另成体系。及船山之时而论象数者，主要为京陈两大系统，其影响已家喻户晓，惜未能正视象数本身，乃空成为宣传宿命论的工具。以义理言，汉时并不独立，凡易学的义理，必须本诸象数。且象数变化甚多，决不限于京氏易。当王弼（226—249）易注出，始舍象数而独言义理，则对易学的整体有损。因易学之义理既无所据于象数，则其内容，必将随时代思潮的变化而变化，宜王弼之《易注》以老子之说，程颐（1033—1107）之《易传》以理学之说，易学之义理固如是乎？是皆舍象数而独尊义理之失。故以易学论，必须认识时代思潮而归诸易学固有之象数，则可得易学之整体理论，庶足成为一代易家。而船山易学之可贵，就在积四五十年的实践经验，合诸整体之易学象数，则远游无穷，近观生面，此仍为"行己有本末"之象。识此易学象数与义理两方面的发展史迹，乃可阐明船山所体得的易学象数。

再者，船山于象数之认识更以先后辨之，见更精深。下引《尚书引义·卷四·洪范一》：

> 天下无数外之象，无象外之数。既有象，则得以
> 一之二之而数之矣。既有数，则得以奇之偶之而象之

矣。是故象数相依，象生数，数亦生象。象生数，有象而数之以为数，数生象，有数而遂成乎其为象。象生数者，天使之有是体而人得而纪之也。数生象者，人备乎其数而体乃以成也。《易》先象而后数，畴先数而后象。《易》变也，变无心而成，化天也。天垂象以示人，而人得以数测之也。畴事也，事有为而作，则人也。人备数以合天，而天之象以合也。故畴先数而后象也。夫既先数而后象，则固先用而后体，先人事而后天道，《易》可筮而畴不可占。

此明天道有不可知故《易》可筮，人事无不可定故畴不可占。以此辨《易》与畴之变与常，亦有理可喻。故于阐明八卦则河图之变之前，尚须说明九畴则洛书之不变。此开《尚书》之生面，所以继《黄书》而见人事之有定则。

《尚书引义·洪范一》：

骘，牡马也，阴牝阳牡。阴骘云者，言阴阳之用也。在阴阳之体曰阴阳，以阴阳之用施生者曰阴骘。天所以大生者，一阴一阳之道；缊而化生者，阴之阳之之用。五行一阴阳，阴阳一五行。阴骘下民，即五行之居上，以统八畴者也。八畴以体五行之用，而五行实秉二气之用以用于八畴。……阴骘之用二而畴有九，则叙立而无缺。畴有九而自初一至次九以顺而立，一九二八三七四六损益于五以合而成。五四三八一六七二九以序而行，一三五七九二四六八以类而辨。则居之协其位者，相求相因而伦以叙矣。合之而四十五，四十阴也，五阳也。……九畴统于中五之五行，五行统于二气之阴骘，水木土骘也，火金阴也。

详以图 1 示之。

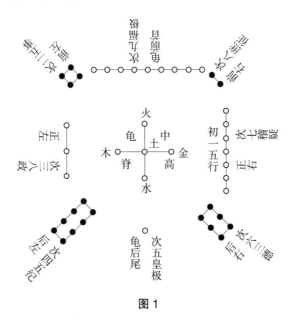

图 1

此与传统之配合，一二四五八有变化，三六七九仍同。传统之图如图 2。

主要准由中及前左而左旋一周，亦任运而未加安排。取五行秉阴骘之大义，视之为彝伦攸叙，未尝不可。贵能了解象数之旨，决不可以象数囿其理。船山力排各家之象数，其几在此。故观船山之象数，尤不可自有所执。以上取洛书，示人事之常，乃可以则河图画八卦，以当天道之变。详以下图示之（图 3）：

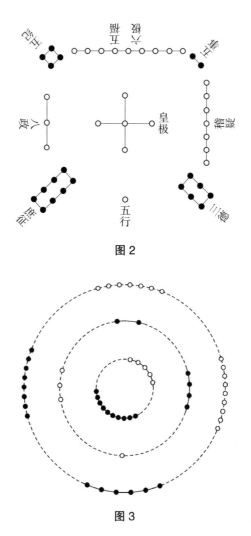

图 2

图 3

　　凡船山视河图之象为三重：外重天，其数三十；中重人，其数十；内重地，其数十五。以数言，地数当天数之半，人数于天数为三分之一，于地数为三分之二，其理亦可合于"参天两地"之一说。由是而画八卦，全本奇偶数之阴阳。更作图如下（图4）。

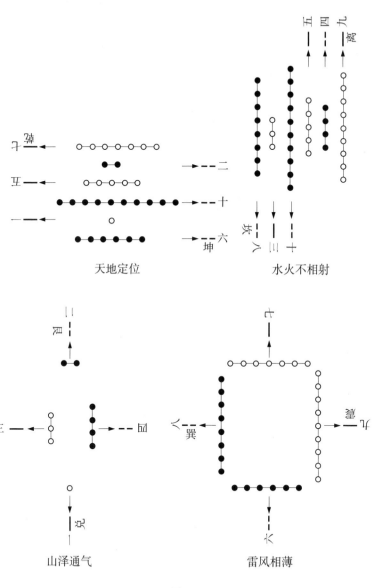

图 4

按汉孔安国曰："河图则八卦也，洛书则九畴也。"可见河图洛书之为物，在汉代本与数有关。虽郑玄据《春秋纬》，知"河图有九篇，洛书有六篇"之说，然已佚的九篇和六篇，其内容极可能提及与数之关系。《庄子·天运》早有"九洛之事，治成德备"之记录，然则宋起以九、十数之结构图，合诸河图洛书之名，未可谓之杜撰。至于"河图则八卦、洛书则九畴"之实，则殊无明确之说。于《洪范》九畴之当九数结构的方位，仅依次合之，于《周易》八卦之当十数结构之方位，尤属盘桓无定，唯韩氏来氏准之成《太极圆图》，始有理可喻。而船山能在前人之认识基础上，反复深思而有得乎此，庶不愧能开《易经》之生面，而有应于孔安国之说。

考船山得之而写入《周易内传》，其时为乙丑（1685），然其传未广。直至道光壬寅（1842）刻出《遗书》，已在一百五十余年后。是时之清盛行朴学，对宋学所重视之图书数吐弃已久，辛亥革命后更甚。故研习船山之学者，莫不重视其排斥京邵之象数，殊未见能阐明其所心得之象数。况其思想结构归结于象数，正属由先秦起已盛行的易学原理。船山历尽艰辛而达此胜境，在其前唯京氏、邵子，且唯船山足以并立而三。要在船山已能正视象数之理作为数学语言，然则于京氏邵子之象数，亦宜提高认识，决不可再作为宣传宿命论的工具。

《周易内传》：

> 故《周易》者，准天地之神以御象数，而不但象数测已然之迹者也。后之为《易》者，如游魂归魂世应，如纳甲纳音，如乾一兑二方圆整齐之象，皆立体以限《易》而域于其方，虽或一隅之理或有，而求以

肖无方之神难矣哉。

此即船山有用象数而不为象数所用之神，"神而明之，存乎其人"，故象数何负于易学，失在学《易》者之未能御其象数耳。

且船山于易学的认识，重在"《易》为君子谋"，故特提出《大象》。既作《周易大象解》，复视之为"十翼"之一，乃于郑学所数之"十翼"中去其《序卦》，认为非圣人之言。这一思想仍由象数而来。因象数之可贵处，在于有理可喻。其理虽有变有常，于变化之道亦须有道可循。《易》之能为六经之原，全在其象数之可以喻三才之道。若《序卦》仅以上篇始乾坤下篇始咸恒以为三才之道，船山即否定之。如不否定上下篇之前四卦为三才之道，于其他六十卦之次序，实无不可移动之理，故以之为必循之次序，确难自圆其说。且天地人三才之道的变化，未可预为决定其序，其变化之理，仅可由易学象数以示之。以今日之数学语言喻之，易学象数宜有坐标之作用。若船山所理解之则河图以画八卦，属三才之道之常，由八卦而六十四卦，以喻三才之道之变。其理既得之十翼，亦本汉易之郑虞注。

《周易·系辞下》："八卦成列，象在其中矣；因而重之，爻在其中矣。"《周易·说卦》："昔者圣人之作《易》也，幽赞于神明而生蓍，参天两地而倚数。观变于阴阳而立卦，发挥于刚柔而生爻。……是以立天之道曰阴与阳；立地之道曰柔与刚；立人之道曰仁与义。兼三才而两之，故《易》六画而成卦；分阴分阳，迭用柔刚，故《易》六位而成章。"而船山自言重卦之来源，于《系辞下》注曰："今遵夫子参两、因重之义为重卦图。"具体的方法，见《系辞上》注：

此明《周易》并建乾坤以统六子，而为五十六卦之父母。在天之化，在人之理，皆所由生。道无以易，而君子之盛德大业要不外乎此也。……阳极于九而已盈，则下移而八；阴极于六而已歉，则上移为七。变阳且变而有阴之用，化阴受阳化而且从阳之德也。初二地位，三四人位，五上天位；每位必重气之阴阳，形之柔刚，性之仁义，交至而成乎全体大用也。

以上于《周易内传》注《系辞上》之"天尊地卑""刚柔相推而生变化""六爻之动"等，皆在说明八卦重卦成六十四卦之理。此理亦实本郑虞注。

郑玄曰："二与三才为地道，地上即田，故称田也（乾二注）。三与三才为人道，有乾德而在人道君子之象（乾三注）。五与三才为天道，天道清明无形而龙在焉，飞之象也（乾五注）。"此虽注于二三五，实已明确说明初二为地道，三四为人道，五上为天道。而虞翻曰："倚立，参三也。谓分天象为三才，以地两之，立六画之数，故倚数也。……谓参天两地，乾坤各三爻而成六画之数也。"（见《说卦注》）若虞注参两因重之义，必待张惠言（1761—1802）出，始为疏通之。其实船山于明清之际，早已利用之，且能继于画八卦之后，则其象数可自成体系，决非如清儒恢复汉易之抱残守缺。此因象数之理及宋而有发展，且易学之象数实起自先秦，清儒不察于此，故有功于阐明汉代文献，而对易学之象数则未窥其精。唯船山之六十四卦次序图，足以继京氏之八宫图，陈氏之先天图而三。特为另绘一图如下：

六	七			八			九	其变／卦本
64 明夷	63 泰	62 丰	61 贲	60 大壮	59 大畜	58 离	57 大有	兑 少女
56 比	55 坎	54 萃	53 观	52 困	51 涣	50 否	49 讼	艮 少男
48 屯	47 节	46 随	45 益	44 兑	43 中孚	42 无妄	41 履	离 中女
40 谦	39 升	38 小过	37 艮	36 恒	35 蛊	34 旅	33 鼎	坎 中男
32 蹇	31 井	30 咸	29 渐	28 大过	27 巽	26 遁	25 姤	巽 长女
24 复	23 临	22 震	21 颐	20 归妹	19 损	18 噬嗑	17 睽	震 长男
9 坤	10 师	11 豫	12 剥	13 解	14 蒙	15 晋	16 未济	坤 母
8 既济	7 需	6 革	5 家人	4 夬	3 小畜	2 同人	1 乾	乾 父

　　船山以初三五为八卦之本位，二四上其重，固亦重卦之一法，汉易中早已应用之，惜皆为王弼所扫。船山得之以破《序卦》，确可成一家之言。图中所注之数字，即船山所安排的六十四卦次序。若船山因三画八卦之"阳卦多阴，阴卦多阳"而分辨六十四卦之阴阳，其论象数，亦有所见。

《周易内传·系辞下》：

> 阴爻三分阳爻而缺其一，一函三，阳为九，阴
> 为六。……六画之卦一阴之卦六，其数五十一；一
> 阳之卦六，其数三十九；三阴三阳之卦二十，其数
> 四十五。凡三十二卦皆奇。六阳之卦一，其数五十
> 四；六阴之卦一，其数三十六；二阴之卦十五，其数
> 四十八；二阳之卦十五，其数四十二。凡三十二卦皆
> 偶。一一三三之卦为阳卦，六六二二之卦为阴卦，抑
> 必有说。先圣未言，以俟知者。

此宜以下表说明之：

阴卦	阳卦	六十四卦分类	卦数	阴阳数	附　　算　　式	
1		六　　阳	1	54	$6 \times 9 = 54$	$54 \times 1 = 54$
	6	一阴五阳	6	51	$1 \times 6 + 5 \times 9 = 51$	$51 \times 6 = 306$
15		二阴四阳	15	48	$2 \times 6 + 4 \times 9 = 48$	$48 \times 15 = 720$
	20	三阴三阳	20	45	$3 \times 6 + 3 \times 9 = 45$	$45 \times 20 = 900$
15		四阴二阳	15	42	$4 \times 6 + 2 \times 9 = 42$	$42 \times 15 = 630$
	6	五阳一阳	6	39	$5 \times 6 + 1 \times 9 = 39$	$39 \times 6 = 234$
1		六　　阴	1	36	$6 \times 6 = 36$	$36 \times 1 = 36$
32卦	32卦	64卦				2880

或更以二千八百八十乘策数四，即为"二篇之策万有一千
五百二十"。船山不计策数而重其以一函三，其实则同。此二项
式之理不仅宋时已有，汉虞氏之卦变早用此法。唯即此而分成
相同数之阴阳卦，亦可谓船山对二项式有进一步认识。

当明清之际，在船山前后如黄道周（1585—1646）、倪元
璐（1593—1644）、毛奇龄（1623—1716）、李光地（1642—

1715）、杨道声（1651—1711）辈，于易学象数各有心得。然基本不能出京陈等之系统，未见别开生面如船山者。且船山之长，能御象数而不为象数所限。更进而论之，出入以活用象数，与象数本身之体无关，故京陈等之象数实有其价值，奈用之者或有未当，此不应有损象数本身之价值。若于明清之际，于易学象数有创见者，则唯船山一人。由其易学象数，乃可见其以之为中心的思想结构。要而言之，分其一生经历成六个阶段：

年　龄	事　实	思　想　结　构
1—24 岁	中魁，道梗而悟国事之非	地道
24—35 岁	作《章灵赋》	天道
35—41 岁	作《周易外传》《黄书》《杂体卦名》	合天地而得社会学的人道（外）
41—53 岁	作《愚鼓词》《观生居铭》	合天地而得生物学的人道（内）
53—61 岁	作《庄子通》《周易大象解》	诚合外内之道
61—67 岁	作《楚辞通释》《周易内传》	以三才之道归诸易学象数

总观以上六个阶段，可加深对王船山大成于七十岁左右的思想结构的认识。船山以易学为核心的思想结构，似可以下表详示之（图见下页）。

以上叙述了王船山的学术思想及其结构，易学象数作为此结构中的核心，确属客观事实。船山对易学象数的研究，积数十年的经验，迨六十岁后方能逐步安排妥贴而采用之，其实质仍由京房、陈抟等的易学象数而来。然所以不同者，对易理尤其是变与不变的原则，已有比较彻底的了解。人类处于天地之间，尤其是当国家有变化的时代，事实上确多偶然事件。在偶然性事件的后面，又各有必然性的客观规律，若船山一生所经历的事实，自然是必然和偶然的丛杂结构。由是推及史迹而设身处地加以研究，莫不如是，此即易学中所以有卜筮存在的根

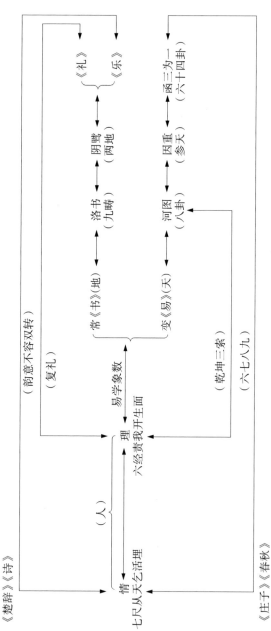

本原因。至于正确对待变与不变的原则，亦就是深入对卜筮的认识，历代有不同的观点。而以象数示其理作为卜筮所用之体，则卜筮又在理的下一层次。船山以三才之变为六七八九卜筮之用，而体在则河图画八卦，且六十四卦综之，初三五与二四上以当体用的上下层次恰相反而有阴阳之变。此即船山对客观时代的认识，亦就是对易学象数的认识。如是认识易学象数，恰如今所谓数学模型，既可借此推究宇宙物理之演化，亦可用以作为推究生命社会的发展规律，此方为易学象数的基本大用。而船山又取以一函三的象数原则，说明三才之道未尝可分。因人本属自然界的产物，何可生活于天地之外，而社会结构的变化，国家兴亡的反复，莫非三才之道的错综，而易学象数确可示其理。奈用之者或为一己的私利，或为荒诞的宿命，或为侥幸的投机，或为叛逆的符命，则易学象数之至理，安得不为人所轻视。事实上自先秦迄今两三千年的我国文化中，易学象数莫不在起深入人心的作用，而"《易》为君子谋，不为小人谋"的名言，自张载重视之、船山继承之，亦属用易学象数者当先自问自知者。如能知此原则，则易学象数何可忽视，故船山对易学的认识，已得其正。凡同时代如黄宗炎（1616—1686）、胡渭辈之痛斥象数，虽不可谓其全非，然难免有因噎废食之失。再者，舍易学象数而空论义理，则任何理论莫不可纳入易理，此自王弼易注首创，继之《易》成三玄之一，亦藉以代表儒教而成三教之一。以三教论，宜以唐李通玄（？—730）为结合《易》与《华严》的代表。此派对我国文化殊有影响，及船山之时有李贽（1527—1602）、董其昌（1555—1636）、金圣叹（？—1661）辈，心好之而蔚然成风。僧蕅益（1599—1654）亦有《周易禅解》之作，成书之起迄当崇祯十四年至顺治二年

（1641—1645），恰在明清之际。此书亦能通三教而以佛为主，此即道不同的基本问题，故船山不得不排斥之。更观蕅益于顺治二年的自跋，亦可见其道不同而同功。

蕅益曰：

> 从闽至吴，地不过三千余里，从辛巳冬至今夏，时不过一千二百余日，乃世事幻梦，盖不啻万别千差。交易耶，变易耶，至于历尽千差万别世事，时地俱易而不易者依然如故，吾是以知日月稽天而不历，江河竞注而不流，肇公非欺我也。得其不易者，以应其至易；观其至易者，以验其不易。常与无常，二鸟双游，吾亦安知文王之于羑里，周公之被流言，孔子之息机于周流而韦编三为之绝，不同感于斯旨耶。予愧无三圣之德之学，而窃类三圣与民同患之时，故搁笔而复为之跋。

按蕅益跋此时，正当船山忧患至深之时而尚未志于学《易》。日后是否见到此书，于史无据。然台贤之有取于易理，早成明末之风气。当时不乏有逃于禅者，其情可喻。而船山之必加斥之者，即思想结构之不同。如空执义理而未究易学象数，则以老庄说《易》，以台贤说《易》，以理学说《易》，以谶纬说《易》，亦何以定其是非。此船山于六十一岁后必取易学象数为其思想结构中心，庶能得说《易》之正。再者医如张介宾于天启四年（1624）成《类经》及《图翼》《附翼》等，道如伍冲虚于崇祯十二年（1639）成《天仙正理》等，其内容亦莫不合诸易学。此见明季易学之理正在各种思想结构中流传，故良莠不齐，势所难免。上述诸书皆属佼佼者，当日流行之说，或无文献记载（如占卜者之言），或文献已佚，或其义不纯而不传，或恰遭时禁而已毁，唯船山能博学反约，不为时俗所眩，明辨阴阳是非而仍归诸易学象数，且由象数而备其义理，提高象数之层次，斯所以非局促一隅之象数可比，亦非否定象数者所能望其项背。近百年来早已认识明末黄梨洲（1610—1695）、顾亭林（1613—1682）与王船山三家所起的历史作用，而船山有其独见，就在重视易学象数。以上既阐明其形成过程，又略述易学简史及当时易学的情况，或更能由情理而见其志。石船山之是否"仍还其顽石"，后继者莫不有责焉。

易学象数与现代数学

摘　要

易学以象数为本，准象数以明其义理，未可舍象数而空言义理。故易学于今日，当与现代自然科学相并论。

凡自然科学既以实验为基础，更须以数学为理论及应用的基础。中国的易学象数与现代科学中的数学，有相近似的作用。

此论文简述中国历代的易学象数相应于西方数学的发展过程。象犹几何，数犹代数，其间有各种层次的结合。中国的规矩，即西方的圆规与三角尺以画成几何图形。中国的算筹，即计算数的工具，亦早能解方程。于数学的理论方面，西方重视几何学，且为三维空间所限，柏拉图以五个正多面体喻其哲理，欧几里得继之而成《几何原本》，维持了二千余年。直至建立非欧几何（1826），又产生了多维空间的概念（1844），方能打破思维的局限性而步入现代数学。至于在中国早有"六合之外"及"方外之游"的旷达思想，故除陶器及青铜器上的种种几何图形外，后世并不注意几何图形。于数学的理论，特别重视天干、地支、八卦、九畴、河图、洛书、阴阳、五行等各种有限无限的代数数列。因各数列的周期变化，及数列间合诸几何图形的对偶（dual）关系，不可能在三维空间内完成其变化的形象。就是这一原因，抽象的易学象数，迄今仍视之为神秘。

自爱因斯坦建立四维时—空连续区后，已可初步说明易学象数的神秘性。认识易学象数的关键问题，本以东南西北的空间方向，合于春夏秋冬的一年四时，且能抽象而取八七九六的时－空数，认定八七为卦、九六为爻的阴阳变不变。于一至五为五行数，此阴阳五行的易学象数，自东周以来始终在广泛流传。唯有此原理，宜自爱因斯坦建立相对论后，中国的有识之士，早已利用多维空间的概念以说明易学象数。于三十年代有薛学潜先生（1894—1969）提出易学当五维空间，可结合相对论与量子论。更有沈仲涛先生于四十年代有据于六十四卦的象数，提出易学当六维空间。然爱因斯坦仅止于四维，不主张再增加维数。或以数学角度论，维数可任意增加，决不限于五维、六维，理当明确所增加维数的意义。

此论文不仅叙述易学象数与维数的关系，主要部分在认识易学象数的理论本于无穷维，以会通相互对偶与自对偶。于应用时，可取相同维数间的对偶与自对偶的变化，及顶点与胞腔（cell）中心点的变化，即增减维数间的变化，以相应于主客观的事件。为简化计，本诸非阿几何（non-Archimedean geometry），仅取四维、五维、六维的正则多维空间。用直观几何的方法，殊可解释易学象数中所利用的各种代数数列。

《系辞》下有言："古者庖牺氏之王天下也，仰则观象于天，俯则观法于地，观鸟兽之文，与地之宜，近取诸身，远取诸物。于是始作八卦，以通神明之德，以类万物之情。"其后记录古史发展的次序，则曰："庖牺氏没，神农氏作……神农氏没，黄帝、尧、舜氏作。"于舜之后，就是夏、商、周三代。据传统论，《系辞》上、下为孔子（前551—前481）所作，今详加考核，似非一人一时一地的作品。此即为战国时学者之言，地点在赵，约当赵武灵王改用胡服时（前307），考证另详。于长沙马王堆帛书本《周易》中，已有此文字出土（下葬于公元前168），其为先秦古说无疑。

因作者约后于孔子二百年，在此二百年中，中国的文化，尤其是有关自然科学的知识，正在突飞猛进，且已能本于三才的易道，进一步分析而为之分类总结。以今日的概念喻之，易学有系统学的思想。准此以究八卦的内容，来自六个方面，就是"天文学""地质学""动物学""植物学""人类学""物理学"。也就是本诸中国的三代文化，在其前已有始祖配天的思想，由是产生人参天地的三才之道，及战国时更能深入理解各种自然科学与三才易道的关系，合诸八卦所起的作用，属于数学。其作用有二，"通神明之德"者，人与天之结合，犹"形而上者谓之道"；"类万物之情"者，人与地之结合，犹"形而下者谓之器"。且易学之理，必当贯通三才，决不可固执于形而上与形而下，贵能使"道""器"两者，"化而裁之谓之变，推而行之谓之通，举而措之天下之民谓之事业"。此方为战国时代学易者对易学的认识，详以下表示之（表见下页）。

由上表可概见易学与自然科学的关系。惜自秦汉以降，道器变通之理每被忽视，"制器尚象"的易道，汉后仅见于《淮南子》（参阅《泛论训》《修务训》等）。自刘安自杀（前122），读易者大半以"经学易"为主，对《易》与自然科学的联系，日趋疏远。以象数论，又逐步严分阴阳五行为二，则《易》与

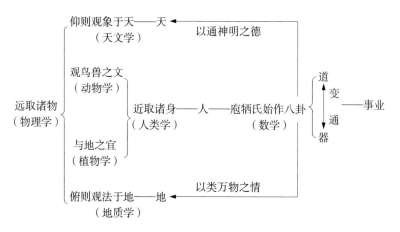

易道三才表

医的关系，本可由象数以见到的结合点亦失其依据。西汉本立于学官的京氏易，尚不认为是"经学易"，何况扬雄的《太玄经》等，由是"经学易"的内容日隘。唯一能保存传统易道的"易象"，又为王弼所扫，故或误认为王弼的易注就是易道，则《易》与自然科学，可云毫无关系。直至唐李鼎祚于宝应元年（762）辑成《周易集解》，重视三教合一的易理，能部分保存易学象数。幸有陈抟（890？—989）善继之，以恢复先秦的图书数，且为之重定八卦之次，于易学有划时代的发展。今日深入研究易学与现代自然科学的关系，不可不知陈抟的心得。今当1989年，正陈抟逝世千年，宜借此召开"周易与现代自然科学第一届全国学术讨论会"的机会，以纪念陈抟对易学的伟大贡献。

以下具体考察易学象数与现代数学的关系，拟从几何代数的发展谈起。西方数学重视限于三维的几何，虽当千余年的黑暗时代，教会仍以神秘色彩保存并珍惜五个柏拉图体。及罗巴切夫斯基（1793—1856）于1826年建立非欧几何，格拉斯曼（Grassmann，1809—1877）于1844年正式研究多维的柏拉图体，几何始有划时代的进步。于代数方面伽罗华（Galois，1811—1832）于 1830 年建立群论，用以证明不可能用根式解高于四次的一般方程式，当其死时尚无一人能理解其精义。准此对几何代数的深入认识，方能产生现代数学。由是多维空间以及无穷维空间，相应于无穷维方程，莫不可加以相象。且几何拓扑化而方圆无辨，然维数未可混。黎曼（Riemann，1826—1866）于 1854 年更建立黎曼几何，并提出多维拓扑流形的概念，则欧氏几何与非欧几何之辨，已不仅限于平行线的相交问题。继之克莱茵（Klein，1849—1925）于 1872 年发表"爱尔朗根计划"，把每一种几何学都看成是一种特殊变换群的不变量论。此见几何代数的内容，于解析几何后，又完成了在高一层次的认识论中再次结合。希尔伯特（Hilbert，1862—1943）于 1899 年出版《几何学基础》，确能总结两千余年来欧氏几何的究竟以进入 20 世纪。以物理学论，彻底改观牛顿力学的体系，要在普朗克（Planck，1858—1947）于 1900 年提出量子化假说，及爱因斯坦（Einstein，1879—1955）于 1905 年提出狭义相对论，首次利用四维时—空连续区以喻其理，然及其卒仅限于开放的四维空间（参阅《相对论的意义》的附录，作于 1954 年 12 月）。今究几何结构的原理，整个空间的维数，必比胞腔（cell）空间的维数增一维，则由开放至封闭的空间自然增一维，故卡鲁查（Tb.Kaluza）早已提出闭合五维世界的几何（参阅 *Introduetion to the theory of relativity*，Peter Gabriel Bergmann 著）。且准量子的概念，当相应于非阿几何（non-Archimedean Geometry），今可作为多维空间的正则坐标，于四维有 6 种，于五维及五维以上仅有 3 种，然不可忽视开放与封闭之辨。当年薛学潜先生提出开放的五维，实未可讨论其封闭性，因一谈封闭性就是六维，故沈仲涛先生主张六维，薛先生即不置可否。因维数可无限增加，自五维以上基本相似，要在理解同一维数间的对偶（dual）可增减维数间的关系。至于开放性与封闭性之间的变化，有单侧面、单侧体、单侧四维体等等，则又有半维的形象，另详他文。此文仅从直观几何的方法，观察四维、五维、六维各三图，其间象数的数据，全准西方现代数学的成果，然其具体的数据与中国传统的各种代数数列，包括天干、地支、阴阳、五行等等，可一一对应。故知中国的易学象数，早在考虑"六合之外"的相应关系，宜两千余年来，难免有神秘性。今已有多维空间的概念，殊可打破其神秘性，进一步作科学的研究。下示"五维及五维以上的三种数据表"：

n 维空间　　n≥5

	n — 1 维边界胞腔的个数和类型	顶点个数	对偶性
1.（n+1）—胞腔	n + 1 个　　　　n—胞腔	n+1	自对偶
2. 2n—胞腔	2n 个　　（2n-2）—胞腔	2^n	
3. 2^n—胞腔	2^n 个　　　　n—胞腔	2n	互为对偶

至于四维空间中的 6 种类型，亦包括此 3 种，今特取四维、五维、六维各三图，以示其与中国传统代数数列的相应关系：

1.（n+1）—胞腔　四维—5 胞腔——五行生克、五运

　　　　　　　　　　五维—6 胞腔——六爻往来、六气

　　　　　　　　　　六维—7 胞腔——七蓍变化

2. 2n—胞腔　　　　四维—8 胞腔——贞悔八卦

　　　　　　　　　　五维—10 胞腔——天干、河图

　　　　　　　　　　六维—12 胞腔——地支、十二爻

3. 2^n—胞腔　　　　四维—16 胞腔——中爻、互卦

　　　　　　　　　　五维—32 胞腔——京氏易

　　　　　　　　　　六维—64 胞腔——皇极经世

其详非此文所可尽。最后论卦与爻的互为对偶。凡卦当 2n—胞腔的类型，以六维空间，写成下式：

$$（6—12）\quad 即六维—12 胞腔 \quad\cdots\cdots\cdots\cdots\cdots（1）$$

爻当 2^n—胞腔的类型，亦以六维论，写成下式：

$$（6—64）\quad 即六维—64 胞腔 \quad\cdots\cdots\cdots\cdots\cdots（2）$$

此两种六维空间的正则形体当互为对偶，写成下式：

$$（6—12）\longleftrightarrow（6—64）\quad\cdots\cdots\cdots\cdots\cdots（3）$$

凡对偶之象，维数必相同。如顶点个数同于 n–1 维边界胞腔的个数为自对偶。如顶点个数同于另一类型的 n–1 维边界胞腔的个数，而 n–1 维边界胞腔的个数又同于另一类型的顶点个数，则成互为对偶。今合于易学象数，位数同于维数 n，《易》有初、二、三、四、五、上共六位，故当六维空间。

设九、六合于六位为顶点的点数。

七、八合于六位为胞腔中心点的点数。

于六位上加点（·）以分阴阳，指九或六、七或八，即 2n。

于六位上加划（—）以当阴阳二项式的组合数，即 2n。

以（6—12）论：

$$初二三四五上 \begin{cases} 七 \\ 八 \end{cases} = 初七、七二、七三、七四、七五、上七；$$

初八、八二、八三、八四、八五、上八。

$$= 12 即胞腔中心点的点数\cdots\cdots\cdots\cdots\cdots（4）$$

$$\overline{初二三四五上} \begin{cases} 九 \\ 六 \end{cases} = 初九、九二、九三、九四、九五、上九；$$

初九、九二、九三、九四、九五、上六；

初九、九二、九三、九四、六五、上九；

初九、九二、九三、九四、六五、上六；
初九、九二、九三、六四、九五、上九；
初九、九二、九三、六四、九五、上六；
初九、九二、九三、六四、六五、上九；
初九、九二、九三、六四、六五、上六；
初九、九二、六三、九四、九五、上九；
初九、九二、六三、九四、九五、上六；
初九、九二、六三、九四、六五、上九；
初九、九二、六三、九四、六五、上六；
初九、九二、六三、六四、九五、上九；
初九、九二、六三、六四、九五、上六；
初九、九二、六三、六四、六五、上九；
初九、九二、六三、六四、六五、上六；
初九、六二、九三、九四、九五、上九；
初九、六二、九三、九四、九五、上六；
初九、六二、九三、九四、六五、上九；
初九、六二、九三、九四、六五、上六；
初九、六二、九三、六四、九五、上九；
初九、六二、九三、六四、九五、上六；
初九、六二、九三、六四、六五、上九；
初九、六二、九三、六四、六五、上六；
初九、六二、六三、九四、九五、上九；
初九、六二、六三、九四、九五、上六；
初九、六二、六三、九四、六五、上九；
初九、六二、六三、九四、六五、上六；
初九、六二、六三、六四、九五、上九；
初九、六二、六三、六四、九五、上六；
初九、六二、六三、六四、六五、上九；
初九、六二、六三、六四、六五、上六；
初六、九二、九三、九四、九五、上九；
初六、九二、九三、九四、九五、上六；
初六、九二、九三、九四、六五、上九；
初六、九二、九三、九四、六五、上六；
初六、九二、九三、六四、九五、上九；

初六、九二、九三、六四、九五、上六；

初六、九二、九三、六四、六五、上九；

初六、九二、九三、六四、六五、上六；

初六、九二、六三、九四、九五、上九；

初六、九二、六三、九四、九五、上六；

初六、九二、六三、九四、六五、上九；

初六、九二、六三、九四、六五、上六；

初六、九二、六三、六四、九五、上九；

初六、九二、六三、六四、九五、上六；

初六、九二、六三、六四、六五、上九；

初六、九二、六三、六四、六五、上六；

初六、六二、九三、九四、九五、上九；

初六、六二、九三、九四、九五、上六；

初六、六二、九三、九四、六五、上九；

初六、六二、九三、九四、六五、上六；

初六、六二、九三、六四、九五、上九；

初六、六二、九三、六四、九五、上六；

初六、六二、九三、六四、六五、上九；

初六、六二、九三、六四、六五、上六；

初六、六二、六三、九四、九五、上九；

初六、六二、六三、九四、九五、上六；

初六、六二、六三、九四、六五、上九；

初六、六二、六三、九四、六五、上六；

初六、六二、六三、六四、九五、上九；

初六、六二、六三、六四、九五、上六；

初六、六二、六三、六四、六五、上九；

初六、六二、六三、六四、六五、上六。

$\qquad$ ＝ 64 即顶点的点数 ⋯⋯⋯⋯⋯⋯⋯⋯⋯⋯⋯⋯ （5）

以（6—64）论：

$\overline{初二三四五上}\begin{cases}七\\八\end{cases}$＝初七、七二、七三、七四、七五、上七；

初七、七二、七三、七四、七五、上八；

初七、七二、七三、七四、八五、上七；

初七、七二、七三、七四、八五、上八；
初七、七二、七三、八四、七五、上七；
初七、七二、七三、八四、七五、上八；
初七、七二、七三、八四、八五、上七；
初七、七二、七三、八四、八五、上八；
初七、七二、八三、七四、七五、上七；
初七、七二、八三、七四、七五、上八；
初七、七二、八三、七四、八五、上七；
初七、七二、八三、七四、八五、上八；
初七、七二、八三、八四、七五、上七；
初七、七二、八三、八四、七五、上八；
初七、七二、八三、八四、八五、上七；
初七、七二、八三、八四、八五、上八；
初七、八二、七三、七四、七五、上七；
初七、八二、七三、七四、七五、上八；
初七、八二、七三、七四、八五、上七；
初七、八二、七三、七四、八五、上八；
初七、八二、七三、八四、七五、上七；
初七、八二、七三、八四、七五、上八；
初七、八二、七三、八四、八五、上七；
初七、八二、七三、八四、八五、上八；
初七、八二、八三、七四、七五、上七；
初七、八二、八三、七四、七五、上八；
初七、八二、八三、七四、八五、上七；
初七、八二、八三、七四、八五、上八；
初七、八二、八三、八四、七五、上七；
初七、八二、八三、八四、七五、上八；
初七、八二、八三、八四、八五、上七；
初七、八二、八三、八四、八五、上八；
初八、七二、七三、七四、七五、上七；
初八、七二、七三、七四、七五、上八；
初八、七二、七三、七四、八五、上七；
初八、七二、七三、七四、八五、上八；
初八、七二、七三、八四、七五、上七；

初八、七二、七三、八四、七五、上八；

初八、七二、七三、八四、八五、上七；

初八、七二、七三、八四、八五、上八；

初八、七二、八三、七四、七五、上七；

初八、七二、八三、七四、七五、上八；

初八、七二、八三、七四、八五、上七；

初八、七二、八三、七四、八五、上八；

初八、七二、八三、八四、七五、上七；

初八、七二、八三、八四、七五、上八；

初八、七二、八三、八四、八五、上七；

初八、七二、八三、八四、八五、上八；

初八、八二、七三、七四、七五、上七；

初八、八二、七三、七四、七五、上八；

初八、八二、七三、七四、八五、上七；

初八、八二、七三、七四、八五、上八；

初八、八二、七三、八四、七五、上七；

初八、八二、七三、八四、七五、上八；

初八、八二、七三、八四、八五、上七；

初八、八二、七三、八四、八五、上八；

初八、八二、八三、七四、七五、上七；

初八、八二、八三、七四、七五、上八；

初八、八二、八三、七四、八五、上七；

初八、八二、八三、七四、八五、上八；

初八、八二、八三、八四、七五、上七；

初八、八二、八三、八四、七五、上八；

初八、八二、八三、八四、八五、上七；

初八、八二、八三、八四、八五、上八。

= 64 即胞腔中心点的点数·····················（6）

初二三四五上 $\begin{cases} 九 \\ 六 \end{cases}$ = 初九、九二、九三、九四、九五、上九；

初六、六二、六三、六四、六五、上六。

= 12 即顶点的点数·····················（7）

据（3）式，故（4）←→（7）；（5）←→（6）。然相互对偶

之间，各有两种情况，

其一为（4）→（7）；（7）→（4）。

其二为（5）→（6）；（6）→（5）。

于本空间之间，又有顶点与胞腔中心点之间的变化。设○为顶点的符号，⊙为胞腔中心点的符号，以（6—12）论，（4）式与（5）式间，其变化以下式示之：

$$
\begin{aligned}
&初七⊙—○初九，\overline{二三四五上}\begin{cases}九\\六\end{cases}\cdots\cdots\cdots\cdots\cdots\cdots\\
&初八⊙—○初六，\overline{二三四五上}\begin{cases}九\\六\end{cases}\cdots\cdots\cdots\cdots\cdots\cdots\\
&七二⊙—○九二，\overline{三四五上初}\begin{cases}九\\六\end{cases}\cdots\cdots\cdots\cdots\cdots\cdots\\
&八二⊙—○六二，\overline{三四五上初}\begin{cases}九\\六\end{cases}\cdots\cdots\cdots\cdots\\
&七三⊙—○九三，\overline{四五上初二}\begin{cases}九\\六\end{cases}\cdots\cdots\cdots\cdots\\
&八三⊙—○六三，\overline{四五上初二}\begin{cases}九\\六\end{cases}\cdots\cdots\cdots\cdots\\
&七四⊙—○九四，\overline{五上初二三}\begin{cases}九\\六\end{cases}\cdots\cdots\cdots\cdots\\
&八四⊙—○六四，\overline{五上初二三}\begin{cases}九\\六\end{cases}\cdots\cdots\cdots\cdots\quad（8）\\
&七五⊙—○九五，\overline{上初二三四}\begin{cases}九\\六\end{cases}\cdots\cdots\cdots\cdots\\
&八五⊙—○六五，\overline{上初二三四}\begin{cases}九\\六\end{cases}\cdots\cdots\cdots\cdots\\
&上七⊙—○上九，\overline{初二三四五}\begin{cases}九\\六\end{cases}\cdots\cdots\cdots\cdots\\
&上八⊙—○上六，\overline{初二三四五}\begin{cases}九\\六\end{cases}\cdots\cdots\cdots\cdots
\end{aligned}
$$

以（6—64）论，（6）式与（7）式间，其变化以下式示之：

初七、七二、七三、七四、七五、上七⊙—○ { 初、二、三、四、五、 / 上，九 } ……………

初七、七二、七三、七四、七五、上八⊙—○ { 初、二、三、四、五，九 / 上，六 } ……………

初七、七二、七三、七四、八五、上七⊙—○ { 初、二、三、四、上，九 / 五，六 } ……………

初七、七二、七三、七四、八五、上八⊙—○ { 初、二、三、四，九 / 五、上，六 } ……………

初七、七二、七三、八四、七五、上七⊙—○ { 初、二、三、五、上，九 / 四，六 } ……………

初七、七二、七三、八四、七五、上八⊙—○ { 初、二、三、五，九 / 四、上，六 } ……………

初七、七二、七三、八四、八五、上七⊙—○ { 初、二、三、上，九 / 四、五，六 } ……………

初七、七二、七三、八四、八五、上八⊙—○ { 初、二、三，九 / 四、五、上，六 } ……………

初七、七二、八三、七四、七五、上七⊙—○ { 初、二、四、五、上，九 / 三，六 } ……………

初七、七二、八三、七四、七五、上八⊙—○ { 初、二、四、五，九 / 三、上，六 } ……………

初七、七二、八三、七四、八五、上七⊙—○ { 初、二、四、上，九 / 三、五，六 } ……………

初七、七二、八三、七四、八五、上八⊙—○ { 初、二、四，九 / 三、五、上，六 } ……………

初七、七二、八三、八四、七五、上七⊙—○ { 初、二、五、上，九 / 三、四，六 } ……………

初七、七二、八三、八四、七五、上八⊙—○ { 初、二、五，九 / 三、四、上，六 } ……………

初七、七二、八三、八四、八五、上七⊙—○ { 初、二、上，九 / 三、四、五，六 } ……………

初七、七二、八三、八四、八五、上八⊙—○ { 初、二，九 / 三、四、五、上，六 } ……………

初七、八二、七三、七四、七五、上七⊙—○ {初、三、四、五、上，九 / 二、六} ············

初七、八二、七三、七四、七五、上八⊙—○ {初、三、四、五、九 / 二、上，六} ············

初七、八二、七三、七四、八五、上七⊙—○ {初、三、四、上，九 / 二、五，六} ············

初七、八二、七三、七四、八五、上八⊙—○ {初、三、四、九 / 二、五、上，六} ············

初七、八二、七三、八四、七五、上七⊙—○ {初、三、五、上，九 / 二、四，六} ············

初七、八二、七三、八四、七五、上八⊙—○ {初、三、五、九 / 二、四、上，六} ············

初七、八二、七三、八四、八五、上七⊙—○ {初、三、上，九 / 二、四、五，六} ············

初七、八二、七三、八四、八五、上八⊙—○ {初、三，九 / 二、四、五、上，六} ············

初七、八二、八三、七四、七五、上七⊙—○ {初、四、五、上，九 / 二、三，六} ············

初七、八二、八三、七四、七五、上八⊙—○ {初、四、五、九 / 二、三、上，六} ············

初七、八二、八三、七四、八五、上七⊙—○ {初、四、上，九 / 二、三、五，六} ············

初七、八二、八三、七四、八五、上八⊙—○ {初、四，九 / 二、三、五、上，六} ············

初七、八二、八三、八四、七五、上七⊙—○ {初、五、上，九 / 二、三、四，六} ············

初七、八二、八三、八四、七五、上八⊙—○ {初、五，九 / 二、三、四、上，六} ············

初七、八二、八三、八四、八五、上七⊙—○ {初、上，九 / 二、三、四、五，六} ············

初七、八二、八三、八四、八五、上八⊙—○ {初，九 / 二、三、四、五、上，六} ············

初八、七二、七三、七四、七五、上七⊙—○ { 二、三、四、五、上，九 / 初，六 } ⋯⋯⋯⋯

初八、七二、七三、七四、七五、上八⊙—○ { 二、三、四、五、九 / 初、上，六 } ⋯⋯⋯⋯

初八、七二、七三、七四、八五、上七⊙—○ { 二、三、四、上，九 / 初、五，六 } ⋯⋯⋯⋯

初八、七二、七三、七四、八五、上八⊙—○ { 二、三、四，九 / 初、五、上，六 } ⋯⋯⋯⋯

初八、七二、七三、八四、七五、上七⊙—○ { 二、三、五、上，九 / 初、四，六 } ⋯⋯⋯⋯

初八、七二、七三、八四、七五、上八⊙—○ { 二、三、五，九 / 初、四、上，六 } ⋯⋯⋯⋯

初八、七二、七三、八四、八五、上七⊙—○ { 二、三、上，九 / 初、四、五，六 } ⋯⋯⋯⋯

初八、七二、七三、八四、八五、上八⊙—○ { 二、三，九 / 初、四、五、上，六 } ⋯⋯⋯⋯

初八、七二、八三、七四、七五、上七⊙—○ { 二、四、五、上，九 / 初、三，六 } ⋯⋯⋯⋯

初八、七二、八三、七四、七五、上八⊙—○ { 二、四、五，九 / 初、三、上，六 } ⋯⋯⋯⋯

初八、七二、八三、七四、八五、上七⊙—○ { 二、四、上，九 / 初、三、五，六 } ⋯⋯⋯⋯

初八、七二、八三、七四、八五、上八⊙—○ { 二、四，九 / 初、三、五、上，六 } ⋯⋯⋯⋯

初八、七二、八三、八四、七五、上七⊙—○ { 二、五、上，九 / 初、三、四，六 } ⋯⋯⋯⋯

初八、七二、八三、八四、七五、上八⊙—○ { 二、五，九 / 初、三、四、上，六 } ⋯⋯⋯⋯　（9）

初八、七二、八三、八四、八五、上七⊙—○ { 二、上，九 / 初、三、四、五，六 } ⋯⋯⋯⋯

初八、七二、八三、八四、八五、上八⊙—○ { 二，九 / 初、三、四、五、上，六 } ⋯⋯⋯⋯

初八、八二、七三、七四、七五、上七⊙—○ $\left\{\begin{array}{l}三、四、五、上，九\\ 初、二，六\end{array}\right\}$ ················

初八、八二、七三、七四、七五、上八⊙—○ $\left\{\begin{array}{l}三、四、五，九\\ 初、二、上，六\end{array}\right\}$ ················

初八、八二、七三、七四、八五、上七⊙—○ $\left\{\begin{array}{l}三、四、上，九\\ 初、二、五，六\end{array}\right\}$ ················

初八、八二、七三、七四、八五、上八⊙—○ $\left\{\begin{array}{l}三、四，九\\ 初、二、五、上，六\end{array}\right\}$ ················

初八、八二、七三、八四、七五、上七⊙—○ $\left\{\begin{array}{l}三、五、上，九\\ 初、二、四，六\end{array}\right\}$ ················

初八、八二、七三、八四、七五、上八⊙—○ $\left\{\begin{array}{l}三、五，九\\ 初、二、四、上，六\end{array}\right\}$ ················

初八、八二、七三、八四、八五、上七⊙—○ $\left\{\begin{array}{l}三、上，九\\ 初、二、四、五，六\end{array}\right\}$ ················

初八、八二、七三、八四、八五、上八⊙—○ $\left\{\begin{array}{l}三，九\\ 初、二、四、五、上，六\end{array}\right\}$ ················

初八、八二、八三、七四、七五、上七⊙—○ $\left\{\begin{array}{l}四、五、上，九\\ 初、二、三，六\end{array}\right\}$ ················

初八、八二、八三、七四、七五、上八⊙—○ $\left\{\begin{array}{l}四、五，九\\ 初、二、三、上，六\end{array}\right\}$ ················

初八、八二、八三、七四、八五、上七⊙—○ $\left\{\begin{array}{l}四、上，九\\ 初、二、三、五，六\end{array}\right\}$ ················

初八、八二、八三、七四、八五、上八⊙—○ $\left\{\begin{array}{l}四，九\\ 初、二、三、五、上，六\end{array}\right\}$ ················

初八、八二、八三、八四、七五、上七⊙—○ $\left\{\begin{array}{l}五、上，九\\ 初、二、三、四，六\end{array}\right\}$ ················

初八、八二、八三、八四、七五、上八⊙—○ $\left\{\begin{array}{l}五，九\\ 初、二、三、四、上，六\end{array}\right\}$ ················

初八、八二、八三、八四、八五、上七⊙—○ $\left\{\begin{array}{l}上，九\\ 初、二、三、四、五，六\end{array}\right\}$ ················

初八、八二、八三、八四、八五、上八⊙—○ $\left\{\begin{array}{l}初、二、三、四、五、\\ 上，六\end{array}\right\}$ ················

于（8）、（9）两式中，亦有向量的不同，一当胞腔中心点至顶点，符号为⊙—○，一当顶点至胞腔中心点，符号为○—⊙。合上诸式以观之，不论为对偶，或仅为本空间之间的变化，凡由胞腔中心点至顶点为增加一维，其象如下：

（4）—→（7）；（6）—→（5）；（8）、（9）两式中之⊙—○。

由顶点至胞腔中心点为减少一维，其象如下：

（5）—→（6）；（7）—→（4）；（8）、（9）两式中之○—⊙。

以易理言，增加一维名之曰"出"，减少一维名之曰"入"，《周易》复卦卦辞曰"出入无疾"，义犹维数的变化。且于本空间之间的变化，于易理当动静之变而阴阳不变，即胞腔中心点为静而顶点为动。以数而言，当七与九或八与六之间的变化。而于对偶之间的变化，于易理非但变其动静又将变其阴阳。以数而言，当七与六或九与八之间的变化。综上诸义，以下式示之：

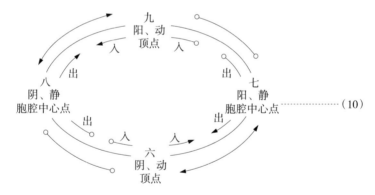

由（10）式，始见因对偶而及出入之变。此一顺逆之循环，是之谓"易简而天下之理得矣"。具体而论，内有维数之不同。易学象数仅以六维论，且包含本空间与对偶空间；以对偶论，又有相互对偶与自对偶的不同；故可喻"天下之赜"。赜与易简，其同乎异乎，凡究易学象数者首当知之，否则其何以见高维空间之形象。

附录一

易学史大纲

叙　论

　　《易》这一部书，流传的时间长，影响的地域广，历代加以发挥，加以注释的人又多，由是内容极为复杂。或任选数种不同时代、不同地域、不同作者的易学作品，其内容可能绝对不相同。如取西汉京房（前77—前37）《易传》、魏王弼（226—249）《周易注》、宋朱熹（1130—1200）《易学启蒙》、清张惠言（1761—1802）《周易虞氏义》并观，自然可感叹不同时代《易》的复杂性。更以邵雍（1011—1077）《皇极经世》与程颐（1033—1107）《易传》并观，二位作者虽同在北宋，同在洛阳，其内容亦截然不侔。即以一人言，如王船山（1619—1692）《周易外传》（约四十岁时成书）与《周易内传》（约六十七岁时成书），因成书时间不同，内容亦未可并论。何况易学的内容，应当重视其"近取诸身"与"远取诸物"的特色。从近取言，《易》与《内经》的关系尤不可忽视，它与历代的医书在象数方面有其内在的联系，且一大类有关修身养性的易学著作也须注意。要而言之，汉魏伯阳所体验两孔穴法的《周易参同契》（书行于 167 年），唐司马承祯（647—735）所想象生死乎《易》中的《天隐子》，唐李通玄（？—730）所感应华严易象的《华严合论》，唐洞山（807—869）所参悟离卦回互的《宝镜三昧》，宋张伯端所创立本诸陈抟以得其难遇易成的《悟真篇》，清刘一明所乐而玩其辞的《周易阐真》等等，如能兼收并蓄，庶可喻易学内容的丰富多彩。从远取言，举凡制器尚象的原则全出乎《易》，如天文、数学的原理，炼丹的火候，建筑、书画、雕刻的神韵，莫不有悟于善变之易象。易象因时空而变，永久无已，数千年来确在起作用，不愧为兼及天地人三才之道的易理。或坚执易学某派之说，某家之注，以为易学全在其中，似不可能，亦不必为其所囿。因《易》者象也，象以繁赜变动为贵，岂以局促孤陋为是。

观此繁赜变动的易学形象，就是人在四维时空连续区中的易学事件，是之谓易学史。因史地为限，以见一人在其有生之年，对易学有所认识，有所继承与发展的过程。惟易学有得于自然的本质与人类的共性，未可为某人所限，故继之者日盛，二三千年来代代有人继之，又代代有所增益，其内容日见繁赜。然则易学的原著为何时、何地、何人所创作？易学的基本思想与其显出的基本形象是什么？这是一个最先需要了解的问题。也就是这一问题，形成了历代种种不同内容的易注。今须说明这一问题，不妨先从经学易说起。因经学宜废，历史事实仍在，然考察史实，于东汉起的易学就包括在经学之中。从经学角度观之，所谓易学已分图象与文字二部分。以图象论，《易》有基本的八种符号即八卦，作者是伏羲，至于何人使八卦重爻成六十四卦，有各种传说，始终未能统一。以文字论，《易》又有"经"、"传"之分，"经"的作者认为是文王，"传"的作者认为是孔子。这一伏羲画卦，文王作经，孔子作传的观点，就是二千余年来形成经学易的基本观点。这一观点为历代经学家固执之，迄今仍有极大的影响，其实内在的矛盾极多，这就造成了近百年来主要讨论及研究《易》的作者等考据问题，然尚未有比较正确的答案。若未能解决经学易观点之是非，极难对易学有比较正确的认识。或仅能注意经学易观点的内在矛盾，就放弃研究易学本身，这是极大的错误。惜研究易学者大半执一于某派某学之说，极少能从史学角度认识易学并讨论经学易的形成问题，对孔子前文王后及文王前的情况，凡此必须正面对待的问题，皆成想当然之说，此所以造成对易学认识的混乱。且秦汉以来的易注，各有其读易的时代意识，或未能认识时代思潮及其变化的史实，殊难进一步恢复认识易学的整体。本书的观点，从史学角度着手以论述易学的内容，庶可概观史前史后及历代数千种易注的具体思想，重点在说明经学易的实质是什么及经学易以前以后的变化情况。

以经学易所认定的三位作者论，伏羲是一位传说人物，文王、孔子是历史上有大作用大影响的划时代人物。合诸已能证实的历史观之，殷墟出土的甲骨文已有大量的文字，其丰富的内容，可代表商代的历史文化，故至少在文王前中国早有可靠的有史文化。然经后代的转述难免失实，而其间仍当理解其确有所指，决非全部杜撰。故认为在神农氏前的伏羲氏始作八卦，当究其传说的来源及征诸考古的实物，既不可全信为真，亦何可全部否定。对伏羲氏等的时空情况，宜为之推敲，是否已有八卦？八卦的具体内容是什么？皆宜为之初步说明。故将文字前的伏羲氏，伏羲氏后之神农氏、黄帝尧舜氏及夏商一代作为本书的第一章。自伏羲氏起至文王前，易学以符号为主，与文字有联系尚少。继之以文字论，当从文王起至孔子。经学易对学易者贻误二千年的大错误，就是肯定了《周易》十二篇文字的作者，即卦爻辞四百五十节认为是文王所作，且已本《序卦》之次而分上下二篇，上篇三十卦，下篇三十四卦。未几马融等见及爻辞中如"箕子之明夷""王用亨于岐山"等文句是文王以后事，故又不得不改为卦辞文王作，爻辞周公作，其实仍难解决卦爻辞合诸卦爻象的内在矛盾。这一个问题今已可得到较为正确的认识，关键点在于最近一二十年内所认识的数字卦，内容详见第二章，此章叙述西周时易学发展的具体史实。第三章属孔子时对易学的认识，基本定为东周春秋时代易学发展的史实，然决非孔子一人的作用。十篇易传的问题，应先理解其具体内容，方可考证作者。且已可决定十篇非一时一地一人的作品，完成的时间有些早于卦爻辞，绝大部分在孔子后，故基本可否定传的作者为孔子。第四章特提出子贡、邹衍二位作者，他们对战国时所发展的易学曾起大作用，惜二千余年来为经学易所忽视。第五章必须说明秦皇汉武的干扰易理，而司马谈父子身历其变，最后编定十二篇当属于三家易。更核实十篇的内容，必须参考《太玄经》，故第五章所叙述的时间，从秦始皇至扬雄。以上五章的内容，或仍为经学易观点所束缚者，必将茫然。事实上毫不奇怪，二千余年来，易学经过经学家的宣传，早已积非成是。然上已提及，仅执考据者或轻视《易经十二篇》的文字，则又为绝大的错误。因此十二篇文字的结构有其整体性，准此以认识易学象数，方可了解象数之精义，始能不废卜筮而提高卜筮的价值。有文字的卜筮与无文字的卜筮，决不可并论。继之在第六章东汉时的经学易中，又有一大变化，就是十篇与十翼的问题，由十篇而十翼，所以造成象数与义理之间的分裂。这一较复杂的问题，仅能择其要点来加以解决。以今日学术界中通行的术语来比喻，易学的象数属自然科学，易学的义理属社会科学。其实必须合一，方能理解整体的易理，其象数有属社会科学，其义理亦具有自然科学的哲理。惜二千年前象数义理分裂后，迄今尚未能填平其鸿沟，此易学的发展之所以停顿，若能解决这一问题，易学将更有前途。以上概论经学易的得失。庄子曰"方生方死，方死方生"，"其分也成也，其成也毁也"，可云精微。观此经学易的成毁，实在同时，郑玄与郑学之徒当之。观东汉的易学，从清代恢复的材料论，仅有郑玄、荀爽、虞翻三家而已，第六章详为介绍，以见汉易的一斑。

第七章述三玄易，三玄易实起于王韩易注。第八章述三教易，然孔疏视为经学易，乃见唐代的所谓经学与汉易大不相同。李鼎祚的《周易集解》约能恢复东汉易，事实上已见到由易老庄的三玄化成儒释道的三教，此为李鼎祚深通易学的卓见。惜由三玄成三教的唐易，虽史实俱在，迄今仍未为学者所重视。理学之理，莫不从三教中得其纲领以归诸孟子，然更继韩愈排佛老之旨，宜其有陷入虚伪之弊。第九章叙述宋代理学易，较为今人所知，要以陈抟为始，朱熹为集大成。第十章论元明理学易的变化，不应不知道道教南北宗的结合及王阳明有其神奇之才而当以王船山为终。

至于清人之治易可云坚韧，然而或汉或宋的分裂，愈陷愈深，直至清亡而仍不能解决，今日研易者仍有此执，是皆未能了解汉唐、唐宋、宋清的所谓经学，早已名同实异，而且清代所恢复的经学与汉代的经学未尝相同，何况易学之理，何能为经学易所限。今于第十一章概述清易的分裂。

历代易学变化万千，唯能深入近取远取者，庶有一之之道。今当进一步认识自身以及认识万物，且当同归于自然而见到生物之作用，始为人参天地的整体易理。作者特于第十二章中明示易学的展望，今就正于读者，并愿与读者共勉之。

提　要

《易学史》一书，旨在客观叙述中国历史发展中，包括史前史后及有文字以来数千种易学作品的具体内容。观易学象数的洁静，义理的精微，已包含着中国历代思想与思潮的脉络。举凡科学、哲学、宗教的发展，莫不与易学有关。在传统思想中，易学的地位也至为崇高。易学于汉武帝后尊为六经之原，魏晋起化成易老庄三玄之主，隋唐以来更有儒释道三教权舆之称，宋初陈抟的先天图非但合一三教，且其二进制与矩阵方法今已影响世界之自然科学。究其实，历代易学莫不体现了每一时代对天地人三才之道的认识，然由于种种原因，易学每为神秘的外衣所蒙，故亟须有史以考察之。易学史的考察，宜根据历代著者所处的时空条件，以见其易著所表达的实质性内容，并追溯其汉武帝前的源流，分辨其得失，还其本来面目。凡历代关键性的易著，均须深入其核心的思路及承前启后的作用。由于每一种易著，势必与历史状况和思想状况息息相关，所以易学史的发展线索，也反映了中国历史与中国思想史发展的主要轮廓。

全书凡分三卷。第一卷自古至西汉末，包括新莽，即自上古至公元 24 年。此一阶段的易学史，主要完成了易学的基本文献。第二卷自东汉初至唐末，包括五代，即公元 25—959 年。

此一阶段的易学史，主要在发展经学易，由三玄、三教以加深对易学的认识。第三卷自北宋初至清末，即公元960—1911年。此一阶段的易学史，主要在深入对易学象数的认识，取其义理作为理学的基础。及清代恢复汉易，然文献不足，其结果仅止于东汉易。自清末发现甲骨文，尤其是中华人民共和国建立后，考古学有极大的收获，于易学方面主要是认识了殷周之际的数字卦及秦汉之际的帛书本《周易》，由是对易学的基本文献，所谓伏羲文王孔子三圣的经学易，可作全面的深入认识。凡数字卦如何形成？龟卜筮的关系如何？又数字卦如何发展阴阳符号卦？如何形成二篇？又如何逐步增加解释四百五十节卦爻辞的易传及取舍易传以成十翼？当既成今本的《易经十二篇》，不可废二千年来的旧观点，因此观点已在客观历史上起了重大的作用，然又不可不以二千年前的史实加以澄清，以了解种种旧观点的形成及流传情况。于历代易著中对三圣的经学易本有种种不同的观点，今择其要者，亦逐一为之说明，故此三卷本《易学史》，每卷每章各有其合乎史实的重点所在，不同于二千年来的一般观点，斯为本书的特色。

本书第一卷约五十余万字，第二卷约四十余万字，第三卷约四十余万字。

全书共一百三四十万字，由于字数较多，出版略有困难，况有过分专业化的倾向，或非一般学易者所需要。故先摘要成《易学史大纲》，约二十万字左右，仅叙述每一时代关键性的变化情况，可作为《易学史》的基础。

目　录

附录二

拟写《易学史》目录

附录三

拟写《道教史》之目录

前言（自序）

绪论（凡例十则）

第一章　自然世界与生命、人类、宗教的起源

　　第一节　今日所认识的自然世界

　　第二节　今日所认识的生命起源

　　第三节　今日所认识的生命与自然世界的关系

　　第四节　今日所认识的生命进化成人类的情况

　　第五节　论人类的思维及宗教的起源

　　第六节　漫谈宇宙人及其智慧

　　第七节　论宗教与自然科学、社会科学、哲学的关系

　　第八节　概述东西方文化对宗教的认识

　　第九节　中国土生土长的宗教——道教

第二章　中国的原始宗教

　　第一节　中国的时空结构

　　第二节　中国的人种起源及其分布

　　第三节　中国史前文化的发展与天象地势的关系

　　第四节　二万至一万年前，在中国国土上所产生的原
　　　　　　始宗教

第四节　道教的核心从体验人体出发以理解宇宙

第五节　明《道藏》编辑的混乱，可证已不理解南北朝的道教何况秦汉魏晋

第六节　明《道藏》能继续保存历代《道藏》中所收的书目，庶足以与《汉书·艺文志》抗礼而胜之

第七节　今当整理增补《道藏》为认识道教的基础

第八节　概述历代对黄帝的认识

第九节　概述历代对老子的认识

第十节　由文以载道而以道反身，方为阐明道教史、研究道教史的鹄的

第十九章　今日中国及世界各国的学者、宗教界人士对道教的认识

（节目略）

第二十章　道教的展望

（节目略）

自跋

按：计划每章约五—六万字，各分十节左右，每节五千至一万字不等，全书凡百余万字。

附录四

潘雨廷著述目录

著作：

1.《周易表解》，上海社会科学院出版社，1993；台北建宏出版社，1997；增订本，上海社会科学院出版社，2004；收入《潘雨廷著作集》第一册。

2.《易学史发微》，复旦大学出版社，2001；收入《潘雨廷著作集》第二册。

3.《易学史丛论》，上海古籍出版社，2007；收入《潘雨廷著作集》第三册。

4.《读易提要》，上海古籍出版社，2003（精装本）；2006（平装修订本）；收入《潘雨廷著作集》第四册。

5.《周易虞氏易象释·易则》，上海古籍出版社，2009；《周易虞氏易象释》收入《潘雨廷著作集》第四册；《易则》收入《潘雨廷著作集》第十二册。

6.《易学三种》（《过半刃言·繇爻·衍变通论》），上海古籍出版社，2005；改名《过半刃言·繇爻·衍变通论》，收入《潘雨廷著作集》第六册。

7.《易与佛教·易与老庄》，辽宁教育出版社，1998；增订本，上海古籍出版社，2005；收入《潘雨廷著作集》第七册。

8.《易老与养生》，复旦大学出版社，2001；收入《潘雨廷著作集》第八册。

9.《道教史发微》，上海社会科学院出版社，2003；增订本，复旦大学出版社，2012；收入《潘雨廷著作集》第九册。

10.《道教史丛论》，复旦大学出版社，2012；收入《潘雨廷著作集》第十册。

11.《道藏书目提要》，上海古籍出版社，2003；收入《潘雨廷著作集》第十一册。

12.《易则·神形篇·"内经"七篇大论述义》，收入《潘雨廷著作集》第十二册。

13.《易学史入门·论吾国文化中包含的自然科学理论》，收入《潘雨廷著作集》第十三册。

以上《潘雨廷著作集》13 册 19 种，上海古籍出版社，2016。

14.《诗说》，上海书店出版社，2017。

点校：

《周易浅述》，上海古籍出版社，1983。

《周易集解纂疏》，中华书局，1994。

后　记

　　潘雨廷先生的文稿还在继续整理中，不知不觉，离先生逝世已经二十年了。潘雨廷先生是二十世纪中国文化最值得重视的学者之一，他的生命属于二十世纪，然而他的著述和思想并不仅仅属于二十世纪。中华民族理解本民族的学术文化需要时间，理解潘雨廷先生这样的大学者也需要时间。

　　潘雨廷先生著述等身，他的著述生前没有出版，死后才得以陆续问世。从我个人而言，整理潘先生著述有两条途径：一条是"雪中送炭"，一条是"锦上添花"。"雪中送炭"指的是，通过整理，尽早把手稿变成铅字保存于世。这些手稿有的没有完成，有的字迹漫漶不清，如果不及时抢救，将来有散失的可能。"锦上添花"指的是，在已完成的著述中，校订错失，以使其严密精准；编选文集，以凸显其思想结构。两条途径当然应该以前者为主，然而在适当时候也不妨兼顾后者。潘先生的著述已经出版了十一种，到了今天，在锦上添一朵花的时机也许成熟了吧，这就是眼前的《潘雨廷学术文集》。

　　《文集》尝试描述潘先生学术的初步轮廓，依据的主要线索是易学史和道教史。《周易·说卦》有言："穷理尽性以至于命。"如果以易学史当"穷理"，道教史当"尽性"，"以至于命"或可当修学者之反身自知。最初的四篇是文王、孔子、老子、庄子。"文王"论述西周数字卦，这是二十世纪末的考古新发现，也是潘先生晚年思想的上出。"孔子"论述中国文化中不可绕过的最重要之人，分析他的生平和六经的关系。"老子"论述马王堆本《德道经》，阐发其"执今之道"。马王堆本的异文很多，于其中单单抉出"今"字，实出于潘先生的慧眼洞见。"庄子"简明扼要，是潘先生研究庄子的总结，归人于生物界以通天地，是画龙点睛之处。其次的三篇是《周易》的编辑、卦爻辞、十翼，潘先生毕生研究的重心是《周易》，历代的解说迷雾重重，三篇文章交代了此书的基本内容，提供了可靠的入口。再次的两篇是汉代的《史记》和《汉书》。前者继往开来，是理解先秦文化的枢纽。后者总结中国整体思想，和经学有密切联系，同时引出道教的相关内容。再次的两篇是《周易参同契》，此书被称为"万古丹经王"，为道教最早的典籍之一。再次的五篇是关于佛教的传入。《易与华严》解析印度佛教的"经王"，河图与十方五十三参，洛书与九会七处，彼此相应，丝丝入扣。"论初期佛教"涉及印中文化的交流，介绍中国佛教的缘起。禅宗一篇，论述道教人物陈抟开创宋学。密宗两篇，分别论述东密和藏密，意义深邃。再次的一篇论述道教划时代著作《悟真篇》，此书完成三教合一，而且吸收禅密思想在内。《参同契》和《悟真篇》相应于不同的时代，深究此二书，于道教修炼法或可得其要。明末结束中国文化的原创时代，再次的一篇选王船山作为殿军，呼应篇首的孔子。于时代而言，万历十年（1582）意大利人利玛窦来华，开创了中国和欧西文化交流的新时代，其间逐渐引起的大震荡，至今未曾停息。最后一篇谈《易经》和现代数学，内容是潘先生倡导的科学易，涉及《易》与六维空间的关系，可以看成中国文化对西方学术所作的回应，也是现代易学成就的标尺。

最后，选两篇未完成作品作为附录。其中一篇写的是朱熹，论述孔子以后儒家影响最大的学者。根据我的观察，历代关于朱子的研究成果可谓多矣，然未有如本篇得其要者。有心研究朱子学之人，可以尝试续补此文，以检验自己的功力。还有一篇是拟写《道教史》的目录，潘先生晚年心愿是完成易学史和道教史，然而没有完成，留下的目录尚可见他原来设想的规模。自强不息，《易》终未济，这是中华学术的形象，也是潘雨廷先生的形象。

　　子在川上曰："逝者如斯夫，不舍昼夜！"

（《论语·子罕》）

张文江

2011 年 8 月 5 日

又　记

　　《潘雨廷学术文集》，原为《思勉文库》的一种，2011年由上海人民出版社出版。《思勉文库》是华东师范大学部分人文学者的著作选辑，收入吕思勉、冯契、陈旭麓、徐怀启、施蛰存、钟泰、苏渊雷、戴家祥等人，潘雨廷先生也在其中。今天，为了回应社会的需要，潘先生这本选集计划重印，使此书有了修订的机会。

　　修订本沿用以前的选目，删减了原来的附录一《论朱熹以易学为核心的思想结构》，补充了两篇新的文献：1、《易学史大纲》的叙论、提要、目录，作为附录一；2、拟写《易学史》目录，作为附录二。原来的拟写《道教史》目录，由附录二改为附录三。原来的《潘雨廷著述目录》，校正后由附录三改为附录四。

　　作出这些调整，便于迅速地概览潘雨廷先生的整体学术。而对有兴趣的读者来说，所删减的未完稿，仍建议继续关注。在潘雨廷先生一生的治学中，有很多文章和书稿没有完成。现在呈现的著作面貌，有不少出于事后的整理。然而，完成和未完成，息息相通；多种目录具在，正可以看出其恢弘的轮廓。

　　黄德海先生参与了全书的校对，谨此致谢。

张文江

2018 年 7 月 7 日

图书在版编目（CIP）数据

潘雨廷学术文集／潘雨廷著. -- 北京：作家出版社，
2020.4

ISBN 978 - 7 - 5212 - 0818 - 4

Ⅰ.①潘… Ⅱ.①潘… Ⅲ.①社会科学 - 文集
Ⅳ.①C53

中国版本图书馆 CIP 数据核字（2019）第 285001 号

潘雨廷学术文集

作　　者：潘雨廷
编　　者：张文江
责任编辑：李宏伟
装帧设计：合和工作室
出版发行：作家出版社有限公司
社　　址：北京农展馆南里 10 号　　邮　　编：100125
电话传真：86 - 10 - 65067186（发行中心及邮购部）
　　　　　86 - 10 - 65004079（总编室）
E - mail: zuojia@zuojia.net.cn
http://www.zuojiachubanshe.com
印　　刷：保定市中画美凯印刷有限公司
成品尺寸：145 × 210
字　　数：297 千
印　　张：13.125
版　　次：2020 年 4 月第 1 版
印　　次：2020 年 4 月第 1 次印刷
ISBN 978 - 7 - 5212 - 0818 - 4
定　　价：60.00 元